Johannes Scherr

Vom Zürichberg

Skizzenbuch

Johannes Scherr

Vom Zürichberg
Skizzenbuch

ISBN/EAN: 9783743668997

Hergestellt in Europa, USA, Kanada, Australien, Japan

Cover: Foto ©ninafisch / pixelio.de

Weitere Bücher finden Sie auf **www.hansebooks.com**

Vom Zürichberg.

———-•-•-–

Vom Zürichberg.

Skizzenbuch

von

Johannes Scherr.

Leipzig
Verlag von Otto Wigand.
1881.

Inhalt.

Geschichte.

I.

Der weiße Teufel.

1.

Zuvörderst von Dichtern.

Beim Ausräumen eines Bücherschrankes fiel mir ein noch nicht sehr altes und doch schon stark ange=gilbtes Büchlein in die Hände, das ich meinem Reisegepäcke beilegte, als ich in die Sommerfrische zog. Auf der „Friedau" im Jura hab' ich dann an einem Regentage das „Papst Sixtus der Fünfte, Tragödie von Julius Minding" — betitelte gelesen oder vielmehr wiedergelesen. Der Eindruck war auch diesmal ein früher schon empfangener. Kein reiner, voller, befriedigender. Man spürt in dem 1846 ge=dichteten Trauerspiel überall ein Talent, aber kein

1*

gereiftes. Man merkt, daß man es hier nicht mit
jener letzten Kinderkrankheit zu thun habe, welche in
Deutschland abgehende Primaner und angehende
Studenten, so um die Zeit zwischen dem 17. und
dem 20. Lebensjahre, zu befallen pflegt, die Versifex=
masern, neuerdings auch Dichteritis genannt. Nein,
es war wirklich ein dramatischer Nerv in diesem
Poeten, etwas von Ursprünglichkeit und eigenartiger
Kraft. Schade nur, daß er ein Lehrling geblieben,
statt zu einem Meister auf= und auszuwachsen. Griff
und Wurf des von ihm unternommenen tragischen
Versuches sind kühn und kräftig. Der Stoff, den
er gewählt, pulsirt sichtbar von dramatischer Blutfülle.
Es ist die Legende von jenem fünften Sixtus, in
welchem der ungestüme Herrschergeist der großen
Päpste des Mittelalters, eines siebenten Gregor, eines
dritten Innocenz, eines achten Bonifaz, noch einmal
auf dem sogenannten Stuhl Petri erschien. Ich sage
die Legende, nicht die Geschichte von Sixtus dem
Fünften, wie solche Ranke und deutlicher noch Hübner
auf aktenmäßiger Basis hergestellt haben*). Dem

---

*) Die römischen Päpste von Leopold Ranke, III, 317 fg.
Sixtus der Fünfte von Alexander Freiherrn von Hübner,
2 Bde. 1871.

Dichter mußte es gestattet sein, der legendarischen Gestalt seines Helden vor der geschichtlichen den Vorzug zu geben, auch falls er die letztere gekannt hätte, obzwar der historische Sixtus dem romantischen an dramatischem und tragischem Gehalt keineswegs nachsteht, sondern im Gegentheil vorgeht. Aber die Sache ist, daß Minding seinem großen und glücklichen Entwurf nicht durchweg die entsprechende Ausführung zu geben verstand. Seine Kraft ließ ihn zumeist gerade da im Stiche, wo sie die höchste Energie hätte entfalten müssen, und so hat er die große Figur des Papstes mehr nur anzudeuten als plastisch-bestimmt und dramatisch-bewegt hinzustellen vermocht. Doch fehlt es dem Stücke weder an genialisch angeschauten und ebenso genialisch veranschaulichten Scenen, wie vor allen die Konklavescene eine ist, noch auch an tiefgegriffenen Gedanken und blitzenden Schlagworten *).

Der Dichter des Sixtus ist verschollen. Sein Leben war ein wechselvolles gewesen. Er hatte Reichthum erworben und war wieder arm geworden. Als

---

*) Ein treffendstes lautet:
„Jedweder gute Mensch ist ein Erlöser
Und jede Wahrheit ist ein Sakrament".

ein Dürftiger nach Amerika ausgewandert, ist er am
1. September von 1850 zu New-York todt in seiner
Stube gefunden worden. Er hatte sich mit eigener
Hand vom Dasein befreit.

Schon zweihundert und mehr Jahre früher hatte
die Gestalt des merkwürdigen Papstes oder wenigstens
der Familienkreis, welcher sich um dieselbe hergelegt,
die Aufmerksamkeit eines dramatischen Dichters von
bedeutendem Talent erregt, angezogen und gefesselt,
die des Engländers John Webster.

Wie jeder weiß, stand William Shakspeare inmitten einer Gruppe von älteren und jüngeren Zeitgenossen, deren dramatische Hervorbringung die englische Bühne der elisabeth'schen Aera mit einer solchen
Fülle von Tragödien und Komödien ausstattete, daß
nur das nationale Theater Spaniens im 16. und
17. Jahrhundert mit diesem Reichthum zu wetteifern
vermochte. Unter diesen seinen mitdichtenden Zeitgenossen galt William der Große nur als Gleicher
unter Gleichen. Wie sehr das der Fall gewesen
und wie wenig überhaupt sich die „großherzigen
Briten" aus der prächtigen Blüthe ihrer dramatischen
Literatur dazumal gemacht haben, erhellt einleuchtend
aus der Thatsache, daß uns im Grunde von dem

Lebenslauf und der Daseinsführung Shakspeare's
gerade so wenig Deutliches und Zuverlässiges über=
liefert worden ist wie von den Lebensläufen seiner
Mitdramatiker. Auch von den Personalien des John
Webster wissen wir demzufolge nichts, gar nichts, als
was sich etwa aus den sehr dürftigen Winken, welche
die Vorreden zu diesem oder jenem seiner Werke
geben, entnehmen läßt. Eins der bedeutendsten der=
selben wurde zu London 1612 gedruckt und aus=
gegeben unter dem Titel „The White Devil, or
the Tragedy of Paolo Giovanni Ursini, Duke
of Brachiano, with the Life and Death of Vittoria
Corombona" *). Wie diese alten englischen Drama=
tiker mit der Geschichte umsprangen, geht schon aus
dem Zusatz zum Namen Vittoria's hervor: „The
famous Venetian Curtizan". In Wahrheit war
die Heldin von Websters Trauerspiel, Vittoria
Accorombona, die schönste Italerin ihrer Zeit, die
Tochter des Signor Accoromboni, eines umbrischen
Edelmanns, und der Donna Tarquinia Paluzzi degli

---

*) „Der weiße Teufel" findet sich theilweise verdeutscht von
F. Bodenstedt in „Shakspeare's Zeitgenossen", I, 209—63,
vollständig von R. Prölß in dessen „Altenglischem Theater",
I, 283 fg.

Albertoni, einer römiſchen Edelfrau, und ſie war,
wie wir genauer erfahren werden, in erſter Ehe ver=
heiratet an Franceſco, einen Neffen des Karbinals
Montalto, wie Felice Peretti hieß, bevor er Sixtus
der Fünfte wurde.

Webſters Tragödie leidet, wie übrigens weitaus
die meiſten Stücke der altengliſchen Bühne, ſogar —
die Shakſpeare=Fanatiker mögen mir dieſe Ketzerei
verzeihen oder auch nicht verzeihen — ja, ſogar die
ſhakſpear'ſchen nicht ausgenommen, an überflüſſiger
Weitſchweifigkeit und Redſeligkeit. Man muß da
doch oft ganze Katarakte von bloßem Wortſchwall
über ſich herabrauſchen laſſen, und was mit etlichen
Worten geſagt werden könnte, wird zu halb= oder
ganzſeitenlangen Tiraden auseinandergezogen. Wie
wohlthuend ſticht gegen ſolche uferloſe Rednerei die
knappgeſchürzte Sprache unſeres Leſſings ab, dieſer
echtdramatiſche Stil, welchem das Wort nur ein
Mittel iſt, die Handlung vorwärtszutreiben. Um
dem alten Webſter gerecht zu werden, muß man eben
auf den Kulturzuſtand ſeines Heimatlandes zu Anfang
des 17. Jahrhunderts Rückſicht nehmen, ſowie auf
die Forderungen der theatraliſchen Konvenienz, wie
ſie dazumal in London zwiſchen dramatiſchen Schrift=

stellern, Schauspielern und Zuschauerschaft sich gebildet
hatte. Gar vieles von dem, was diese Konvenienz
nicht nur zuließ, sondern auch verlangte, ist heutzutage schlechterdings ungenießbar. Daher die unendliche Zuschneiderei und Umflickerei, welche erforderlich
ist, um jetzt shakspeare'sche Dramen — von denen
seiner zeitgenössischen Mitdichter gar nicht zu reden —
auf deutschen Bühnen darstellbar zu machen. Und
sollte es am Ende aller Enden von derartigen Müh-
waltungen nicht heißen dürfen oder müssen: „Love's
labour's lost"? Wenn man z. B. nur die Hälfte,
ja nur ein Viertel der Mühe, die man es sich kosten
ließ, die englischen „Historien" Shakspeare's, welche
dem deutschen Publikum des 19. Jahrhunderts ja
doch unsympathisch sind und sein müssen, auf eine
tüchtige Inscenesetzung und Darstellung von Immer-
manns „Alexis" verwenden wollte, so könnte man
der Nation das Werk eines Dichters von ihrem
eigenen Fleisch und Blut vorführen, welches zu den
großartigsten tragischen Schöpfungen des modernen
Zeitalters gehört. Aber leider ist und bleibt es
deutsche Art, an heimischen Hervorbringungen das zu
bemäkeln, was an fremden als bewundernswerth gepriesen wird . . . Der Vorzug von Webster's Stück

iſt, daß daſſelbe ganz deutlich in einen Abgrund
von Verworfenheit blicken läſſt. Es kann als geradezu wunderſam bezeichnet werden, daß dieſer Engländer, welcher von den Kultur- und Sittenzuſtänden
Italiens in der zweiten Hälfte des 16. Jahrhunderts
doch gewiß nur eine oberflächliche Anſchauung hatte,
mit der ganzen Genialität dichteriſcher Intuition die
furchtbare Wahrheit errathen und kraftvoll vergegen-
wärtigt hat. In den Perſonen ſeines Trauerſpiels
iſt das vornehme Italien von damals, dieſe Geſellſchaft von erzſtirniger Selbſtſucht, ganz ohne Gewiſſen, des Bewußtſeins von Recht und Sitte voll-
ſtändig bar und ledig, erſchreckend-draſtiſch indivi-
dualiſirt.

Seinen Höhepunkt als Charakterzeichner und
Seelenmaler erreicht Webſter in der 2. Scene des
3. Aktes, in der mit Recht berühmten Gerichtsſcene,
welche die eigentliche Peripetie des Stückes bildet.
Hier hat der Dichter meiſterlich das Problem gelöſ't,
ſeine Heldin ihre titaniſche Kühnheit in das Gewand
der feinſten Dialektik kleiden zu machen. Möglich,
daß Ludwig Tieck bei ſeiner Kenntniß der altengliſchen Theaterliteratur aus dieſer Scene die Anregung zur Schreibung ſeines Romans „Vittoria

Accorombona" (1840) geholt hat. Gewiß aber, daß Tieck, mochte er es zugestehen oder ableugnen, dieses Buch kaum geschrieben hätte, falls nicht zuvor die Sand=Dudevant ihre „Lelia" (1833) schrieb. Denn Tieck hat aus seiner Heldin, welche eine emancipirte Italerin des 16. Jahrhunderts ge= wesen, eine deutsche oder französisch=deutsche Eman= cipirte des 19. Jahrhunderts gemacht, einen unerquick= lichen Mischmasch von schlegel'scher Lucinde und von sand'scher Lelia. Der Roman, auch stilistisch recht lotterig und schlotterig, wurde bei seinem Erscheinen von diesem oder jenem Nachzügler der Romantik maßlos gelobhubelt, ging aber bald den Weg der Vergessenheit, auf welchen ja überhaupt Tiecks Werke — sogar weit bessere als die Vittoria — längst gerathen sind. Zu einer Wirkung auf die Nation hat es dieser Dichter, welchen romantische Hanns= wurste und gelehrte Schwachköpfe dereinst über Schiller stellen zu wollen sich erfrechten, bekanntlich nie ge= bracht. Seine Wirksamkeit und sein Ruhm begannen und endeten in der Umzirkung eines experimentiren= den Literatenthums und geistreichelnder Theesipp= schaften. Er ist jetzt nur noch eine literarhistorisch einbalsamirte Mumie, während Schiller ewigjung die

Liebe und der Stolz seines Volkes bleibt, so lange deutsch gesprochen wird auf Erden.

Nun aber genug von Dichtern und Dichtungen. Laßt die Geschichte das Wort haben, damit sie uns sage, was sie von dem „weißen Teufel" weiß.

2.

Vom Fra Felice.

Der bekannte Satz, durch den Katholicismus gehe ein demokratischer Zug, enthält eine Wahrheit, welche aber wie noch viele andere sogenannte Wahrheiten cum grano salis zu nehmen ist. Nimmt man sie so, wird man nicht anstehen, einen gewissen Demokratismus der katholischen Kirche zuzuerkennen und denselben namentlich in zwei Thatsachen ausgeprägt zu finden. Die erste ist, daß die Kirche sich allzeit davor gehütet hat, die Fühlung mit dem Volke, mit den Massen, zu verlieren. Die zweite, daß jeder Mönch die päpstliche Tiare in der Kapuze trug, obzwar nicht eben viele das glänzende Ding daraus hervorzulangen verstanden, — gerade so, wie auch nicht viele napoleonische Soldaten den Marschallsstab, welchen sie ja ebenfalls alle im Tornister trugen, aus demselben hervorzuziehen vermochten. Immerhin war es ein großer Gedanke, die Aristokratie des Geistes der feudalen Aristokratie der Geburt ent= gegenzustellen, und diesen Gedanken hat die katholische Kirche verkündigt, wenn sie auch, wie es eben in dieser unserer nicht ganz vollkommenen Welt zu gehen pflegt, nicht regelmäßig, sondern nur ausnahmsweise ihre Theorie zur Praxis zu machen wußte.

Der Mönch, von welchem hier die Rede sein soll, verstand es, die dreifache Krone aus seiner Kapuze zu langen und dieselbe fest auf sein ton= surirtes Haupt zu setzen.

In Grottamare, einem südlich von Ancona auf einem Vorsprung der Apenninen gelegenen Berg= städtchen, wurde dem Kleinbauer Piergentile Peretti von seiner Ehefrau am 13. December 1521 ein Knabe geboren, dem er in der Taufe den bedeutungs= vollen Namen Felix geben ließ. Denn, so will die Sixtus=Legende, der Vater hatte geträumt, er würde einen Papst zeugen, und im festen Glauben an die Verwirklichung dieses Traumes nannte er seinen Sohn den „Glücklichen". Vorderhand ging der kleine Felice, sobald er überhaupt gehen konnte, bei Be=

ſorgung der Citronen- und Orangenbäume im Haus-
garten an die Hand, trieb auch gemeinſam mit ſeinem
Schweſterlein Camilla die Schweine, welche der
väterlichen Kleinwirthſchaft ſehr gut zu ſtatten kamen,
zur Weide. Darum haben ſpäter die Feinde des
Papſtes über ihn geſpottet, als über den geweſenen
„Schweinehirten"; aber ſie thaten es nur flüſternd.
Im Minoritenkloſter Montalto, unfern von Grottamare auf hoher Bergkuppe gelegen, lebte dem Knaben
ein Ohm von väterlicher Seite, Fra Salvatore, bekannt und geachtet in ſeinem Orden. Der nahm
den neunjährigen Neffen zu ſich und zwölfjährig that
Felice als Novize die Kutte des heiligen Franciskus
an. Noch jung an Jahren war Fra Felice, nach
in verſchiedenen Konventen ſeines Ordens glanzvoll
betriebenen Studien und nachdem er in Siena die
Prieſterweihe, in Ferrara den Doktorhut empfangen,
ſchon ein berühmter Kanzelredner. Im Jahre 1552
hielt er in der Apoſtelkirche zu Rom die Faſtenpredigten. Die Herren und Damen der römiſchen
Ariſtokratie, die Botſchafter bei der Kurie, Kardinäle
und Inquiſitoren waren ſeine Zuhörer. Aber der
berühmteſte derſelben war ohne Frage Don Inigo
de Loyola, der Stifter der Geſellſchaft Jeſu.

Fra Felice's Predigermund schleuderte Blitze und sprach Donnerschläge. Der Bauerssohn in der Kutte wußte nicht, was Menschenfurcht. Mit äußerster Kühnheit strafte er die Laster der Vornehmen und Mächtigen, der Fürsten und Könige, und zwar mit Namensnennung. Denn in dem genialen Fra brannte und loderte jene Eifersglut, welche mehr oder weniger energisch alle die Träger der großen katholischen Gegenreformation des 16. Jahrhunderts beseelte und in der Organisation der „Societas Jesu" seinen durchdachtesten, meisterlichsten und wirksamsten Ausdruck fand. Auf den leichtfertigen und rauschenden Karneval, welcher das Rom der Renaissance-Päpste durchlärmt hatte, folgte die Aschermittwochszeit der aus den Reihen der „Zelanti" genommenen Statthalter Christi, welche eine strengere Sittenzucht, wie eine strammste Disciplin, im ganzen Umfange der Hierarchie wieder einführten und das katholische Dogma auf die Koncilsbeschlüsse von Trient als auf eine unnahbare Basis von Granit stellten. So im Innern neu gekräftigt, straff einheitlich, begann der Katholicismus seinen großen, von seinem Generalstabe, dem Jesuitenorden, ebenso geschickt geleiteten, als unerbittlich durchgeführten Feldzug gegen den

ſchon in gemeine Verpfaffung verfallenen, dabei zer=
klüfteten, in mancherlei Konfeſſionen, Sekten und
Sektlein aufgelöſ'ten Proteſtantismus. Es war ein
Krieg der organiſirten, planmäßig und folgerichtig
handelnden Autorität mit der zerfahrenen, eigenſüchtig
und kleinmeiſterlich ſchwatzenden und zankenden
Anarchie. Hielt ſich doch jeder jammerſälige Prädi=
kant auch für einen unfehlbaren Papſt. Der Aus=
gang des Kampfes konnte alſo nicht zweifelhaft ſein.
Der Proteſtantismus wurde auf dem Feſtlande von
Europa überall zurückgedrängt. Große Provinzen,
ja ganze Länder, welche er erobert hatte und zu
beſitzen wähnte, wurden ihm wieder abgenommen
und er ſah ſich fortan auf die Vertheidigung be=
ſchränkt. Seine Angriffskraft und Ausbreitungsſtärke
hatte er ja, genau angeſehen, ſchon eingebüßt an
dem Tage, wo Luther die Reformation aus einer
großen Volksſache zu einer kleinen Fürſtenſache ge=
macht. Der Kalvinismus konnte ſich wenigſtens
rühmen, den Keim weiterer weltgeſchichtlicher Ent=
wickelungen in ſich getragen, den engliſch=ſchottiſchen
Puritanismus gezeugt zu haben, den Vater der angel=
ſächſiſch=transatlantiſchen Demokratie. Das Luther=
thum dagegen, noch heute, wie von jeher, ohne poli=

tischen Sinn und Verstand, noch heute, wie von jeher,
demüthig nach oben und hochmüthig nach unten, war und
blieb unfruchtbar und wurde innerlich zur dogmatischen
Versteinerung, äußerlich zur Polizeikirche, welcher der
fürstliche Absolutismus sich bediente wie seiner übrigen
polizeilichen Apparate. Gegenüber einer solchen Kirche
von Fürstengnaden durfte sich der restaurirte und
siegreiche Katholicismus, seiner Selbstherrlichkeit froh,
wohl eine Kirche von Gottesgnaden nennen. Das
Geheimniß des „Zauberers von Rom" war von
jeher und ist noch, daß er sich nicht an die Vernunft
der Menschen, also an etwas, was in 99 Fällen von
100 gar nicht vorhanden, wandte und wendet,
sondern vielmehr an die Phantasie und an das Ge=
müth, an den menschlichen Illusionenhunger und
Täuschungendurst, an die mächtigen Instinkte der
Furcht und der Hoffnung. Das war und ist der
wirkliche „Fels Petri" und, unentweglich auf diesem
Felsen sitzend, war und ist die katholische Kirche eine
selbstherrliche Macht, eine Großmacht, welche, des
unbedingten Gehorsams von Millionen und wieder
Millionen sklavisch ergebener Unterthanen sicher, noch
lange, lange ihr „Non possumus!" allen neuzeit=
lichen Lehren und Strebungen mit Erfolg entgegen=

ſtellen wird. Das Lutherthum dagegen hat es nicht
weiter gebracht als zu ſeinem altherkömmlichen Polizei=
kirchenthum. Läſſt der Staat dieſe Kirche heute
fallen, ſo wird ſchon morgen der längſt begonnenen
inneren Auflöſung die äußere Zerbröckelung folgen.
Die moderne Kultur iſt ihr ja entſchieden feindſelig,
den Wiſſenden alſo iſt ſie entweder gleichgiltig oder
widerwärtig und der Phantaſie, der ſinnlichen An=
ſchauungsweiſe, der Täuſchungs= und Troſtbedürftig=
keit der Maſſen hat ſie nichts zu bieten. Der „Fels
Petri" wird alſo zweifelsohne die „Augsburger Kon=
feſſion" lange überdauern. Aber auch er wird dereinſt
in den raſtlos rollenden Strom von Werden und Ver=
gehen verſinken und der chriſtliche Olymp wird dann=
zumal gerade ſo leer und öde ſtehen wie jetzt der
helleniſche. Ob dann die Erinnerung an die chriſt=
lichen Götter in Kunſt und Poeſie ſo lange vorhalten
wird, wie die Erinnerung an die griechiſchen vorge=
halten hat, wer weiß es? . . . .

Von jenen römiſchen Faſtenpredigten im Jahre
1552 an ſtand Fra Felice als ein weithin ſcheinen=
des Kirchenlicht auf dem Leuchter. Drei Kardinäle,
Carpi, Caraffa (nachmals Papſt Paul der Vierte)
und Ghiſlieri (ſpäter Papſt Pius der Fünfte) be=

wunderten und begünstigten den gelehrten und bered=
samen Eiferer. Mit der Durchführung von Reformen
in Klöstern seines Ordens betraut, that er mit
Strenge und ungeschreckt durch die mancherlei ihm
bereiteten Hindernisse und Widerwärtigkeiten seine
Schuldigkeit in Siena, Neapel und Venedig. Nach
Rom zurückberufen, wurde er zum Professor an der
Sapienza ernannt, dann zum Consultor der Inqui=
sition, zum Generalprokurator des „Heiligen Offiz",
zum Generalvikar seines Ordens. Eine Sendung
nach Spanien im Gefolge des Kardinallegaten Buon=
compagni, welchem der Frate als „Theologe" bei=
gegeben war, schlug nicht gut aus. Der Kardinal
war hochmüthig und herrisch, der Frate harsch und
herb. Das that nicht gut mitsammen. Der Kardinal
wurde aber früher Papst als der Frate und ließ
dann diesem die unliebsamen Erinnerungen an die
spanische Reise entgelten. Vorerst jedoch hatte Fra
Felice noch guten Grund, an die glückliche Vorbe=
deutung seines Namens zu glauben. Denn aus
Spanien zurückgekommen, fand er seinen Freund und
Gönner Ghislieri als fünften Pius auf dem päpst=
lichen Stuhl und der neue Papst machte ihn unver=
weilt zum Bischof von Santa Agata, dann zum

2 *

Bischof von Fermo. Vier Jahre darauf erhob er den Bischof zum Karbinal und sorgte auch für die wirthschaftliche Ausstattung des neuen Purpurträgers, obzwar keineswegs verschwenderisch.

Dem auf recht bescheiden = bürgerlichem Fuß in einem kleinen Hause der Via Papale eingerichteten und geführten Haushalt des Karbinals Montalto, welchen Namen Felice Peretti jetzt trug, stand seine Schwester Camilla vor, eine gute und kluge, auch resolute Frau. Sie war daheim an einen Bauer, Mignucci geheißen, verheiratet gewesen und nach dem Ableben desselben hatte ihr Bruder, noch bevor er zu hohen Kirchenwürden gelangt war, die Witwe mit ihren beiden Kindern Francesco und Maria nach Rom kommen lassen. Seine Nichte Maria hatte sich mit dem römischen Nobile Fabio Damasceni vermählt und diesem zwei Söhne und zwei Töchter geboren. Zur Zeit von Montalto's Karbinalat wohnte die ganze Familie, Bruder und Schwester, Neffe und Nichte, Großneffen und Großnichten, in den beschränkten Räumen des Hauses in der Via Papale friedsam beisammen.

Mit diesem Frieden war es aus und vorbei von dem Tag an, wo das Weib daselbst einzog, welches

.ber englische Dichter den weißen Teufel genannt hat,
als wollte er damit sowohl die Schönheit als auch
die Dämonischkeit der also Benamseten kennzeichnen.

3.

Von weißen Teufeleien, Verrath und Mord.

Der rothe Hut schien die letzte Gabe gewesen zu
sein, welche das Glück dem Bauerssohn von Grotta=
mare gewähren wollte. Denn mit dem Einzuge des
Kardinals Buoncampagni als Papst Gregor der
Dreizehnte in den Vatikan (1572) hatte die Gunst
und das Ansehen, welche Montalto bei der Kurie
genossen, ein Ende. Sein alter Gegner von der
spanischen Reise her schloß ihn von allen Geschäften
aus, so daß sein Kardinalat jetzt nur noch eine cere=
monielle Bedeutung hatte. Montalto fand sich mit
philosophischer Resignation darein. Wenigstens gab er
sich so. Was er über die neue „Heiligkeit" im Vatikan,
über seine lieben Kollegen, die Purpurhüteträger,
über die Zeit und die Menschen überhaupt dachte,
ist unschwer zu errathen. Er zog sich auf sich selbst

und in seine Familie zurück, lebte sehr ungesellig
in seinem Haus in der Via Papale, umgab sich mit
Büchern, studirte eifrig die Kirchenväter, trieb Kunst=
studien und ließ sich durch den Maurergesellen Do=
meniko Fontana, aus welchem nachmals ein be=
rühmter Baumeister geworden ist, in der Thalsenkung
des Esquilin eine bescheidene Villa erbauen. In der
dieselbe umgebenden Gartenanlage grub er Beete
um und pflanzte er Bäume. Man hätte den in
Ungnade gefallenen und vereinsamten Kardinal viel=
leicht vergessen, wenn nicht von Zeit zu Zeit kaustische
Witzworte und beißende Sarkasmen, welche er über
den Papst, dessen Günstlinge und die ganze Wirth=
schaft im Vatikan losgelassen, von Mund zu Mund
gegangen wären und nachdrucksam genug die Leute
an ihn erinnert hätten. Daß der Verbitterte solche
Bosheiten ausgehen ließ, würde beweisen, daß er
dazumal jeder Hoffnung auf die Erfüllung ehrgeiziger
Träume oder vielmehr des e i n e n Traumes, des
Tiaratraumes, entsagt gehabt, so man nicht wüßte,
daß ein rechter Witzeschöpfer und Sarkastiker, und
wäre er auch ein Kardinal, lieber seine Zungenspitze
abbeißen als eine auf derselben prickelnde Bosheit
nicht herausschnellen wollte. In der Achtung, ja

sogar in der Furcht seiner Miteminenzen erhielt sich
demzufolge Felice Peretti, aber von Zuneigung zu
ihm war keine Rede und so schien sein Schicksal
besiegelt.

Das Pontifikat des dreizehnten Gregor war wieder
einmal eine richtige Glanz-, d. h. Schmachperiode
der weltbekannten päpstlichen Mißregierung. Das
Banditenwesen, zu jeder Zeit ein Schandfleck Italiens
im allgemeinen und des Kirchenstaates im besonderen,
stand im üppigsten Flor, bot dem ungeschickten und
schlaffen Priesterregiment offenen Trotz und Hohn,
lähmte die ganze Verwaltung und machte die Rechts=
pflege zu einem Spott. Der römische Adel stand
mit dem Brigantaggio nicht nur auf du und du,
sondern vielmehr geradezu an der Spitze desselben.
Die Palazzi der Nobili in den Städten, ihre Thürme
und Kastelle in der Campagna, in den Provinzen
waren die sichersten Zufluchtsorte für die Banditen,
denen ja auch Kirchen und Klöster stets bereitwillig
geöffnete und unantastbare Freistätten boten. Die
Häupter der größten Familien der römischen Aristo=
kratie, der Orsini, Colonna, Massimi, Savelli und
anderer, hielten solche Banden von Räubern und
Mördern in ihrem Schutz und Sold und waren

demnach, beim Lichte betrachtet, selber Banditenhaupt=
leute, welchen gegenüber Recht und Gesetz nur Worte
von leerem Schall. Bei so bewandten Umständen
war der rechte Name des päpstlichen Regimentes
Anarchie, die man schließlich gewohnheitsmäßig hin=
nahm als etwas Unausweichliches. Man konnte auch
das Uebel, weil es sich bis in das Mark des Volkes
eingefressen, für unausrottbar halten, bis Einer kam,
welcher das Gegentheil bewies und, wenigstens für
die Dauer seiner Lebenszeit, das Unerhörte, man
möchte fast sagen das Unmögliche zuwegebrachte,
d. h. Rom und den Kirchenstaat von Räubern und
Mördern säuberte.

Während Montalto studirte, baute, grub und
pflanzte, auch gelegentlich eine Witzrakete steigen ließ,
als zum Zeichen, daß er auch noch da wäre, war
unweit vom Sankt Peter in einem auf der Piazza
Rusticuci gelegenen Palazzetto dem Don Claudio
Accoromboni und der Donna Tarquinia, seiner Frau,
ihre Tochter Vittoria zu einer Jungfrau herange=
wachsen, welche in einem Körper von klassischer
Formenschönheit einen hochgebildeten Geist trug.
Man rühmte der jungen Dame nach, daß sie an
Umfang und Fülle des Wissens mit einer andern

Vittoria, mit ihrer Landsmännin und älteren Zeit=
genossin, der gefeiertsten Italerin der 1. Hälfte des
16. Jahrhunderts, mit jener Vittoria Colonna sich
messen könnte, welcher Ariost im 37. Canto seines
großen Gedichtes ein so herrliches Denkmal gesetzt
hat. Auch Vittoria Accorombona wurde in ihrer
Jugend von Poeten feiernd angesungen, als mit den
seltensten Gaben überreich ausgestattet, als von einer
Holdseligkeit der Gestalt, der Züge, der Sprache, des
Gebarens, daß der von ihr ausgehende Zauber ein
geradezu unwiderstehlicher. Und das mußte so sein,
nicht allein im Gedichte, sondern auch in der Wirk=
lichkeit. Jeder, der sich ihr näherte, fühlte willig
oder widerwillig die Magie ihrer wunderbaren
Schönheit, ihres Blickes, ihrer Rede. Selbst der
Greis im Karbinalpurpur, der strenge Zelante Mon=
talto, hat diesem Zauber nicht sich zu entziehen ver=
mocht. Wie schweres Leid auch die weiße Teufelin
ihm angethan, er konnte der, wir wollen sagen,
väterlichen Zuneigung, welche er für sie hegte, nie
ganz sich entschlagen. Im übrigen wurde die junge
Schöne nicht nur bedichtet, sondern sie dichtete auch
selber, d. h. sie vermochte ihren Empfindungen oder
auch Anempfindungen in den künstlichen Reimver=

ſchlingungen von Sonetten und Terzetten mehr oder
weniger gelungenen Ausdruck zu geben*).

Das Dämoniſche, welches in der Seele des lieb=
reizenden Geſchöpfes ſchlummerte, mußte frühzeitig
geweckt werden durch die thörichte Eitelkeit einer
Mutter, welche der Ueberzeugung war, für das Juwel
von Tochter wäre die allerköſtlichſte Faſſung gerade
nur gut genug. Der hochmüthige Ehrgeiz der Mutter
wollte mit der „göttlichen" Vittoria ſo hoch hinaus
oder hinauf, als möglich, und ſittliche Bedenken kannte
Donna Tarquinia nicht. Sie hatte alſo gar nichts
dagegen, im Gegentheil, es war ihr ganz genehm,
daß aus dem dichten Schwarme von Anbetern und
Bewerbern, welcher in dem Hauſe an der Piazza
Ruſticuci ein= und ausſtrömte — auch ein Kardinal,
Farneſe, war darunter — mit wuchtigem Schritt
einer hervortrat, welcher einer der größten Herren
Roms war, ja vielleicht nach dem Papſte der aller=
größte, ein richtiger Gransignore nach italiſchem

---

*) Sie that das unter dem Namen Virginia, der freilich
viel weniger für ſie paßte, als ihr wirklicher. Ueber ihre
Dichterei vgl. Quadrio, Storia d'ogni poesia, t. II. Quadrio
hat Handſchriften von Vittoria's dichteriſchen Verſuchen in der
Ambroſiana zu Mailand aufgefunden.

Schnitt von dazumal, das Haupt des orsinischen Hauses, Don Paolo Giordano Orsini, Duca di Bracciano, Herr vieler Paläste und Burgen, ein Großgrundbesitzer, dessen Güter die für jene Zeit kolossale Jahresrente von 30,000 Thalern lieferten, einflußreich an fürstlichen und königlichen Höfen durch Verwandtschaft und Verbindungen, mächtig und gefürchtet um seines Reichthums, um seiner zahlreichen Banditen, um seiner scrupellosen Entschlossenheit und Ruchlosigkeit willen.

Der Ruf des Herzogs war der schlechteste und er hatte denselben vollauf verdient. Er galt für einen Bösewicht und war einer. Es war kein bloßes Gerücht, daß er seine erste Frau, die Prinzessin Isabella dei Medici, eine Schwester des Großherzogs von Toskana, umgebracht hätte. Er hatte es gethan. In einem einsamen Waldschlosse, das im Thale des Arno gelegen, war die Unglückliche gemordet worden (1576), von ihres Gatten eigenen Händen erwürgt, wie jetzt wohl zweifellos feststeht. Aber so groß war der Schein seiner Macht und so wesenhaft die Furcht, welche er einflößte, daß die Brüder der ermordeten Isabella, der Großherzog und der Kardinal Medici, nicht nur keinen Versuch machten, dem Mörder ihrer

Schwester Rechenschaft abzuverlangen, sondern nach
wie vor mit demselben im besten Einvernehmen
standen. Die urtheilslose Menge hegte wohl ein
dunkles Gefühl der Angst vor dem großen Herrn,
der gewohnt war, seine Leidenschaften und sein Be=
lieben über göttliche und menschliche Gesetze zu stellen.
Allein das gehörte ja im damaligen Italien und
insbesondere im Kirchenstaat zum guten Ton, wie
Raub, Mord und Gewaltthaten aller Art so zu
sagen zum täglichen Brote gehörten, und wenn der
Gewaltthäter so vornehm, so reich, so angesehen,
dabei von so gewinnenden Manieren, so leutselig und
freigebig war wie der Duca di Bracciano, so konnte
es gar nicht fehlen, daß er einer ausgeprägten Volks=
beliebtheit genoß. Volksgunst wendet sich ja immer
und überall viel lieber dem prunkenden Laster als
der bescheidenen Tugend zu.

Aus alledem erklärt es sich sattsam, daß die
Huldigungen, welche Orsini der schönen jungen
Vittoria darbrachte, nicht zurückgewiesen wurden,
sondern eine gute Statt fanden. Unerklärlicher ist
es schon, daß ein junges Mädchen von beispielloser
Schönheit an dem Mann, wie er war, als an einem
Manne Gefallen gefunden haben soll. Denn der Herzog

war bei weitem nicht mehr jung und nichts weniger
als ein Adonis oder Antinous. Nahezu ein Fünf=
ziger, kahlköpfig, dickhalfig, von einer bis zur Un=
förmlichkeit gedehnten Korpulenz, an einem seiner
unmäßig dicken Beine mit einem offenen Schaden
behaftet, das war doch wohl kein Galan, wie er im
Canzoniere Petrarca's oder im Dekamerone Boc=
caccio's stand. Aber man weiß, es gibt auch
Galane, wie sie in keinem Lieder= oder Novellenbuche
stehen. Es gab und gibt zu allen Zeiten häßliche
Männer, welche von schönen und schönsten Mädchen
und Frauen leidenschaftlich geliebt worden und werden.
Wäre die Liebe so leicht zu erklären, daß sie etwas sei,
was nur zwischen Gleichen möglich, würde sie dann
noch die Liebe sein? Zudem gibt es ja Männer —
Frauen allerdings keine — welche vor lauter Häß=
lichkeit wieder schön werden. Ein solcher war z. B.
Mirabeau. Wenigstens die schöne Sophie Lémonnier
fand ihn sehr schön. Freilich, Donna Tarquinia
hat gewiß sich bemüht, die Herzoginkrone von Brac=
ciano im verlockendsten Brillantfeuer vor den Augen
ihrer Tochter leuchten zu lassen, um die Eitelkeit
Vittoria's zu stacheln und auf ein großes Ziel zu
lenken, und bekannt ist auch, daß, wie die Sinnlichkeit

des Mannes, so die Eitelkeit des Weibes ein mächtig
wirkendes Motiv in der menschlichen Tragikomödie
abgibt. Die weibliche Eitelkeit allein wäre jedoch
kaum im Stande gewesen, alle die Proben zu be=
stehen, denen Vittoria's Verhältniß zum Orsini unter=
worfen wurde, und alles in allem genommen, dürfte
der Schluß gerechtfertigt sein, der Herzog müsse es
verstanden haben, dem jungen Mädchen eine wirkliche,
tiefe und ausdauernde Leidenschaft einzuflößen. Daß
er selber von einer Leidenschaft dieser Art ergriffen,
besessen war, unterliegt gar keinem Zweifel.

Vielleicht ist an dieser Stelle unserer Historie
die Zwischenfrage gestattet, ob der englische Tragiker,
wenn er seine Heldin den weißen Teufel nannte,
nicht etwa nur auf ihre körperliche Schönheit habe
hinweisen, sondern auch habe andeuten wollen, daß
die Urgewalt der Leidenschaft, unter deren über=
mächtigem Antrieb Vittoria handelte, d. h. sündigte,
ihr als eine Entschuldigung, ja als eine Art von
Sühne für ihre Verfehlungen gutgeschrieben werden
müsse? Ich bin geneigt, diese Frage zu bejahen im
Hinblick, daß Webster seinen „weißen Teufel“ sterben
läßt mit den Worten:

„Mein größter Fehl er lag in meinem Blute,
Und also sühn' ich ihn mit meinem Blut" ....

Wenn aber Orsini wähnte, leicht zum Ziele zu
gelangen, so täuschte er sich sehr. Es war da einer,
welcher die Einfädelung eines Liebeshandels zwischen
dem Herzog und der jungen Accorombona ganz
anders ansah, als die Donna Tarquinia, und dieser
Andersfehende war Don Claudio, der Vater Vittoria's.
Als der Ehrenmann, welcher er war, verabscheute er
den Gedanken eines unehrenhaften Verhältnisses
zwischen seiner Tochter und dem Herzog, wie ihm ein
solches als sehr möglich erscheinen mußte, ja, er hätte
wohl bei seiner Sinnesweise den verrufenen Mann
nicht einmal zu seinem rechtmäßigen Schwiegersohn
haben wollen. Um allen Aergernissen ein Ende zu
machen und der Gefahr — Accoromboni mochte
Grund haben, eine Entführung seiner Tochter durch
den gewaltthätigen Duca zu befürchten — beizeiten
vorzubeugen, schien es dem redlichen Vater das
Räthlichste zu sein, Vittoria rasch zu verheiraten.
Er mochte in seiner Ehrbarkeit glauben, eine recht=
mäßige Ehe müßte seiner Tochter gegen zuchtlose Be=
gehrnisse und Nachstellungen den besten Schutz ge=
währen; allein er bedachte dabei nicht, was für An=

sichten unter seinen Landsleuten über die Heiligkeit,
d. h. Nichtheiligkeit der Ehe im Schwange gingen,
und noch weniger bedachte er, ob seine Tochter gegen
die Begehrnisse und Nachstellungen vonseiten des
Herzogs auch wirklich beschützt sein wollte. Genug,
er sah sich um unter den Freiern Vittoria's und
seine Wahl fiel auf den sterblich in seine Tochter
verliebten Francesco Mignucci=Peretti, den Neffen
des Karbinals Montalto. Es war eine armsälige
Partie, wenigstens mit dem Maßstabe der hochfliegen=
den Hoffnungen gemessen, welche Donna Tarquinia
für ihre Tochter und in dieser genährt hatte. Der
Gärtnersenkel und Bauerssohn sollte ein Kleinod
davontragen, um welches der stolzeste der römischen
Fürsten, das Haupt der Orsini geworben hatte —
abscheulich, unerträglich das! Aber Don Claudio
setzte gegenüber von Frau und Tochter seinen Willen
durch, und daß er ihn durchsetzte, erweis't immerhin
klärlich, daß der brave Mann Herr in seinem Hause
war. Der Herzog seinerseits scheint keinen Versuch
gemacht zu haben, die Verheiratung seiner Ange=
beteten zu hindern. Die Hochzeit fand demnach
statt, das junge Paar wurde in der Kirche Santa
Maria bella Corte getraut und Francesco führte

seine Vittoria unter das gastliche Dach seines Ohms
in der Via Papale.

Schon der Eintritt in das, wie bereits erwähnt
worden, auf dem Fuß anständiger, aber schlichter
Bürgerlichkeit eingerichtete und geführte Haus mußte
auf das verwöhnte Schönheitswunder vom Palazzo
der Piazza Rusticuci einen unliebsamen Eindruck
machen und die herzliche, aber ebenfalls schlichtbürgerlich
geäußerte Freundlichkeit, womit ihre Schwiegermutter
Camilla und ihre Schwägerin Maria Damasceni sie
empfingen, vermochte diesen Eindruck nicht zu verwischen. Auch die Wahrnehmung nicht, daß ihre
bloße Gegenwart hinreichte, die strengen Züge des
Karbinals zu mildern, und nicht die immer wieder
bestätigte Erfahrung, daß derselbe für die Frau seines
Neffen ein wahrhaft väterliches Wohlwollen hegte.
Sie, die vorher der in allen Weisen und Tonarten
gehätschelte und beschmeichelte Mittelpunkt des glänzendsten Gesellschaftskreises gewesen war, sollte sich
in dieser Enge, Eintönigkeit, Langweiligkeit behagen?
Unmöglich! Aber vielleicht wäre dieses Unmöglich
doch allmälig zu einem Möglich geworden, falls
erstens der gute und verliebte Francesco etwas mehr,
ach, bedeutend viel mehr gewesen, als eben ein ver-

liebter und guter Francesco und falls zweitens Donna
Tarquinia nicht dafür geſorgt hätte, daß der Dämon
in der Seele ihrer Tochter ja nicht zu dauerndem
Einſchlummern käme. Die hochmüthige Dame hatte
ſich zwar dem Willen ihres Gatten gefügt, fügen
müſſen, aber ſie ſah die Heirat Vittoria's fortwährend
für ein Unglück, ja für eine Schmach an, die ſo
oder ſo beſeitigt und gutgemacht werden müßte. Sie
blieb darum mit dem Herzog von Bracciano fort=
während in regem Verkehr, ſprach ihrer Tochter von
ihm und fachte in der jungen, mit ihrem Looſe bald
mehr und mehr unzufriedenen Frau hochmüthige
Hoffnungen auf ein glänzendes Daſein an der Seite
des Duca immer wieder an. Daß dieſe Hoffnungen
verbrecheriſche waren, kümmerte die ehrſüchtige Mutter
wenig und kümmerte auch bald die Tochter nicht
mehr. Ob Donna Tarquinia ſich nicht geſcheut, die
Gelegenheitmacherin im ſchlimmſten Sinne zu ſpielen,
d. h. heimliche Zuſammenkünfte Vittoria's mit dem
Herzog zu veranſtalten oder wenigſtens zu ermöglichen
und zu begünſtigen, iſt nicht erwieſen, war aber
dieſem Weibe wohl zuzutrauen. Außerdem verfügte
ja Orſini über die Dienſte eines ebenſo ſchlauen als
gewiſſenloſen Gelegenheitmachers. Das war einer

der Brüder Vittoria's, Marcello Accoromboni, welchen als einen dieser Ehre vollkommen würdigen Gesellen der Herzog in seine Banditen- und Brigantenklientel aufgenommen hatte. Diesen Menschen verwendete der Liebhaber Vittoria's als Auskundschafter und Anschicksmann im Hause Montalto und Marcello war zu diesem Dienste um so geeigneter, als er sich das blinde Vertrauen und die wahrhaft brüderliche Zuneigung seines allzu harmlosen Schwagers Francesco zu erschleichen gewußt hatte. Francesco verbarg den Schurken, welcher verschiedener Unthaten wegen aus Rom verbannt war, im Hause seines Oheims, so oft dem Banditen in die Stadt zu kommen beliebte.

Derweil nahm die Spannung und die düstere Färbung der Verhältnisse im Haushalt des Kardinals in der Via Papale und später in der Villa Peretti am Fuß des Esquilin von Tag zu Tag zu. Keiner und keine der Betheiligten konnte sich's verhehlen, daß ein Wesen wie Vittoria nicht hierher paßte, obzwar Montalto lange Zeit nicht müde wurde, ein gewichtiges Vermittleramt zu üben. Das war wahrlich keine Kleinigkeit. Wenn es bekanntlich schon sehr schwierig ist, zwischen zwei Frauen unter e i n e m

Dache, gleichviel, in welchem oder ob auch in gar
keinem Verhältnisse dieselben zu einander stehen
mögen, einen leidlichen Friedenszustand zu erhalten,
so kann man sich unschwer vorstellen, daß unter
dem Dache, wo eine dämonisch-geniale Weltdame wie
Vittoria einer Schwiegermutter und einer Schwägerin
von der Sinnesweise und Gewöhnung der Donna
Camilla und der Donna Maria gegenüberstand, selbst
ein Purpurträger genug zu thun hatte, um wenigstens
das Ausbersten des Skandals nach draußen möglichst
hintanzuhalten. Die Ergebnisse der mütterlichen
Schulung und Unterweisung traten an Vittoria
mehr und mehr hervor. Der weiße Teufel kehrte
seine Natur immer zwangloser heraus. Die junge
Frau hatte vom Anfang an einen Aufwand getrieben,
welcher über ihre Stellung weit hinausgegangen war
und ihre Mitgift rasch aufgezehrt hatte. Nur die
kostbarsten Kleidermoden, der reichste Gold- und
Steinschmuck waren ihr recht. Sie gefiel sich in
einer sorglosen Vergeudung, welche dem sonst so
sparsamen und allem Luxus abholden Kardinal
schweres Geld kostete, und verleitete auch ihren
willenlosen Gatten dazu. Bald kam Schlimmeres.
Vittoria that sich nicht mehr den Zwang an, ihre

Koketterie zu verbergen. Sie ließ sich ganz öffentlich
hofiren und anbeten, fand es auch nicht mehr der
Mühe werth, die entschiedene Abneigung, welche sie
gegen den armen Francesco empfand, zu maskiren,
und lebte in erklärter Feindschaft mit ihrer Schwiegermutter und ihrer Schwägerin. Wie giftgetränkt die
ganze Sachlage schon dazumal gewesen sein muß,
erhellt erschreckend daraus, daß, als Donna Maria
später an einer Fieberkrankheit verstarb, innerhalb
des Hauses geflüstert und außerhalb desselben mehr
oder weniger laut gesagt wurde, Donna Vittoria
hätte durch ihre Zofe Katerina aus Bologna, so
eine Hexe wäre, ihrer Schwägerin die schleichend-
tödtliche Krankheit anhexen lassen. Francesco's
Mutter wurde schon lange zuvor von einer dunkeln
Angst um ihren Sohn gequält. Sie begann ihre
Schwiegertochter zu hassen, aber sie fürchtete dieselbe
noch mehr. Donna Camilla hatte das Vorgefühl einer
Katastrophe. Kommendes Unheil warf auch diesmal,
wie so oft, seinen schwarzen Schatten vor sich her,
und daß die Mutter es war, welche diesen Schatten
deutlich sah oder fühlte, kann nicht wundernehmen.

So war der Abend vom 15. April des Jahres
1581 herangekommen.

Ob Vittoria von dem, was an diesem Abend geschehen sollte, eine Ahnung hatte? Ob gar ein Wissen? Ob ihr eine Rolle in dem rasch sich abspielenden Mordstück zugetheilt war und welche? Auf keine dieser Fragen gibt es eine Antwort, welche auf Zuverlässigkeit Anspruch hätte. Möglich jedoch und wahrscheinlich sogar ist, daß die Tochter der Donna Tarquinia klar sich bewußt war, die Gattin des Francesco Peretti müßte Witwe sein, um Duchessa di Bracciano werden zu können.

Man wollte in der Villa Peretti gerade zur Ruhe gehen, als Vittoria's Kammermagd Katerina dem Signor Francesco einen Brief brachte. Als Schreiber desselben stellte sich Marcello Accoromboni heraus, welcher, wie er berichtete, wieder einmal in großer Bedrängniß sich befände und seinen Schwager und brüderlichen Freund anflehte und beschwor, ihm sofort beizustehen in einer Sache, wobei es um Leben und Tod sich handelte. Um Mitternacht, so schloß das Schreiben, möge sich der Helfer beim Quirinal auf dem Monte Cavallo zu einem Stelldichein mit dem Hilfebedürftigen einstellen. Der gute und treue Francesco erklärte sich ohne Bedenken und Zaudern dazu bereit, obgleich er ja wissen mußte, daß ein

nächtlicher Gang durch das Rom des Statthalters
Christi allzeit ein lebensgefährliches Abenteuer wäre.
Der Gedanke an diese Thatsache fiel aber mit seiner
Vollgewalt auf die Mutter Camilla und die Schwester
Maria. Mit Bitten und Thränen, zuletzt kniefällig
bestürmten die Frauen den Sohn und Bruder, den
gefährlichen Gang zu unterlassen. Umsonst. Der
sonst so weiche und bestimmbare Mann bestand, in
Schicksalsschlingen gefangen, auf seinem Willen, nahm
Hut, Mantel und Degen, befahl einem Diener, ihm
mit einer Fackel voranzuleuchten, riß sich los und
verließ das Haus.

Er kam nicht weit. Den Aufgang zum Quirinal
hinansteigend, wurde er da, wo später der Palazzo
Barberini stand, von drei aus Arkebusen geschossene
Kugeln durchbohrt. Beim Knallen der aus einem
Hinterhalt gefeuerten Schüsse ließ der Diener die
Fackel fallen und rannte Mord und Zeter schreiend
nach der Villa zurück. Die Mörder aber stürzten
aus ihrem Verstecke hervor, warfen sich auf den Ver=
wundeten und gaben dem Röchelnden mittels Dolch=
stößen den Rest.

4.

Von der Nemefis, die wie gewöhnlich zu spät kam und, wie fie zu thun pflegt, den Hauptfchuldigen entfchlüpfen ließ.

Während die Mutter und die Schwefter des fo fchändlich verrathenen und gemordeten Mannes in Klagen und Thränen fich erfchöpften und felbft der ftrenge Kardinal in ftummem Schmerze mühfälig nach Behauptung feiner gewohnten Faffung rang, fetzte die Witwe Vittoria fich hin und fchrieb in Terzinen einen „Lamento" über den Tod ihres Gatten.

Das zeichnet die ganze Situation.

Mordthaten waren zwar dazumal in Rom All= nächtlichkeiten, allein die Umftände, unter welchen Francefco Peretti gemeuchelt worden, verfchafften diefem Mord ein außergewöhnliches Auffehen. „Donna Tarquinia hat es ausgeheckt, der Orfini hat es ge= than oder thun laffen" — fo lautete die allgemeine Rede oder wenigftens der allgemeine Gedanke. Auf allen Lippen fchwebte die Frage: „Was wird der Kardinal Montalto fagen und thun?"

Er fagte und that wenig. Eingehüllt in den

Stoicismus seines Mönchthums erschien er am Tage nach der Mordnacht in einem vom Papste gehaltenen Konsistorium und verblüffte seine Miteminenzen durch seine Ruhe und Gefasstheit. Er sprach nur wenige und zwar wohlabgemessene Worte über die Blutthat der Nacht, welche ihm einen Neffen gekostet hatte. Als er dann mit Gregor dem Dreizehnten allein war, ließ er allerdings seinen Schmerz deutlicher sehen, aber er erhob keine Anklage, gegen niemand. Er mochte denken, das wäre ja doch vergeblich, und — auch das zeichnet wieder die Sachlage — die Römer dankten ihm stillschweigend dafür, daß er nicht als Ankläger auftrat. Denn welche Bedrohungen und Schädigungen hätte man nicht von dem Orsini zu erwarten gehabt, so eine ernsthafte Anklage und Untersuchung gegen ihn erhoben und durchgeführt worden wäre! Der schlaffe Papst, welcher den Duca di Bracciano nicht weniger fürchtete als irgendein Spießbürger von Rom, konnte zwar nicht umhin, seine Entrüstung über Francesco's Ermordung zu äußern und auch zum Schein eine Untersuchung anzuordnen; aber diese kam über die ersten Anfänge gar nicht hinaus und damit schien die Sache abgethan, wenigstens amtlich.

Sie war es aber nicht. Zugleich mit der Nachricht von der feierlichen Bestattung, welche der Kardinal Montalto seinem Neffen in der Kirche Santa
Maria degli Angeli bereitet hatte, erfuhr man in
der Stadt, daß Donna Vittoria aus der Villa Peretti
und gleichzeitig Donna Tarquinia aus dem Palazzo
Accoromboni verschwunden wäre. Wohin? Die Volks-
stimme antwortete ohne Bedenken: „In einen der
beiden Paläste Bracciano's auf dem Campo dei Fiori
oder auf der Piazza Navona" — und die Volks-
stimme hatte diesmal recht. Vittoria — sei es aus
rasender Leidenschaft oder aus Furcht, in die Untersuchung des Mordes verwickelt zu werden, oder endlich
dem Rathschlag ihrer Mutter folgend, welche das
Gebäude ihrer unheimlichen Ränke möglichst bald
unter Dach gebracht sehen wollte, oder aus allen
diesen Motiven mitsammen — Vittoria hatte sich,
alle Scham und Scheu abwerfend, zu ihrem Liebhaber
geflüchtet, vom Sarg ihres von diesem gemordeten
Gatten hinweg.

Selbst aus der gräuelgewohnten Raub- und
Mordhöhle, welche das Rom jener Zeit gewesen ist,
erhob sich ein Schrei des Entsetzens über solche Frechheit des Lasters.

Die päpstliche Regierung, soweit überhaupt von einer „Regierung" die Rede sein konnte, rührte sich nicht und auch der „Statthalter Christi" selbst würde sich nicht gerührt haben, so ihm nicht von einer Seite her zugesetzt worden wäre, wo er schandenhalber doch hinhören mußte. Nämlich, die Orsini und die Medici fürchteten mit allem Grund eine Heirat des Duca di Bracciano mit der gewaltsam zur Witwe gemachten Vittoria und legten sich gemeinsam dagegen ins Zeug. Dem Stolze der Orsini war eine Vermählung ihres Oberhauptes mit der Tochter des umbrischen Junkers Accoromboni und der Witwe des Bauerssohnes Peretti zuwider und der Kardinal Medici hielt die Rechte seines Neffen Virginio, welchen seine ermordete Schwester Isabella ihrem Gemahle geboren hatte, durch eine neue Heirat des Duca für beeinträchtigt oder für ganz gefährdet. Es ist ja menschliche Art, sich viel lieber und leichter durch gemeine als durch edle Beweggründe zum Handeln bestimmen zu lassen. Dieselben Leute, welche noch so eben die schnödeste Verletzung des Sittengesetzes nicht hatte bewegen können, Hand oder Fuß zu rühren, rührten jetzt wetteifernd ihre und anderer Hände und Füße,

um den Eingebungen des Vorurtheils und der Hab-
sucht gerecht zu werden.

Wie alle Schwächlinge von Menschen und von
Völkern neigte Gregor der Dreizehnte stets dahin, wo
augenblicklich die größte Kraftentwickelung statthatte,
und darum ließ er sich durch die bezeichneten Ein-
flüsse bestimmen, am 5. Mai von 1581 ein „Monitorium" zu erlassen, kraft dessen eine Ehe Bracciano's
mit Vittoria, welche ohne ausdrückliche päpstliche Be-
willigung eingegangen würde, zum voraus für ungiltig
erklärt wurde. Gegen diesen reingeistlich-kirchlichen
Angriff wußte sich der Duca nur mittels passiven
Widerstandes zu wehren. Er brachte seine Geliebte
in eine kleine Villa, welche er an der Via Magnano-
poli besaß, damit sie dort versteckt bliebe, bis der
Sturm vorübergebraus't wäre. Allein das ging nicht so
schnell, denn der Kardinal Medici und die orsinische
Sippschaft hatten die Augen offen. Sie erwirkten
ein neues Monitorium des Papstes, kraft dessen der
Witwe Peretti befohlen wurde, in das Haus ihres
Vaters zurückzukehren. Sie gehorchte, war aber bald
wieder in der Villa ihres Liebhabers. Ein aber-
maliges Monitorium trieb sie in das väterliche Haus
zurück, in welchem Don Claudio jetzt allerdings nicht

mehr Herr zu sein schien; warum, weiß man nicht.
So ging das Hin und Her weiter bis zum Aus=
gang des Jahres, wo es gelang, den Papst zu einer
ernstlicheren Maßregel zu drängen. Eines December=
tages drangen päpstliche Sbirren plötzlich in das
Haus Accoromboni, ergriffen Vittoria und führten
sie nach dem in Trastevere gelegenen Kloster Santa
Cäcilia. Weil man aber die Gefangene daselbst vor
den Machenschaften ihres Galans nicht sicher glaubte,
wurde sie nach dem Kastell San Angelo gebracht und
dort nahezu ein Jahr lang gefangen gehalten. Diese
Haft war jedoch eine sehr gelinde und die Gefangene
durfte einen ununterbrochenen Briefwechsel mit ihrem
Liebhaber unterhalten. Man wird dadurch in der
durch den ganzen Verlauf der Sache angeregten
Vermuthung bestärkt, daß die Gefangensetzung des
weißen Teufels nur eine zwischen der Regierung des
Vatikans und dem Herzog von Bracciano redend oder
schweigend abgekartete Komödie gewesen sein könnte.
Die Haft Vittoria's konnte für eine kirchliche Buße
gelten und während der Dauer dieser Büßung sollte
über die Ermordung ihres Gatten Gras wachsen und
die eingeleitete Kriminalprocedur einschlafen.

An Anhaltspunkten zur Weiterführung derselben

hätte es wahrlich nicht gefehlt. Der Bruder jener Katerina, der Zofe Vittoria's, Domenico d'Aquaviva, welcher an jenem Aprilabend den schicksalsschweren Brief für Francesco Peretti gebracht hatte, war verhaftet worden und hatte im Februar 1582 das Geständniß abgelegt — ohne Folterzwang, wohlverstanden! — die Donna Tarquinia wäre am ganzen Unheil schuld. Seine Schwester Katerina wäre ihre Helfershelferin gewesen. Zu Vollstreckern des Mordplans hätten gedient ein gewisser Machioni aus Gubbio und ein gewisser Barca aus Bracciano, Banditen eines großen Herrn, dessen Namen er, Domenico, aus beweglichen Gründen verschwiege. Diese Enthüllung hätte müssen von rechtswegen dem Duca Bracciano und der Donna Tarquinia theuer zu stehen kommen. Aber es war gar keine Rede davon. Im Gegentheil, die ganze Procedur wurde niedergeschlagen und unlange darauf ließ man auch den Domenico laufen. Das war die Rechtspflege eines „Statthalters Christi".

Mehr noch, schon zu Anfang des Jahres 1583 treffen wir den Herzog im Vatikan wieder in voller Gunst. Der heilige Vater ließ sich von dem Bösewicht bewegen, alle gegen ihn und Vittoria erlassenen

Monitorien zurückzunehmen, einzig das Eheverbot
ausgenommen. Dasselbe, meinte Bracciano, wäre
eigentlich ganz überflüssig, da er ja seinen Sippen,
den Orsini, wie auch dem Kardinal Medici, die Erklärung gegeben hätte, er würde Vittoria niemals zu
seiner Gemahlin machen.

Ja wohl, er brauchte sie nicht mehr dazu zu
machen: sie war es nach damaliger Anschauung schon
in aller Form Rechtens, als er diese schamlos ver-
logene Erklärung abgab. Wenige Wochen, vielleicht
nur wenige Tage nach der Ermordung des armen
Francesco hatte sich der Mörder — denn das war
ja der Herzog mittels der Hände seiner Banditen —
in Rom mit der Witwe des Ermordeten heimlich
trauen lassen. Für einen solchen Gransignore war
es eine Kleinigkeit, in der von Priestern und Mönchen
wimmelnden Stadt einen Prete aufzutreiben, welcher
die Trauungsformel über ihn und seine Mitschuldige
aussprach. Das genügte, zumal vor Erlassung des
päpstlichen Monitoriums vom 5. Mai 1581, zum
Abschluß einer rechtmäßigen Ehe vollkommen. Eine
solche wollte aber Donna Tarquinia, welche zweifelsohne ihre Tochter angeleitet hatte, dem maßlos verliebten Orsini begreiflich zu machen, daß der Weg

zu ihrem Schlafzimmer fortan nur durch die Kirche
ginge. Die beiden Damen scheinen aber der heimlichen
Trauung in Rom doch nicht ganz getraut zu haben.
Vittoria setzte es nämlich nach ihrer Entlassung aus
der Engelsburg durch, daß sich der Duca am 10. Oktober von 1583 in der Burgkapelle zu Bracciano
zum zweitenmal und zwar öffentlich und feierlich mit
ihr trauen ließ.

Diese Frechheit warf in Rom Staub auf. Das
päpstliche Eheverbot bestand ja noch und so schickte
man sich denn weitschichtig an, einen neuen Proceß
gegen den Duca und die Duchessa di Bracciano
einzuleiten. Der Orsini wußte wohl, daß das nur
eine abermalige Komödie wäre, die bald ausgespielt
sein würde. Er kam daher mit Vittoria scheulos
nach Rom und lebte mit ihr als mit seiner Frau
öffentlich in seinem Palazzo. Das Paar schien
glücklich, war es vielleicht auch; denn über die
Mahnungen des Gewissens waren beide weit hinweg.
Nicht erst die Materialisten und Nihilisten der
zweiten Hälfte des 19. Jahrhunderts haben den
schönen Satz erfunden, das „sogenannte" Gewissen sei
nur ein lächerliches Phantom, nur noch von „ganz
zurückgebliebenen" Leuten geglaubt, anerkannt und

geachtet. Die Wüstlinge und Unzüchtlinginnen, die Frevler und Verbrecherinnen des 16. Jahrhunderts waren ja auch schon so weit.

Die Herrlichkeit des glücklichen Lasters währte bis zum 10. April 1585, an welchem Tage Gregor der Dreizehnte starb. Zunächst zwar schien dieser Todesfall das Glück des Duca und der Duchessa di Bracciano nicht beeinträchtigen zu können. Im Gegentheil, das Interregnum, die zeitweilige Papstlosigkeit Roms begünstigte die Ausführung eines Planes, womit sich das Paar wohl schon lange getragen hatte. Daß den Beiden an der Verwirklichung dieses Plans so viel gelegen war, scheint nun aber doch darauf hinzudeuten, das vorhin über ihre souveräne Gewissenlosigkeit Gesagte bedürfe einer Einschränkung. Oder war es nur ein unbestimmtes Furchtgefühl, welches sie besorgen ließ, die zweimal vollzogene Trauung genügte noch immer nicht, ihre Ehe zu einer rechtmäßigen zu machen? Genug, unmittelbar nach dem Ableben Gregors des Dreizehnten, berief der Orsini eine Versammlung der angesehensten Rechtsgelehrten und der geriebensten Advokaten in seinen Palast, um denselben die Frage vorzulegen, ob das von dem verstorbenen Papst erlassene Moni-

torium, welches dem Duca die Ehelichung Vittoria's
verboten hatte, jetzt noch zu Recht bestünde. Nach
vielem Kalkuliren, Argumentiren und Debattiren
gelangten die Herren zu diesem von dem Fragesteller
gewünschten Schluß: Nein, das Verbot ist hinfällig
geworden, maßen das Monitorium mit dem Tode
seines Erlassers erlosch. Daraufhin feierten Don
Paolo Giovanni und Donna Vittoria zum dritten-
mal ihre Hochzeit und ließen sich am 24. April von
1585 abermalen feierlich einsegnen, weihen und trauen.

Es war die höchste Zeit. Denn kaum eine
Stunde nach dieser dritten Trauung, kraft welcher
die Ehe des schuldigen Paares allerdings eine unanfechtbar giltige geworden, ging aus dem geöffneten
Konklave der Kardinal Montalto als Papst Sixtus
der Fünfte hervor.

Eine furchtbare Störung der dritten Hochzeit
fürwahr! Wie ein Eishauch mußte das für sie, wie
für ganz Rom, so unerwartet Gekommene die Beiden
anwehen.

Der Heilige Geist, welcher bekanntlich die Päpste-
wahlen macht, hatte auch diesmal wieder, wie sonst
so manchesmal, gar wunderliche Zickzackwege im
Konklave wandeln, gar seltsame Kreuz- und Quer-

sprünge machen müssen, um zu seinem Ziele zu ge=
langen*). Kaum aber war er dazu gelangt, kaum
war Sixtus der Fünfte ausgerufen, als sich etwas
wie die Empfindung einer Erlösung in der Bevölke=
rung von Rom regte. Die ehrlichen Leute athmeten
auf, die Schurken wandelte ein Zittern an. Man
ahnte, daß wieder einmal ein Mann, ein Papst=
Herrscher auf dem Stuhle Petri platzgenommen hätte.
Und so war es. Schon die ersten Regierungshand=
lungen, die vom Vatikan ausgingen, thaten urbi et
orbi kund, daß der neue „Knecht der Knechte Gottes"
ein Herr und Gebieter von eisernem Willen, uner=
bittlicher Strenge und unbeugsamer Thatkraft. So=
fort begann die mit furchtbarer Folgerichtigkeit durch=
geführte Säuberung der römischen Raub= und Mord=
höhle, die Ausräumung der kirchenstaatlichen Banditen=
und Brigantenherberge. Wenige Tage nur und
Schrecken ging einher vor dem Namen Sixtus des
Fünften.

---

*) Eine sehr anschauliche, auf durchaus authentischer Basis
ruhende Schilderung dieser Zickzackwege und Kreuz= und
Quersprünge, d. h. des Parteiengetriebes im Konklave und
aller der diplomatischen Ränke und Schwänke, welche zur
Wahl Montalto's führten, giebt Hübner a. a. O. I, 127 fg.,
also ein Mann, dessen Katholicität keinem Zweifel untersteht.

Mit unter den Ersten, welche sich herzudrängten, um dem soeben proklamirten neuen Statthalter Christi den Fuß zu küssen, befand sich auch der Orsini. Er mochte gekommen sein, um in den Augen des Oheims seines Opfers nach seinem Schicksal zu forschen. Er wurde empfangen wie alle die andern, mit gnädiger Kühle. Doch meinte er einen seltsamen Blick aus dem Auge des Papstes auf sich herabzucken zu sehen. Dieser Blick ließ es ihm räthlich erscheinen, durch Vermittelung des Karbinals Medici den Papst um eine Privataudienz anzugehen. Sixtus gewährte sie und da hat er dem Duca in einer Weise, die nicht mißzuverstehen war, gesagt, der Papst hätte vergessen, was der Herzog an dem Karbinal Montalto ge= sündigt; so aber in Zukunft der Duca die Gesetze mißachten, Banditen in seinem Bann und Sold halten und Briganten in seinen Palästen und Burgen Unterschlauf gewähren würde, so sollte er erfahren, daß der Arm des Statthalters Christi jetzo von Eisen.

Voll Schrecken kam der Orsini heim und traf da eine Erschrockene, seine Gemahlin, welche ihrer= seits von einem Gange zurückgekehrt war, der auch kein günstiges Ergebniß gehabt. Vittoria nämlich

hatte unmittelbar, nachdem die Wahl Sixtus des
Fünften kundgeworden, keck den Versuch gemacht, die
Fürsprache ihrer früheren, so tödtlich gekränkten
Schwiegermutter zu gewinnen. Sie hatte sich nach
der Villa Peretti aufgemacht, welche sie so schnöde
verlassen, um in die Arme des Mörders ihres Gatten
zu eilen, sie drang fast gewaltsam zur Donna
Camilla und erzwang sich eine Unterredung mit der
Mutter Francesco's, welche den weißen Teufel mit
Schluchzen empfing. Aber ein Versprechen der Ver=
zeihung ·oder gar der Fürsprache vermochte Vittoria
nicht zu erlangen. Das hieß denn doch einer
Mutter und vollends einer italischen Mutter zu viel
zumuthen.

Die Nemesis war endlich doch aufgestanden. Spät
kam sie, aber sie kam.

Noch in derselben Nacht flohen, von unbesieglicher
Angst getrieben, der Duca und die Duchessa aus
Rom. Zunächst auf ihre Burg zu Bracciano. Hier
hatte der Oberbandit des Herzogs, Marcello Acco=
romboni, welcher · auf des Orsini Befehl die Er=
mordung seines Schwagers Francesco geleitet, eine
große Schar von Briganten versammelt, unzweifel=
haft in der Absicht, während der Dauer des Konklave

einen Raubſtreich im größeren Stil auszuführen.
Konnte man nun etwa an der Spitze dieſer Geſellen
der vermutheten Feindſeligkeit des neuen Papſtes
Trotz bieten? Der Herzog, früher ein ſo entſchloſſener
und verwegener Böſewicht, dachte nicht einmal daran.
Der Blick des fünften Sixtus mußte ihn mit Ent=
ſetzen geſchlagen haben. Der Boden des Kirchen=
ſtaates brannte ihm unter den Füßen. Er raffte
ſein Bargeld und was von koſtbarem Beſitz ihm
ſonſt zur Hand zuſammen und floh mit Vittoria
von Bracciano weiter nach Padua, auf venetianiſches
Gebiet.

Hier im Juni 1585 angelangt, fühlte er ſich
ſicher. Er wußte, die Signoria der Republik von
San Marco würde ihn nicht an den Papſt aus=
liefern, und ſeine reichen Mittel erlaubten ihm, auch
in der Fremde als großer Herr aufzutreten. Er
miethete einen Palaſt in Venedig ſelbſt und einen
zweiten in Padua, den Palazzo Foſcarini. Ebenſo
in Salò eine am Ufer des Gardaſee's wunderſchön
gelegene Villa. Dorthin zog er mit Vittoria, die
ſich in der ländlichen Umgebung ſehr behagte. Sie
war ja ein Stück von einer Poetin und nach allen
den Stürmen ihres Lebens konnte ihr die idylliſche

Stille am schönsten der oberitalischen Seen nur willkommen sein. Das Idyll währte freilich nicht lange
und schlug zur Tragödie um.

Die Erinnyen ruhten ja nicht. Eine Mutter
darf die Ermordung ihres Sohnes nicht vergessen,
sonst wäre sie keine Mutter. Darum ließ Donna
Camilla die Blutspur von jener Aprilnacht des
Jahres 1581 nicht kalt werden. Sie bestürmte ihren
Bruder um Rache. Wofür sonst trug er die dreifache Krone? Warum forderte er nicht von Venedig
die Auslieferung des Mörders und seiner Schuldgenossin? Der Papst kam ungern auf die traurige
Sache zurück, um so mehr, da er ein Gefühl zärt-
lichen Mitleids für Vittoria noch immer bewahrte.
Im August 1585 sprach er mit dem venetianischen
Botschafter bei der Kurie über die Auslieferungsfrage.
Aber er nahm sie nicht an die Hand, sei es, daß er
mit der Republik von San Marco dazumal in keine
Verwickelung kommen wollte, sei es, daß er, wie er
sagte, von der Sache genug und übergenug hätte
und nichts mehr davon hören wollte. Soweit jedoch
gab er den Bitten seiner Schwester nach, daß er an
die Signoria das Begehren stellte, den ebenfalls auf
venetianisches Gebiet geflüchteten Marcello Accorom-

boni auszuliefern. Dazu ließ sich Venedig nach
etlichen Weiterungen herbei. Marcello wurde an die
päpstlichen Behörden ausgeliefert und im folgenden
Jahre zu Ancona gerichtet und hingerichtet.

Derweil war der Hauptschuldige unversehens der
Gerechtigkeit entschlüpft, deren Brauch und Gewohn=
heit ja überhaupt ist, die kleinen Sünder zu fassen
und zu strafen, die großen aber so oder so ent=
schlüpfen zu lassen. Im Spätherbste erkrankte der
Herzog von Bracciano zu Salò, gerade als er sich
anschickte, zum Winteraufenthalt nach dem Palazzo
Dandolo in Venedig überzusiedeln. Sein alter
Schaden am Bein wurde brandig und die Lebens=
gefahr nahm rasch zu. Es warf doch etwas wie
einen versöhnenden Schimmer auf dieses Sterbebett,
daß der Kranke bis zum letzten Athemzug mit heißer
Liebe an seiner Schuldgenossin hing. Die Sorge,
daß er sie freundlos und schutzlos zurückließe, war
wohl die bitterste Pein seiner letzten Tage. Soweit
er konnte, sorgte er für Vittoria. Am 10. November
1585 machte er sein Testament, kraft dessen nach
seinem Ableben einer seiner Stadtpaläste und eine
seiner Villen, ferner sein ganzer Reisehaushalt, alles
Geräthe, Pferde, Wagen, sowie eine Summe von

100,000 Piastern in Bargeld, Juwelen und Silber=
zeug seiner Witwe als Eigenthum zufallen sollten.
Um die Erbin gegenüber der mit Bestimmtheit vor=
auszusehenden Feindseligkeit der ganzen Sippschaft
der Orsini im Besitze des Vermächtnisses zu schützen
und zu sichern, bestellte Bracciano die Herzöge von
Ferrara und Urbino, sowie die Kardinäle Farnese
und Medici zu Testamentsvollstreckern, was sich
freilich als ganz nutzlos bald herausstellen sollte.
Drei Tage darauf, am 13. November, starb er.

Jetzt stand Vittoria allein und schon kreis'te ob
ihrem Haupte die „geflügelte" Nemesis. Aber pein=
lich zu berichten ist die Thatsache, daß die „Göttin
mit strengem Blick", die „Verwalterin der Gerechtig=
keit" zum Vollstrecker der Strafsentenz an dem
„weißen Teufel" einen Menschen wählte, der ein
„schwarzer" Teufel mit Fug heißen konnte.

Das war einer von der Sippe des verstorbenen
Duca, ein Orsini, Lodovico genannt, zweifellos einer
der ruchlosesten Gesellen, so dazumal der Boden
Italiens trug. Er war ein notorischer Bandit und
Brigant und ein Hauptmann von Banditen und
Briganten, was ihn aber nicht hinderte, ein ange=
sehener Edelmann zu sein, der in der orsinischen

Verwandtschaft viel galt. Wegen einer ganz besonders
frechen Mordthat aus Rom verwiesen, war er nach
Venedig gegangen und die Signoria hatte kein
Bedenken getragen, ihm eine militärische Bestallung
zu geben, ja sogar, da er für einen geschickten Officier
galt, ihn zum Befehliger ihrer Truppen auf der
Insel Korfu zu ernennen. Bevor er aber zur Ueber-
nahme seines Kommando's dorthin ging, erfuhr er
den Tod seines Vetters, des Herzogs von Bracciano,
auf welches Ereigniß er wohl schon lange gelauert
haben mochte. Darauf deutet der Umstand hin, daß
er sich zum voraus vonseiten Virginio's Orsini, einzigen Sohnes des Orsini-Bracciano, eine Vollmacht
verschafft hatte, eintretenden Falles für die Bestattung
des Familienhauptes zu sorgen und die Rechte des
legitimen Erben gegen die „maladetta puttana"
Vittoria wahrzunehmen *).

Diese ahnte so wenig, was sie von dem Ban-
ditenhauptmann zu gewärtigen haben würde, daß sie

---

*) Eine bizarre Schicksalsfügung wollte, daß später eine
Tochter der bescheidenen und anspruchslosen Maria Damascena,
also eine Großnichte des fünften Sixtus, Flavia geheißen,
von Virginio Orsini, dem rechtmäßigen Sohn und Erben des
Verderbers ihres Oheims Francesco, geehlicht und zur Duchessa
di Bracciano gemacht wurde.

ihn selber von dem Ableben des Herzogs in Kennt=
niß setzte. Lodovico machte sich sofort von Venedig
nach dem Festland auf und eilte spornstreichs nach
Salò, wo er, auf seine Vollmacht pochend, als der
rechtmäßige Herr auftrat und zwar brutal wie ein
Bandit und räuberisch wie ein Brigant. Er ver=
weigerte die Anerkennung des herzoglichen Testa=
mentes, behandelte die Witwe, als ob sie wirklich
nur eine „maladetta puttana“ wäre, und zwang
sie, ihm das Silbergeschirr und den größeren Theil
ihres eigenen Schmuckes auszuliefern. Auch die
Pferde und Wagen nahm er ihr weg. Was konnte
sie gegen den gewaltthätigen Schurken, welcher von
einer ganzen Rotte seiner Spießgesellen begleitet war,
thun? Nichts. Sie mußte, Schlimmstes fürchtend, froh
sein, mit Hilfe ihres Bruders Flaminio Accoromboni,
welcher bei ihr war, und etlicher treuer Diener aus Salò
entfliehen und nach Padua in den Palazzo Foscarini
gelangen zu können, welchen Zufluchtsort sie in
ziemlich dürftigem An= und Aufzug erreichte. Also
für den Augenblick in Sicherheit, suchte sie den
Schutz der Signoria nach und wandte sich, Hilfe
und Beistand suchend, auch an den Papst. Das
verrieth doch, milde gesagt, große Keckheit, lieferte

aber auch den Beweis, daß die weiße Teufelin überzeugt sein mußte, der Zauber, welchen sie auf den
Ohm ihres ermordeten Gatten geübt, wäre noch nicht
gebrochen. Und wirklich, er war es nicht. Sixtus
der Fünfte, dessen bei seinem großen Aufräumungs-
und Säuberungsgeschäst entwickelte Strenge gerade
damals nicht selten zu erbarmungsloser Grausamkeit
sich verhärtete, vernahm den Hilferuf Vittoria's ohne
Zorn und war geneigt, denselben zu erhören. Aber
er hatte keine Zeit mehr dazu.

Die Orsini wollten ihre Rache und ihren Raub
haben, voll und ganz. Darum sollte in Padua
vollendet werden, was in Salò begonnen worden.
Lodovico Orsini war der Mann dazu, das zu thun.
Diese italischen Banditen des 16. Jahrhunderts
waren ganze Kerle, Menschen aus einem Gusse,
das muß man ihnen lassen. Sie wußten ihren
Verbrechen kühn ins Angesicht zu sehen und der
Anblick entsetzte sie keineswegs. Sengen und Brennen,
Rauben und Morden war ihnen ein Geschäft, das
sie mit derselben Gemüthsruhe betrieben, womit etwa
der Hufschmied den Pferdebeschlag oder der Fischer
den Fischfang betrieb. Noch ein Zug vervollständigt
das Bild dieser Männer mit Stirnen von Erz und

mit Händen voll Blut. Sie waren nämlich sehr
fromm. Fanden sie von Zeit zu Zeit, die Last der
aufgehäuften Sünden und Frevel wäre nachgerade
von unbequemer Schwere geworden, so versäumten
sie nicht, diese Last im Beichtstuhl abzuschütteln, um
Platz für eine neue zu gewinnen. Die Kirche hatte
ja einen so guten Magen. Selbiger verdaute nicht
nur Land und Leute, sondern auch ganze Berge von
Lastern und Freveln.

Lodovico Orsini ließ nicht ab von dem Wilde,
das er zu jagen, todtzujagen entschlossen war. Er
folgte mit seiner Meute der Spur Vittoria's von
Salò nach Padua. In der Nacht vom 21. auf den
22. December von 1585 besetzte eine Schar von
verlarvten Bewaffneten die Zugänge zu dem düsteren,
unwohnlichen Palazzo, wo die Witwe des Duca di
Bracciano haus'te. Eine zweite Rotte von bewaff=
neten Verlarvten brach mit Gewalt in das Haus.
Das erste Opfer der von Lodovico geführten Mord=
bande war Flaminio Accoromboni. Er wurde, in
seinem Zimmer überfallen, mit Hakenbüchsenschüssen
und Dolchstößen niedergemacht. Das Mordgetöse
verkündete dem unseligen Weibe den Tod. Sie war
in ihrem Schlafgemach. Die Thüre desselben wird

von den Banditen aufgeſprengt. Der vermummte
Hauptmann der Bande erſcheint auf der Schwelle
und ſchreit der Rettungsloſen zu: „Du ſtirbſt!“
Sie macht keinen Verſuch, das Verhängniß abzuwenden, und ſagt nur: „Gebt mir nur einen Augenblick Friſt, meine Seele Gott zu empfehlen“. „Nein!“
Und auf den Wink des Orſini faßt einer der Briganten die Unglückliche, ſtößt ihr den Dolch in den
ſchönen Buſen, dreht das Eiſen in der Wunde um
und fragt höhniſch: „Hab' ich dein Herz getroffen?“

So endete ein Weſen, auf welches die Natur
eine Fülle ihrer ſchönſten Gaben ausgeſchüttet und
welches davon doch nur zum Verderben anderer und
zuletzt auch zum eigenen Gebrauch zu machen gewußt
hatte. Vittoria's Erſcheinung, Charakter und Schickſal erinnern, wie jeder, ſo ſich mit dieſer Geſchichte
beſchäftigt, unwillkürlich finden muß, gar vielfach an
das Schickſal, den Charakter und die Erſcheinung ihrer
Zeitgenoſſin, einer noch berühmteren oder, wenn man
will, noch berüchtigteren Frau des 16. Jahrhunderts,
an Maria Stuart, an welcher 14 Monate nach der
Ermordung der Herzogin von Bracciano zu Padua
im Schloſſe Fotheringay ein politiſcher Juſtizmord
verübt wurde. Verdient hatten die beiden Sünde-

rinnen redlich, was sie traf. Aber das innerste Ge=
heimniß ihres Daseins haben beide unausgesprochen
mitgenommen in ihre blutigen Gräber.

Auch den mörderischen Lodovico Orsini traf end=
lich, was er schon lange überreichlich verdient hatte. Die
Signoria von Venedig trat als Rächerin Vittoria's
auf, mußte sich aber des kühnen Verbrechers, nachdem
dessen Schuld, namentlich durch einen an Virginio
Orsini gerichteten und aufgefangenen Brief festgestellt
worden, sowie der ganzen Mordbande mittels eines
förmlichen Kampfes bemächtigen, bei welchem sogar
Feldschlangen in Anwendung kamen. Während der
Procedur bewahrte der Bandit unentweglich die stolze
und trotzige Haltung eines Mannes, welcher gethan,
wie ihm zukam. Er wurde auf Befehl der Staats=
inquisitoren am 27. December im Kerker erdrosselt.

Das ist das würdige Nachspiel zu dem Sitten=
drama gewesen, welches die Menschen von damals
die Tragödie Accoromboni nannten.

Sixtus der Fünfte belobte die Signoria von
San Marco dafür, daß sie die Ermordung Vittoria's
gerächt. Der gewaltige Mann auf dem Stuhle Petri
hat bis zum 27. August von 1590 gelebt, d. h. ge=
herrscht. Er war, um doch auch einmal ein Mode=

stichwort unserer Tage zu gebrauchen, der letzte „stil-
volle" Papst, eine Natur, ein Charakterkopf, eine
Gestalt von Erz. Alle seine Nachfolger im Vatikan
sind nur mehr oder weniger deutliche oder verwischte
Abklatsche der vom Koncil zu Trient angefertigten
Papstschablone gewesen. Er, der Bauerssohn von
Grottamare, war die letzte pontifikale Persönlich-
keit, welche der Rede werth.

II.

Die abenteuerliche Historie vom falschen Dmitry.

1.

Warum und wieso der Schwindel möglich war.

Eines Winterabends im Jahre 1584 trat Iwan der Vierte (Wassiljewitsch), Zar aller Reußen, genannt „Der Henker" oder „Der Schreckliche", auf die „rothe" Treppe des Kremlin zu Moskau hinaus, um lange zum Firmament emporzustarren, allwo zwischen den Kuppeln und Thürmen der Kirche Iwans des Großen und der Kirche der Verkündigung ein Komet sichtbar war mit kreuzformartigem Feuerschweif. Der Zar wandte sich endlich ab, bekreuzte sich und murmelte vor sich hin: „Das bedeutet meinen Tod!"

Scherr, Vom Zürichberg.   5

Bald darauf erkrankte er schwer. Aus Lapp-
land herbeigeholte Schamanen-Zauberer vermochten
dem Uebel nicht Einhalt zu thun. Am 10. März
von 1585 berief er den Bojarenrath und ließ sein
Testament aufsetzen, kraft dessen er die Thronfolge
seinem Sohne Feodor zutheilte und inbetracht der
Blödsinnigkeit desselben einen Regentschaftsrath bestellte, bestehend aus den beiden Knäsen (Fürsten)
Iwan Schuiskh und Iwan Mstislawskh, sowie den
drei Bojaren (Großbarone) Bogdan Bielskh, Nikita
Jurhew und Boris Godunow. Am 18. März starb
„Der Schreckliche" und säuberte mittels seines Todes
den Erdball vom größten Scheusal, welches zu tragen
dieser jemals verdammt war. Denn überblickt man
das Wüsten und Wüthen dieses Dämons, ja faßt
man auch nur die von ihm veranstalteten „Opalh"
(Durchwürfelungen oder Ausmerzungen des Volkes)
ins Auge, mit deren Gräueln verglichen die Schrecken
der französischen Revolution harmlose Kinderspiele
waren, so könnte man unschwer zu dem Glauben
kommen, die „allgütige Mutter" Natur hätte in ihrer
grausamsten Laune dieses Unthier geschaffen, um eine
fürchterliche Probe anzustellen, was alles die Menschen
sich gefallen ließen und bis zu welcher bodenlosen

Tiefe der Niedertracht die sklavische Feigheit der
Völker hinabreichen könnte.

In unseren Tagen ist es bekanntlich zur „wissen=
schaftlichen" Mode geworden, den Unterschied von
gut und böse, Recht und Unrecht, Tugend und Laster,
Verdienst und Verschuldung zu verwischen und einem
grundsatzlosen Geschlechte das ohnehin schon sehr ge=
schwächte Gefühl der Verantwortlichkeit vollends aus
der schlaffen Seele zu schmeicheln mittels der mate=
rialistischen Theorie, daß die Gefühle, Gedanken und
Thaten des Menschen schlechterdings nur Produkte
seiner physischen Anlagen und Eigenschaften wären.
Laster, Frevel und Verbrechen müßten daher für
unumgängliche Schlußfolgerungen aus natürlichen
Prämissen angesehen werden, für Abnormitäten, und
demnach Lasterhafte, Frevler und Verbrecher nur für
mitleidswerthe Kranke, für Gestörte, für Wahnsinnige.
Es ist recht verwunderlich, daß diese modische Theorie,
welche sich ja auch schon spürbar genug in die Straf=
gesetzgebung und Strafrechtspflege eingeschlichen hat
und, wann erst in ihrem ganzen Umfange verwirklicht,
die menschliche Gesellschaft unfehlbar in den aller
Verantwortlichkeit baren Zustand der Bestialität zu=
rückentwickeln wird — ja, es ist recht verwunderlich,

daß diese schöne Theorie nicht auch schon von irgend=
einem „wissenschaftlichen" Modisten auf Iwan den
Schrecklichen angewandt und also an dem „grausen"
Zaren, wie er beim Lermontow heißt, eine der jetzt
so beliebten „Rettungen" verübt wurde. Freilich, ein
leichtes Stück Arbeit würde der „Retter" nicht haben.
Denn wenn ihm der Nachweis, daß Iwan der Henker
von Haus aus ein Wahnsinniger gewesen, nicht allzu
schwer werden dürfte, so vermöchte doch keine Trübung
der Quellen und keine sophistische Dialektik die That=
sache aus der Welt zu schaffen, daß in dem Wahnsinn
des Zaren Methode gewesen ist und der „Grause"
seiner Absichten und Zwecke sehr wohl bewußt war.

Wie ein rother Faden, nein, wie ein rother
Blutstrom windet oder wälzt sich durch Iwans Gräuel=
herrschaft der Staatsgedanke, mittels Gründung der
zarischen Autokratie, des zarischen Absolutismus höchster
Potenz die moskowitische Reichseinheit her= und fest=
zustellen, welche bislang durch die Machtstellung des
Bojarenthums stark beeinträchtigt worden war. Aller=
dings ist der Zar häufig genug Henker um der Henker=
lust willen gewesen, allerdings trieb er die gräßliche
Wollust der Grausamkeit bis zum raffinirtesten Kitzel;
aber den angegebenen Grundzug seiner Politik hat er

selbst in den wildesten Orgien der Entmenschung so
wenig vergessen, als er desselben in den tollen Ueber=
treibungen der „gottesdienstlichen“ Uebung seiner
„Frömmigkeit“ jemals vergaß. Denn selbstverständ=
lich war der vierte Iwan sehr „fromm“, das heißt
allem Aberglauben der orientalisch=russischen Kirche
leidenschaftlich zugethan, ganz wie Ludwig der Elfte
von Frankreich „fromm“, das heißt allem Aberglauben
der occidentalisch=römischen Kirche fanatisch ergeben
war. Man könnte überhaupt Iwan den Vierten den
aus dem Französischen ins Russische übersetzten Lud=
wig den Elften nennen. Denn im ganzen und großen
spielte der Zar im 16. Jahrhundert in Rußland die
Rolle, welche der König im 15. Jahrhundert in Frank=
reich durchgeführt hatte. Beide haben, jeder in seinem
besonderen Stil, die Adelsherrschaft gebrochen und
die absolute Monarchie begründet.

Kein Zweifel, das russische Volk erkannte in dieser
Gründung eine Wohlthat, wenigstens instinktmäßig.
Daraus mag sich das Unglaubliche und doch fraglos
Wahre erklären, daß die Russen diesem Wütherich,
der die Grausamkeit bis zu unerhörten Thaten wilder
Wuth oder auch bis zur raffinirtesten Qualenaus=
tüftelung getrieben, seine eigene Familie in empörendster

Weiſe gepeinigt, ſeinen zweitälteſten Sohn eigenhändig
umgebracht, in mongoliſch wüſter Vernichtungsraſerei
die Bewohnerſchaften ganzer Städte und Landſchaften
ausgetilgt, daneben im Schlamme ekelhafter Aus=
ſchweifungen ſich gewälzt hatte, geradezu leidenſchaft=
lich unterwürfig und zugethan waren — ſo leiden=
ſchaftlich, daß beim Tode des Scheuſals von Zar die
allgemeinſte, aufrichtigſte, wildeſte Wehklage losbrach.
Man hätte, ſo man dies Gebaren der Moſkowiter
anſah, meinen können, ein Gott, ihr Gott wäre ihnen
geſtorben. Und im Grunde war es ja ſo, denn die
zariſche Macht und Gewalt war eine abgöttiſch ge=
glaubte und verehrte.

Vom 18. März 1585 an hieß Feodor Iwane=
witſch, Iwans des Schrecklichen dritter Sohn — der
älteſte war frühzeitig geſtorben, den zweitälteſten hatte
der Vater todtgeſchlagen — der Zar aller Reußen.
Der zweiundzwanzigjährige Junge war phyſiſch und
pſychiſch eine Null, kraft=, verſtand= und kenntnißlos,
ein Dreiviertels=Trottel, ein Fex, welcher ſeine ganze
Zeit damit verbrachte, in den Kirchen des Kremlin
herumzulaufen, die Glocken allerhöchſteigenhändig zu
läuten und ſich tagelang die abſurdeſten Heiligen=
legenden verleſen zu laſſen. Bei feierlichen Anläſſen

setzte man den Zar=Fex auf den Thron und gab ihm
Skepter und Reichsapfel in die Hände. Dann starrte
er mit dem Lächeln blödsinniger Bewunderung auf
diese Insignien einer Macht, die ein anderer statt
seiner innehatte und übte. So war der letzte Zar
aus dem Hause Rurik, will sagen aus dem warägisch=
normannischen Herrscherstamme, der letzte Zar aus der
Familie der alten Großfürsten von Moskau. Man
hatte dem Schwächling die Schwester des Boris
Godunow, Irinia oder Irene, als Gemahlin ange=
traut, und sein Schwager Boris war der Zar des
Zaren, thatsächlich jetzt schon der Leiter und Be=
herrscher Rußlands. Denn dieser Magnat, dem Titel
nach ein Mitglied des Regentschaftsrathes, also einer
der fünf obersten Minister, hatte vermöge der zarischen
Schwagerschaft die Macht seiner vier Amtsgenossen
bald zu einem Nichts gemacht. Boris war zweifels=
ohne ein ungemein begabter, ein schlauer und er=
fahrener Mann, dabei von einem unbändigen Ehr=
geiz besessen, welcher als sein Endziel die Erlangung
der Zarenkrone wohl schon frühzeitig in's Auge gefaßt
haben mochte. Daß ihm dabei seine tatarische Ab=
kunft ein Hinderniß sein würde, brauchte er nicht zu
fürchten, denn bekanntlich war seit den Zeiten, wo

die Mongolen zwei Jahrhunderte lang über Rußland
geherrscht hatten, das Blut der Russen, namentlich
auch das der vornehmen, stark mit tatarischem gemischt.

Nun aber ist zu melden, daß Iwan der Schreck=
liche neben seinem Nachfolger Feodor noch einen Sohn
hinterlassen hatte und zwar einen Sprößling aus
seiner siebenten Ehe mit Marfa (Martha) Nagoy,
einer Dame von tatarischer Abkunft. Dieser Sohn,
im Jahre 1581 geboren, also beim Tode seines Vaters
ein unmündiger Knabe, hieß Dmitry (Dimitri, Deme=
trius) und war in den Augen streng rechtgläubiger
Russen allerdings nur ein Bastard. Denn der Lehre
der russischen Kirche zufolge kann ein orthodoxer Christ
nur viermal rechtmäßig sich verheiraten. Indessen
war es bei des grausen Zaren Lebzeiten niemand ein=
gefallen, gegen die Legitimität des kleinen Dmitry
Protest erheben zu wollen, und demzufolge führte der
Prinz gleich seinem Halbbruder Feodor den Titel
Zaréwitsch, d. i. Zarensohn. Iwan der Schreckliche
selbst jedoch schien diesen seinen letzten Sprößling nicht
für voll angesehen zu haben; denn er hatte ja in
seinem Testamente bestimmt, daß Dmitry nichts erben
sollte als die Stadt Uglitsch und ihr Gebiet. Dies
verhinderte jedoch nicht, daß angesichts der Schwäch=

lichkeit und Hinfälligkeit des Zaren Feodor die Augen
vieler Russen in dem Knaben Dmitry den künftigen
Zaren erblickten. Boris ließ es sich daher angelegen
sein, diesen Thronprätendenten dem Volke vorderhand
mehr aus dem Gesichtskreise zu rücken. Kaum war
Feodor zum Zaren gekrönt, wurde Marfa Nagoy,
die Witwe des Schrecklichen, mit ihrem Söhnlein
Dmitry nach der Stadt Uglitsch geschafft, um dort
ihren ständigen Aufenthalt zu nehmen. Boris be=
stellte zum Wächter von Mutter und Kind seinen Diak
(Kanzleisekretär) Bitjagowski, auf welchen er sich voll=
ständig verlassen konnte. Ist den Berichten, welche
dieser Beamte von Uglitsch nach Moskau sandte, zu
glauben, so verrieth sich der kleine Dmitry als der
echte Sprößling seines Vaters und zwar mittels Be=
thätigung der Instinkte wilder Grausamkeit. Der
Knabe hatte ein Wohlgefallen daran, Thiere raffinirt
zu quälen, und er soll auch haben verlauten lassen,
daß er dereinst mit Menschen ebenso verfahren wollte.
Eines Wintertages, so wird erzählt, hatte er mit
Hilfe seiner Spielkameraden auf dem Hofe des
uglitscher Schlosses nach Knabenart den Schnee zu
Menschenfiguren geballt. Diesen gab er die Namen
der Magnaten des Reiches und die größte nannte er

Boris. Dann nahm er ſeinen hölzernen Säbel und ſchlug damit den Schneemännern die Arme und die Köpfe ab mit den Worten: „So werde ich mit ihnen umſpringen, wann ich einmal groß bin!“

Es iſt möglich, daß der Knabe in Folge der grollenden, aufreizenden, rachſüchtigen Aeußerungen ſeiner Mutter ſolche oder ähnliche Worte geſprochen. Wahrſcheinlicher freilich erſcheint es, daß ihm hinter= her dieſelben in den Mund gelegt worden ſeien. Im übrigen hat es ſolcher kindiſcher Drohungen gar nicht bedurft, um das Leben des letzten Spröſſlings Iwans des Henkers zu gefährden. Der Prinz war ja ein Hinderniß, ſogar, wie die Sachen lagen, das einzige ernſtliche Hinderniß auf Boris Godunows Wege zum Zarenthron.

Daß Boris der Urheber deſſen war, was am 15. Mai 1591 (a. St.) auf dem Schloßhofe zu Ug= litſch geſchah, dürfte einer ernſtlichen Anzweifelung kaum unterſtellt werden können. Am genannten Tage, am hellen Tage, iſt nämlich dort der Zaréwitſch Dmitry mittels Durchſchneidung der Kehle ermordet worden. Das iſt eine unzweifelhafte Thatſache. Allein die Einzelnheiten der Mordthat konnten nicht aktenmäßig feſtgeſtellt werden, weil die Mörder, der

Diak Bitjagowski, sein Bruder Daniel, seine Frau, sammt Josef Wolochow und Nikita Katschalow, von dem wüthenden Volke von Uglitsch, welches Marfa Nagoy und ihre zwei Brüder angesichts der Leiche des ermordeten Sohnes und Neffen zur Rache aufgerufen hatten, gesteinigt wurden.

Boris unterschlug den aus Uglitsch über die Katastrophe eingelaufenen Bericht und gab dem Zaren Feodor einen gefälschten in die Hände, worin es hieß, der junge Dmitry hätte sich in einem Anfalle von Epilepsie, da er gerade ein scharfes Messer in der Hand gehabt, selber eine Wunde am Halse beigebracht und wäre an der Verblutung gestorben — eine ganz dumme Lüge, welche ihrem Urheber später theuer zu stehen kommen sollte. Vorderhand freilich erntete er die Früchte des uglitscher Verbrechens. Niemand wagte mehr, seinem Willen zu widerstehen, vollends dann nicht mehr, als er auch die große Familie der Fürsten Schuisky, sowie das Haupt der russischen Klerisei, den Erzbischof-Metropoliten von Moskau, tief gedemüthigt und seinem Machtgebote gebeugt hatte. An die Mutter des ermordeten Dmitry erging ein zarischer Ukas, kraft dessen sie „zur Strafe dafür, daß sie ihren Sohn nicht besser behütet hätte",

aus Uglitſch hinweg und in ein im Norden Rußlands
gelegenes Kloſter verwieſen wurde, allwo ſie den
Nonnenſchleier umthun mußte. Die Hinterlaſſenen
derer dagegen, welche der Lynchjuſtiz des Volkes von
Uglitſch zum Opfer gefallen, wurden reichlich verſorgt.
Raſtlos bemüht, ſeine Stellung nicht nur zu erhalten
und zu befeſtigen, ſondern dieſelbe auch zu einer Auf=
gangsſtufe herzurichten, von welcher aus das letzte
und höchſte Ziel unſchwer zu erreichen wäre, ſuchte
und wußte Boris ſeine Regierung mit dem Glanze
von Eroberungen zu umgeben, welcher dem ruſſiſchen
Ausbreitungstriebe ſchmeichelte. Ebenſo beeiferte er
ſich, die Geneigtheit von Kleriſei und Adel zu ge=
winnen, und auf ſein Beſtreben, dem letzteren zu ge=
fallen, iſt hauptſächlich eine im Jahre 1593 getroffene,
tiefeinſchneidende Maßregel zurückzuführen, jener za=
riſche Ukas, welcher die ruſſiſchen Bauern an die
Scholle feſſelte, indem er denſelben ſtrengſtens verbot,
ihren Wohnſitz zu ändern. Das war eine Maßregel,
deren unberechenbare Tragweite zunächſt gar nicht
erkannt wurde. Das war die Begründung der bäuer=
lichen Leibeigenſchaft und bald auch eine der Haupt=
urſachen des gegen Godunow erwachenden ruſſiſchen
Volkshaſſes.

Zu Anfang des Jahres 1598 starb der Schatten-zar Feodor, und so war denn die Zeit gekommen, wo Boris auch dem Namen nach der Zar aller Reußen sein wollte. Er fand es angezeigt und räthlich, zu-vörderst noch eine Komödie aufzuführen, nämlich diese, daß er durch den sogenannten großen Landesrath („Semskaya Duma"), ein Schein- und Schemen-parlament, in welchem die geistlichen Magnaten, die Erzbischöfe und Bischöfe, sowie die adeligen, die Bo-jaren, saßen, seine Schwester Irene, Feodors kinderlose Witwe, zur regierenden Zarin bestellen ließ. Im raschen Weitergange der wohlinscenirten und gut-gespielten Posse entsagte dann die Zarin Irene dem Scepter und ging in ein Kloster, ihr Bruder Boris aber machenschaftete, ränkelte, drohte, bestach und schauspielte so geschickt, daß er selber schon am 21. Februar von 1598 vom Adel, Klerus und Volk Moskau's förmlich angefleht wurde, sich doch um Gottes-willen des verwais'ten Rußlands anzunehmen, d. h. Zar zu werden. Godunow ergab sich, wie er sagte, „nur zögernd und nothgedrungen in den Willen Gottes", ergriff das Scepter und ließ sich im Kremlin mit großer Prachtentfaltung die Zarenkrone aufsetzen. Man muß ihm nachsagen, daß er gewissermaßen die

Rolle Peters des Großen vorweggenommen habe, d. h.
daß er Rußland aus der Barbarei des Asiatenthums
heraus= und in die europäische Civilisation hinein=
führen wollte.

Aber seine Versuche mißlangen, theils, weil sie
zu wenig um= und vorsichtig unternommen wurden,
theils, weil Rußland dazumal noch zu asiatisch war,
um für europäische Kultur überhaupt schon empfäng=
lich zu sein, theils endlich, weil der Zar Boris im
Hinblick auf den Ausgang des Zarèwitsch Dmitry
der ungeheuren Mehrzahl seiner Unterthanen doch
nur für einen Usurpator galt, Adel und Klerisei im
Geheimen fortwährend gegen ihn wühlten, und sogar
solche seiner Absichten und Strebungen, welche zweifel=
los löblich und ersprießlich waren, zu hemmen, zu
hindern und zu durchkreuzen suchten und wußten. So
z. B. die Bemühungen des Zaren, einem alther=
kömmlichen russischen Nationallaster, der Saufwuth,
zu steuern oder wenigstens Zaum und Zügel anzu=
legen. In Bälde war die Unpopularität, ja Ver=
haßtheit Godunows bei allen Ständen und in allen
Schichten des Russenthums eine vollendete Thatsache.

Zur Vervollständigung dieser flüchtigen Zeich=
nung der Lage, in welcher Rußland auf der Schwelle

vom 16. zum 17. Jahrhundert sich befand, gehören
noch zwei Züge: — Erstens die Stellung des russischen
Staates gegenüber dem polnischen, d. h. die Hin=
weisung auf den altherkömmlichen, zur erbitterten
Feindseligkeit längst verknöcherten Gegensatz zwischen
Polen und Russen. Diese Gegensätzlichkeit mag ur=
sprünglich in Stammes= oder gar in Rasseverschieden=
heiten gewurzelt haben, war aber höchst bedeutsam
verschärft worden durch den Umstand, daß die Russen
der anatolisch=byzantinischen Orthodoxie anhingen,
während dagegen die Polen orthodoxe römische Ka=
tholiken waren, fanatische sogar von der Zeit an,
wo das schon halb für den Protestantismus ge=
wonnene polnische Volk durch die Klugheit und Energie
des Jesuitenordens wieder in den römischen Pferch
zurückgetrieben worden. Dieser religiöse und konfessio=
nelle Gegensatz von Polen und Russen war fraglos
eine unumgängliche Voraussetzung der Möglichkeit
einer Erscheinung, wie die des falschen Demetrius eine
gewesen. Zweitens ist mit Betonung zu erwähnen,
daß in Folge mehrjähriger Mißernten mit dem Jahre
1601 in Rußland ein allgemeiner Nothstand be=
gann, welcher sich bis zum Jahre 1604 verlängerte
und in vielen Gegenden des Reiches bis zur bitteren,

bitterſten Hungersnoth ſich ſteigerte. Auch dieſes Un=
glück half das Auftreten und die Erfolge des Be=
trügers in bedeutendem Grade mitermöglichen.

Denn es iſt ja wohlbekannt und durch hunderte
von Zeugniſſen der Geſchichte beſtätigt, daß ſolcherlei
Leiden die Gemüther der Menſchen und der Völker
für das Außerordentliche ſtimmen, für den Glauben
an das Unglaubliche empfänglich machen und auf
das Wunderbare vorbereiten. Außerdem wußten es
die Machenſchaften der Feinde des Boris ſo einzu=
richten und dahinzubringen, daß die ganze Schwere
der öffentlichen Drang= und Trübſale auf den Uſur=
pator zurückfiel, als ob er der Verurſächer der Hungers=
noth und jeglichen anderen Uebels wäre. Man weiß
ja, wie leicht es unter ſothanen Verhältniſſen iſt,
der Angſt und dem Grolle der Volksmaſſen, welche
nirgends und zu keiner Zeit logiſch zu denken ver=
mochten oder vermögen, einen Sündenbock zu be=
zeichnen. Die umſichtigen und eifrigen Bemühungen
des Zaren, die ſchwere Noth zu heben oder wenigſtens
zu lindern, erwieſen ſich demzufolge als eitel, den
gegen ihn wachgerufenen und geſchickt genährten Haß
zu beſchwichtigen. Er war einmal als Sündenbock
ſtigmatiſirt und blieb es.

In solcher Bedrängniß und Gährung befand sich
Rußland, als von Polen her eine wundersame Kunde
nach Moskau gelangte.

2.

Wie der Schwindel anging, vorschritt und sein Ziel erreichte.

Wie lautete diese Kunde, welche wie ein Blitz in
die schwüle Stimmung fiel, von der die russische
Nation befangen war?

Sie lautete: Der Stamm Ruriks ist noch nicht
erloschen. Der Zaréwitsch und rechtmäßige Nachfolger Iwans des Schrecklichen, der junge Dmitry,
welchen man irrthümlich todt und zu Uglitsch ermordet
glaubte, ist noch am Leben. In der polnischen Provinz Lithauen von .einem Woiwoden gastfreundlich
aufgenommen, hat er den angesehensten Männern der
Republik Polen, sowie dem Könige Sigismund dem
Dritten selber sich zu erkennen gegeben und schickt
jetzo sich an und verschreitet dazu, sein klares Recht
auf den russischen Zarenthron als letzter rechtmäßiger
Sproß des Hauses Rurik, als legitimer Sohn des

vierten Iwan Wassiljewitsch), mit der Hilfe Polens
geltend zu machen.

„Mit der Hilfe Polens." Schon dieser Beisatz
hätte die Russen stutzig machen können und sollen.
Aus Polen und mit Polens Hilfe kam der Präten=
dent, also aus dem Lande und mit der Unterstützung
von Rußlands Erbfeind. Aber wann und wo haben
Menschendummheit, Volksaberglauben und Parteiwuth
gezögert, auf einen kolossalen Lügenköder begierig an=
zubeißen? Nimmer und nirgends! Wann und wo
haben sie angesichts eines frechen Schwindels ver=
ständige Erwägungen angestellt? Zu keiner Zeit und
an keinem Ort!

Der wirkliche Sohn des „grausen" Zaren, der
wahre Dmitry, war zweifellos ermordet, todt und
begraben. Das hinderte aber nicht, daß die große
Mehrzahl der Russen in einem nachgemachten Dmitry
einen Helden, Herrn und Heiland sah und ihn gerade=
zu vergötterte, für eine Weile nämlich, das heißt ge=
rade so lange, als er Glück hatte.

Der historische Roman des falschen Demetrius,
welchen man, wie im Schlußkapitel dieser Historie
gezeigt werden soll, füglich einen Tendenzroman nennen
darf, hat also angehoben.

Um die Mitte des Jahres 1603 stand im Schlosse
zu Brahin in Lithauen ein junger Mensch als Bereiter oder Unterstallmeister im Dienste des polnischen
Fürsten Adam Wiszniewiecki. Eines Tages wurde
der Bereiter krank, todtkrank, das heißt er stellte sich
krank, todtkrank, und ließ den Hauskaplan des Fürsten,
welcher Geistliche ein Jesuit war — wohlgemerkt! —
zu sich bitten, um diesem seine angeblich letzte Beichte
abzulegen. Solchem Beichtvater nun anvertraute das
Beichtkind, daß es der todtgeglaubte russische Zaréwitsch
Dmitry wäre, und folglich der rechtmäßige Zar aller
Reußen, dessen angestammten Thron ein grausamer
Usurpator innehätte. Zur Bekräftigung dieser großen
Neuigkeit erzählte — dem Berichte des Jesuitenpaters
zufolge — der Scheinkranke eine höchst romantische
Geschichte, allwie er durch einen teutschen Arzt den
mörderischen Anschlägen des Boris entrissen und wie
an seiner statt zu Uglitsch der Sohn eines leibeigenen
Knechtes ermordet worden wäre — ein ganz dummes,
schlecht ersonnenes und schlecht stilisirtes Märchen.
Aber in solchen Fällen heißt es bekanntlich: „Je
dümmer, desto schöner!" Zur Beglaubigung seiner
Fabel brachte, wie der Beichtvater erzählte, der Bereiter ein Siegel vor, welches Wappen und Namen

6*

des Zaréwitſch Dmitry zeigte, ſowie ein kleines goldenes, angeblich mit Edelſteinen beſetztes Kreuz, welches ihm, behauptete er, bei ſeiner Taufe ſein Pathe, der Fürſt Mſtiſlawſki, geſchenkt hätte.

So die Aufſtellung, ſo die Beweisſtücke. Und daraufhin — es klingt ebenfalls märchenhaft — wurde der Stallknecht von ſeinem Brotherrn, dem Fürſten Adam Wiſzniewiecki, als wirklicher und wahrhafter Zaréwitſch Dmitry anerkannt — raſch auch von anderen, ſo von dem Bruder des lithauiſchen Magnaten, dem Fürſten Konſtantin Wiſzniewiecki, und von deſſen Schwiegervater, dem Woiwoden von Sendomir, Jurii Mniſzek. Dieſe beiden Großbarone, beide als fanatiſche Anhänger der Geſellſchaft Jeſu bekannt, erklärten dem Könige Sigismund, der Bruder und rechtmäßige Nachfolger des verſtorbenen ruſſiſchen Zaren Feodor wäre wunderbarer Weiſe gerettet, aufgefunden und erkannt worden. Sigismund, von dem päpſtlichen Nuntius an ſeinem Hofe, Monſignore Rangoni, gehörig bearbeitet, glaubte oder ſtellte ſich an, als glaubte er an eine Sache, welche mehr und mehr die Geſtalt einer von langer Hand her verbereiteten und inſcenirten Komödie annahm und dann auch ganz ungeſcheut als ein gegen Rußland, gegen

das anatolisch=byzantinisch=rechtgläubige Rußland ge=
richtetes jesuitisch=polnisches Intrikenspiel weiterspielte.

Der Stalldiener Wiszniewiecki's wurde unter der
Hand an den polnischen Königshof nach Krakau ge=
laden. Dort ist er im folgenden Jahre (1604) im
Palaste des Nuntius (oder im Jesuitenkollegium?) von
der griechisch=katholischen zur römisch=katholischen Kirche
übergetreten, was wohl auch nur eine Scene der ganzen
Komödie war, insofern der nachgemachte Zaréwitsch
höchst wahrscheinlich von Geburt ein Polak und dem=
nach schon von Haus aus römisch=katholisch gewesen
ist. Aber die feierliche Posse war durchaus im Sinne
der Leiter des ganzen Stückes, das heißt der Jesuiten,
nothwendig, um der Welt einen zum römischen Ka=
tholicismus bekehrten russischen Zaréwitsch vor=
schauspielen zu können. Bei seinem angeblichen Ueber=
tritt in die römische Kirche, welcher übrigens vor=
läufig noch geheim gehalten werden sollte, mußte der
junge Mann geloben, auch Rußland zu dieser Kirche
herüberzubringen, was ja schon seit längerer Zeit
der heiße Wunsch der Gesellschaft Jesu und der Zweck
von schon mancher offen oder versteckt gethanen Arbeit
derselben gewesen. Das geleistete Gelöbniß war der
Preis, um welchen die Jesuiten den kläglichen Wasch=

lappen von Polenkönig, Sigismund den Dritten, ver=
mochten, den erdichteten oder wenigstens zurechtgeschnei=
derten Dmitry förmlich als Zarewitsch, als echten
und legitimen Sprössling von Iwan Wassiljewitsch
anzuerkennen. In feierlicher Audienz ließ sich der
„König" der „Republik" Polen — die Verkuppelung
dieser beiden Worte kennzeichnet sprechend die polnische
Anarchie — durch den päpstlichen Nuntius den Präten=
denten vorstellen und richtete an denselben die Worte:
„Gott behüte Dich, Demetrius, Fürst von Moskau!
Deine Herkunft ist uns bekannt und durch achtungs=
werthe Zeugen bestätigt. Wir weisen Dir ein Jahr=
gehalt von 40,000 Gulden an, betrachten Dich als
unseren Freund und Gast und ermächtigen Dich,
von den Rathschlägen und Diensten unserer Unter=
thanen Gebrauch zu machen."

Der Sinn des Schlußsatzes war nichts weniger
als dunkel. Die „Republik" Polen zwar befand sich
dazumal im Frieden oder wenigstens in einem auf
20 Jahre geschlossenen Waffenstillstand mit Rußland;
allein das hinderte den „König" von Polen nicht,
Rußland sofort den Krieg zu machen, wenigstens
mittelbar, indem er den angeblichen Zarewitsch er=
mächtigte, „von den Rathschlägen und Diensten" der

polnischen Großen Gebrauch zu machen, d. h. mit
Hilfe derselben einen Kriegszug gegen den Zaren
Boris zu rüsten.

Bis dahin war diese politische Komödie großen
Stils ganz vortrefflich gegangen. Die feinen und
frommen Herren von der Gesellschaft Jesu waren eben
sehr geschickte Inscenesetzer und Marionettenlenker.
Sie hatten das auch in der Auswahl des „Helden"
ihres Stückes bewiesen, indem sie unter der Hand zu
verbreiten verstanden, der wiedergefundene Zarensohn
hätte alle die körperlichen Merkmale an sich, welche,
behaupteten sie, an demselben in seiner Kindheit zu
Uglitsch wahrgenommen worden wären. So das Merk=
mal, daß sein rechter Arm etwas länger als der linke;
weiter, daß er eine Warze auf der Stirn und eine
zweite unter dem rechten Auge habe. Auch sei er von
mittlerem Wuchse wie sein Vater Iwan und sehr
braun von Gesichtsfarbe wie seine Mutter Marfa.
Im übrigen war unser Abenteurer nach den überein=
stimmenden Zeugnissen solcher, die ihn oft gesehen
haben, keineswegs ein Adonis, sondern im Gegentheil
ein häßlicher Bursche, dessen impertinent blondes
Haar, blaßblaue Augen, breites Gesicht mit vorstehen=
den Backenknochen, dicke Knollnase und wurstlippiger

Mund von beträchtlichem Umfang durchaus keine ver-
führeriſche Phyſiognomie ausmachten. Dem Anſchein
nach zwanzig bis zweiundzwanzig Jahre alt, war der
junge Mann breitſchultrig, kräftig, behend und ein vortrefflicher Reiter, ein ſo vortrefflicher, daß die Sage, er
wäre unter den Koſaken am Don aufgewachſen, vielleicht
nicht grundlos ſein mag. Seine geiſtige Kultur war
der Meinung polniſcher und ruſſiſcher Edelleute von
damals zufolge nicht gering. Denn er verſtand raſch
und hübſch zu ſchreiben, ſprach polniſch und ruſſiſch
— die letztgenannte Sprache freilich mit polniſchem
Akcent und häufiger Einmiſchung polniſcher Worte —
und kannte ſogar etliche Brocken vom Küchenlatein.
Die Geſchichte Rußlands hatte er augenſcheinlich ſehr
eifrig ſtudirt. Er kannte ſie genau und war namentlich in der Genealogie der ruſſiſchen Ariſtokratie gut
bewandert. Seine Rolle als geborner Prinz ſpielte
er meiſterlich, indem er ſich unter den polniſchen Magnaten ſo ſicher und gewandt bewegte, als wäre er
ſein Lebtag nie in anderer Geſellſchaft geweſen. Kurz,
bislang machte das Werkzeug der Jeſuiten ſeinen
Schöpfern oder wenigſtens Ausbildnern alle Ehre.

Es wurde nun unverweilt zur Ausführung des
wohlangelegten Plans geſchritten, welcher begründet

war auf die sklavische, oder, besser gesagt, geradezu
hündische Anhänglichkeit der russischen Volksmassen an
das Haus Rurik und ihre Unzufriedenheit mit dem
Regimente des Boris.

Dieser hatte die erste Botschaft vom Auftreten
des nachgemachten Zaréwitsch in Lithauen und am
polnischen Königshofe leicht genommen. Allein spätere
und genauere Nachrichten hatten ihm hinsichtlich des
Ernstes der Sache keinen Zweifel mehr gelassen. Er
beschloß, den Weltergang der polnischen Kabale —
als welche ja i h m, der nur allzu gut wußte, daß der
wahre Dmitry todt und wie derselbe gestorben, der
ganze Schwindel sofort erscheinen mußte — dadurch zu
hemmen, daß er den Russen zu wissen that, der falsche
Dmitry wäre eigentlich ein verlaufener Mönch, der
als Söffer und Wüstling weithin verrufene Grischka
(Gregor) Otrepiew. Diese Erklärung ließ der Zar
durch eine Gesandtschaft dem König von Polen über=
bringen, mit dem Beisatze, daß der besagte lüberliche
Mönch, welcher im Kloster zu Tschudow die Tonsur
erhalten, im Jahre 1603 aus Rußland nach Lithauen
entwichen wäre. Dann ließ Boris durch seine Ge=
sandten die Auslieferung des frechen Betrügers fordern.
Allein die Minister Sigismunds, zweifelsohne mit im

Komplott, wußten der angebrachten und wiederholten Auslieferungsforderung allerhand Ausflüchte entgegenzustellen, und so konnte das Spiel seinen Fortgang nehmen. Um so leichter und rascher, als die zarische Kundgebung inbetreff des Grischka Otrepiew in Rußland keinen Glauben fand.

Begleitet und geleitet von zwei Jesuitenpatres begab sich der nachgemachte Zarewitsch von Krakau nach Galizien, allwo sich auf den Gütern des Woiwoden Mniszek bereits abenteuerlustige Scharen polnischer Edelleute, natürlich so ziemlich lauter Sprößlinge der ungeheuer großen Familie Derer von Habe- und Taugenichts, zu einem kriegerischen Zuge gegen Moskau zu sammeln angefangen hatten. Mit dem Staatsgeschäfte, das man in majorem dei gloriam begonnen hatte, wußte man nun auch noch ein Familiengeschäft zu verbinden, mit dem utile das dulce. Nämlich Pan Mniszek, der Woiwode von Sendomir, hatte eine sehr schöne Tochter, die Panna Marina, und neben diesem sehr schönen Besitz hatte er auch den sehr häßlichen einer kolossalen Schuldenlast, wie das eben bei den polnischen Magnaten damaliger Zeit zum adeligen Stil und Ton gehörte. Aus dieser Voraussetzung ergab sich, wie die Sachen lagen, unschwer

die logische Schlußfolgerung, daß am 25. Mai von
1604 der angebliche Sohn Iwans des Schrecklichen
einen Vertrag unterzeichnete und beschwor, kraft dessen
er sich verpflichtete, nach seiner mit dem Beistande
von Mniszek und dessen Freunden zu erlangenden
Inthronisirung auf dem russischen Zarenthron 1) Rußland in den Schoß der alleinseligmachenden römischen
Kirche zurückzubringen, 2) die schöne Marina Mniszek
zu seiner zarischen Gemahlin zu erheben, 3) mit
russischem Gelde die polnischen Schulden des lieben
Herrn Schwiegervaters in spe zu bezahlen, 4) die
russischen Fürstenthümer Groß=Nowgorod und Pskow
seiner geliebten Gemahlin in spe als erb= und eigen-
thümliche Besitzthümer zu überliefern, 5) dem künftigen
Herrn Schwiegerpapa die Fürstenthümer Smolensk
und Sewerien als erbliche Lehen zu verleihen, 6) etliche
noch näher zu bezeichnende russische Landschaften an
die Republik Polen abzutreten.

Daraus ist zu ersehen, daß man mit dem Felle
des zu erlegenden russischen Bären sehr freigebig um-
ging. Man traf aber auch zur Jagd auf denselben
ernstliche Anstalten, deren Kosten zuvörderst die Firma
Mniszek, Wiszniewiecki und Kompagnie aufzubringen
hatte. Das ganze Geschäft war eine Art von Aktien-

schwindelunternehmen im Stile jener Zeit. In der
zweiten Hälfte des 19. Jahrhunderts thun sich „Kon-
sortien" zur Aufschwindelung von breit- und schmal-
spurigen Eisenbahnen oder von nationalen und inter-
nationalen Banken zusammen; damals, in der ersten
Hälfte des 17. Jahrhunderts schwindelten Jesuiten
und polnische Magnaten, welche letztere mehr Schulden
als Haare auf dem Kopfe hatten, mitsammen in Eroberungen von Land und Leuten. Es hat eben jede
Zeit ihre eigene Manier, zu schwindeln, aber dem
Wesen nach bleibt die menschliche Schwindelei allzeit
dieselbe und wird es bleiben, so lange es Schwindler
und Beschwindelte gibt, also bis an das Ende der Tage.
Zweifelhaft ist nur, ob der letzte Mensch der letzte
Betrüger oder aber der letzte Betrogene sein werde,
und vielleicht hilft man sich aus diesem Dilemma
am anständigsten heraus, indem man sagt, der letzte
Mensch werde der letzte betrogene Betrüger sein.

Wo immer zur Zeit, von welcher hier gehandelt
wird, in den Gränzbezirken zwischen Polen und Rußland etwas los war, da strömten sofort ganze Scharen
von Krapülenskis und Waschlappskis, will hier sagen
von Habe- und Taugenichtsen, Vagabunden und
Räubern zuhauf, um mitzuthun.

Die Werber, welche der Prätendent und seine Helfershelfer in die Gegend von Kiew, in die Ukraine, zu den saporogischen und don'schen Kosaken entsandten, hatten demnach leichtes Spiel.

So vermochte sich denn der nachgemachte Zaréwitsch schon am 15. August 1604 an der Spitze von 1500 Mann regelmäßiger polnischer Truppen, d. h. polnischer Schlachtschitzen (Edelleute oder auch Freibauern, Mitglieder der Schlachta, des niederen Adels in dessen ganzem Umfange), welche zu Pferde dienten und von Magnaten befehligt wurden, gegen die Ufer des Dnepr in Bewegung zu setzen, um den Krieg nach Rußland zu tragen, während doch die Republik Polen und ihr König mit dem Zarenreiche in Frieden zu sein und zu bleiben behaupteten. In der Nähe von Kiew vereinigten sich andere Banden mit ihm, insbesondere tausende von Kosaken, die der verlaufene Mönch Grischka Otrepiew, welcher uns bei dieser Gelegenheit ganz bestimmt und deutlich als einer der Spießgesellen, Treiber und Werber des falschen Demetrius vorgeführt wird, angeworben, gesammelt und in Bewegung gesetzt hatte. Das kleine Heer, womit der Prätendent am 23. Oktober oberhalb Kiews über den Dnepr ging, um 8 Tage später bei

Morawst das russische Gebiet zu betreten, mochte etwa 15,000 Streiter und Mitläufer zählen. Den Kern bildeten die polnischen „Hussaren", nicht zu verwechseln mit der späteren ursprünglich ungarischen leichten Reiter= art der Husaren; denn jene polnischen Reiter waren recht eigentlich „schwere", ganz so wie die deutschen „Kyrisser" zu Ausgang des 16. und Anfang des 17. Jahrhunderts. Sie ritten auf schweren Schlacht= hengsten, hatten Stahlhelme und Eisenpanzer, führten als Hauptwaffe die Lanze und trugen als eigen= thümlichen Schmuck zwei Adler= oder Geierflügel, welche mittels silberner Haften auf ihren Schultern befestigt waren. Beim Betreten Russlands ließ der Prätendent ein Manifest ausgehen, worin er dem russischen Volke kundgab, daß er käme, um als der rechtmäßige, wunderbar gerettete Sohn Iwans sein Thronrecht gegen den Usurpator Boris geltend zu machen. Auch Pan Mnißek, der Woiwode von Sen= domir, erließ ein Proklam, worin er erklärte, daß die polnischen Pane in diesem Dmitry den echten Zare= witsch erkannt und darum beschlossen hätten, selbigem zur Besitznahme seines väterlichen Thrones zu ver= helfen.

Das abenteuerliche Unternehmen des Schwind=

lers und seiner Mitschwindler in den Einzelheiten
der militärischen Handlungen zu verfolgen, ist an
diesem Orte unthunlich und auch überflüssig. Es
genügt ja, zu sagen, daß der Abenteurer binnen
wenigen Monaten einen vollständigen Erfolg erzielte,
obzwar er nach einem kriegerischen Unfall, welchen
er auf seinem Zuge nach Rußland hinein erlitt,
einmal schon zur Rückflucht nach Polen sich anschickte.
Diese Rückflucht verhinderten aber Russen, welche sich
ihm, nachdem er den russischen Boden betreten, sofort
angeschlossen hatten. Sie erklärten ihm, falls er
feige genug wäre, sein Unternehmen aufzugeben und
sie im Stiche zu lassen, so würden sie ihn am Kragen
nehmen, um ihn entweder dem Boris auszuliefern
oder aber ihn kurzweg todtzuschlagen. So mußte der
Schwindler wohl oder übel beharren und ausharren
und bald darauf wurde ihm ein Triumph zutheil,
welcher ebenso leicht errungen als glänzend war.

Denn ganz Rußland schien ja von der Tarantel
gestochen, schien vom Veitstanz ergriffen zu sein.
Ein seltsamer, ein epidemischer Rausch war auf die
gesammte Bevölkerung gefallen. Die plumpe Lüge
vom Wiedererstandensein des Sohnes Iwans des
Schrecklichen und von seinem Herankommen übte eine

geradezu magische Wirkung. Massen von Bauern,
eine Menge von Bojaren und Edelleuten schlossen
sich dem Prätendenten auf seinem Zuge gen Moskau
an; schaarenweise liefen die Soldaten des Boris zu
ihm über, und eine Stadt nach der andern öffnete
ihm ihre Thore. In .der Hauptstadt verließen die
Ratten nach Rattenart das gefährdete Schiff, d. h.
im Kremlin ward es mehr und mehr leer und öde
um den Zaren Boris her. Das Verhängniß lag
bleischwer auf den Schultern des Mannes. Er ver=
mochte nicht aufzukommen wider die Last, sondern
brach darunter zusammen. Am Morgen vom 13. April
1605 hielt er noch einen Rathschlag mit den obersten
Staatswürdenträgern; am Abend desselben Tages
war er todt. Ob er Gift genommen, ob ein Schlag=
fluß ihn weggerafft, ist unbestimmt und unbestimmbar.
Doch ist der Schlagfluß wahrscheinlicher als das Gift.
Im 15., 16., 17. und 18. Jahrhundert konnte ja
bekanntlich kein mächtiger oder auch nur vorragender
Mann eines jähen Todes sterben, ohne daß er dem
Glauben der Leute nach vergiftet worden sein oder
sich selbst vergiftet haben mußte. Es ist das für die
Sittlichkeitsbegriffe und die Sittenzustände der „guten
alten frommen Zeit" gewiß sehr kennzeichnend.

Auf die Sittlichkeitsbegriffe und die Sitten=
zustände der russischen Gesellschaft zur Zeit des
falschen Demetrius wirft ein erschreckend kennzeich=
nendes Streiflicht, was unmittelbar nach dem Tode
von Boris in Moskau geschah. Obgleich nämlich die
ganze Bewohnerschaft der Hauptstadt im Herzen
willig und schon bereit war, dem herankommenden
Schwindler zuzufallen und zuzujubeln, huldigten alle
Moskauer, alle, vom Erzbischof=Patriarchen an bis zum
letzten Kleinbürger, willig der Witwe des Boris, der
Zarin Maria, ihrem sechszehnjährigen Sohne Feodor,
sowie ihrer Tochter Xenia, und die Huldigenden alle
verpflichteten sich mittels furchtbarer Eidschwüre, mit
unverbrüchlicher Treue an der Zarin=Witwe und
ihren Kindern unentweglich festzuhalten. So that
auch der Bojar Peter Basmanow, welcher als der
fähigste der russischen Generale an der Spitze eines
neuausgerüsteten Heeres dem Prätendenten entgegen=
geschickt wurde.

Schon am 7. Mai jedoch erklärte sich derselbe
Basmanow, welcher gar wohl wußte, wie es mit der
Zarensohnschaft des angeblichen Dmitry bestellt wäre,
und welcher dieses sein Wissen gegenüber dem ehrlichen
Konrad Bussow, unserem Hauptgewährsmann, ohne

Umſtände verlautbart hatte — ja, derſelbe Baſmanow
erklärte ſich für den Betrüger und mit ihm das
ganze Heer.

Das gab den Ausſchlag. Boten, welche Dmitry
nach der Hauptſtadt ſandte, um dieſelbe zur Unter-
werfung und Huldigung für ihn, als den rechtmäßigen
Zaren, aufzufordern, wurden mit Jubel empfangen.
Die Spitzen von Adel, Klerus und Bürgerſchaft traten
zuſammen, anerkannten den Dmitry als den echten
Zaréwitſch und als den rechten Zaren und ſandten ihm
eine Abordnung von Bojaren nach Tula entgegen,
um ihn einzuladen, in ſeine „getreue“ Hauptſtadt
einzuziehen. Er erklärte gnädig, bald kommen zu
wollen. Bevor er aber kam, ſandte er Befehle, die
Zarin-Witwe Maria und ihren Sohn Feodor zu
erdroſſeln, was dann am 10. Juni geſchah. Der
Tochter des Boris, der jungen Xenia, war noch
Schlimmeres beſtimmt als der Tod. Dmitry, der
Mörder ihrer Mutter und ihres Bruders, zwang
ſie, ſeine Kebſe zu werden. Weiter hat man von
ihr nichts mehr vernommen.

Am 20. Juni von 1605 hielt Zar Dmitry,
wie er jetzo ſich nannte und nennen ließ, ſeinen
Triumphalpompeinzug in Moſkau unter Voranritt der

polnischen Hussaren, welche in Gliedern von 20 Mann hoch einherzogen, mit eingelegten Lanzen und unter dem Getön ihrer Trompeten und Kesselpauken. Dann schritt die Klerisei in Procession mit Fahnen und Heiligenbildern vor dem Zaren einher, welchen Bojaren in höchster Gala umgaben. Von der Pracht seiner Erscheinung kann eine Vorstellung schon der Umstand geben, daß er einen Halskragen im Werthe von 150,000 Dukaten trug. Das Volk jubelte dem Götzen des Tages zu: „Hoch unser Väterchen! Gott segne und erhalte dich! Wir waren im Finstern. Jetzt aber mit dir ist die rothe Sonne (krasnoe zolnza) Rußlands wieder über uns aufgegangen."

Neun Tage später ist Dmitry in der Marienkirche zu Moskau feierlich-prunkhaft zum Zaren aller Reußen gekrönt worden.

Es fehlte aber noch das Tüpfelchen auf dem i dieser zarischen Herrlichkeit. Das war die Anerkennung des neuen Zaren durch die noch lebende Mutter des wirklichen Dmitry. Damit, d. h. mit der Erlangung dieser Anerkennung, sollte allen etwaigen Zweifeln ein Ende bereitet werden. Die zwei ersten Bojaren des Reiches, der Fürst Feodor Mstislawski und der Fürst Wassily Schuisky, wurden

7*

in das Kloſter im Norden entſendet, wo Marfa
Nagoy, die Witwe und letzte Frau Iwans des
Schrecklichen, lebte, um ſie nach Moſkau zu holen.
Sie kam und wurde von Dmitry mit der ganzen
Ehrfurcht und Zärtlichkeit eines Sohnes empfangen.
Was die Beiden mitſammen geſprochen haben, weiß
man nicht; das aber weiß man, daß Beide vortreff=
lich ſchauſpielten. Marfa hat zwar nie förmlich
ausgeſprochen, daß der falſche Zar ihr Sohn wäre.
Wie konnte ſie das auch, ſie, welche den wirklichen
Dmitry todt in ihren Armen gehalten hatte? Aber
ſie fand die Rolle der Zarin=Mutter mehr nach ihrem
Geſchmack als das Kloſterleben und lebte demzufolge
mit ihrem angeblichen Sohn im beſten Einverſtändniß.
Will man die Gefühle zergliedert ſehen, welche die
Witwe des „grauſen" Zaren beſtimmten, die ihr
angebotene Rolle und Stellung anzunehmen, ſo leſe
man im Demetrius=Fragment Schillers die herrliche
Scene zwiſchen Marfa und dem Erzbiſchof Hiob —
eine Scene, wie ſie eben nur Schiller ſchaffen konnte.

3.

Wie die Komödie zur Tragödie und der Schwindel zum Krach umschlug.

Nun galt es aber, des Vertrags vom 25. Mai des vorhergegangenen Jahres sich zu erinnern. Oder vielmehr, die polnischen Herren, welche mit ihren kriegerischen Gefolgschaften zugleich mit Dmitry in die russische Hauptstadt eingezogen waren und daselbst Standquartiere bezogen hatten, zögerten gar nicht lange, den Pseudozaren an seine schweren, in Polen eingegangenen Verbindlichkeiten zu mahnen. Er konnte sich von der Erfüllung derselben nicht lossagen und wagte nicht einmal den Versuch einer Lossagung. Hieraus ergab sich aber mit Nothwendigkeit, daß seine Stellung vom ersten Augenblick seiner gelungenen Usurpation an eine ganz schiefe und unhaltbare und der Zarenthronsitz für ihn ein sehr unbequemer und ungemüthlicher war. Der Schwindler befand sich ja, so zu sagen, zwischen zwei Feuern. Auf der einen Seite seine polnischen Helfershelfer, welche in Moskau geradezu die Herren spielten, durch ihren Hoch- und Uebermuth das Russenthum kränkten

und herausforderten und die Stadt mit dem Ge-
räusche ihrer Ausschweifungen erfüllten und ärgerten.
Auf der andern Seite die russischen Großen, welche
in dem Prätendenten zunächst nur einen Hebel zum
Sturze des verhaßten Boris gesehen hatten, jetzt
aber erfahren mußten, daß der neue Usurpator auf
ihre nationalen Gefühle und Anschauungen, auf ihre
stupiden Vorurtheile, auf ihren echtbarbarischen Haß
gegen alles Fremde und auf ihre wildselbstsüchtige
Abneigung gegen alle und jede Neuerung noch weit
weniger Rücksicht nahm, als Boris gethan hatte, ja
daß der Eindringling geradeaus so schaltete und
waltete, als wäre er eigens hergekommen, um alles
Russische zu verhöhnen und auszutilgen, als wäre
er nicht so fast ein Zar des rechtgläubigen, heiligen
Rußlands, als vielmehr der Statthalter des Polen-
königs im Reußenland und das bereitwillige Werkzeug
der Jesuiten, um die orthodoxe russische National-
kirche zu vernichten und an die Stelle derselben das
zu setzen, was alle Russen den ketzerischen Gräuel
Roms nannten und als eine Todsünde verab-
scheuten.

Bei alledem und bei der gänzlichen Abwesenheit
von Ehre und Treue unter den russischen Magnaten

ist es ganz in der Ordnung gewesen, daß sich in
den Kreisen dieser Aristokratie schon wenige Monate
nach Dmitry's Krönung ein Komplott anspann,
welches die Entthronung und selbstverständliche Er=
mordung des Eindringlings zum Zwecke hatte. An
der Spitze dieser Verschwörung stand das Haupt des
Hauses Schuisky, der Fürst Wassily, welcher selber
nach der Zarenkrone gierte und strebte. Allein das
Komplott wurde verrathen und durch Dmitry mit
Hilfe der noch immer scharenweise und wohlgerüstet
in Moskau anwesenden Polen unschwer vereitelt und
niedergeschlagen. Den Fürsten Wassily Schuisky ließ
der Pseudozar zum Tode verurtheilen, aber unkluger
und leichtsinniger Weise begnadigte er den Verur=
theilten auf dem Schaffot und angesichts von Block
und Beil; ja, er rief den Verschwörer nach kurzer
Verbannung an den Hof zurück und setzte ihn wieder
in alle seine Ehren und Würden ein, welche thörichte
Großmuth der Begnadigte, wie er nun einmal war,
natürlich damit vergalt, daß er vorsichtiger als früher
seine Minirarbeit weiterführte.

Die Leichtigkeit, womit diese Gefahr beschworen
worden, mußte den glück= und machtberauschten
Dmitry in seiner leichtsinnigen und leichtfertigen Art,

die Sachen zu nehmen und zu führen, noch bestärken. Er stand demzufolge nicht an, große Summen dem russischen Staatsschatze zu entnehmen und nach Polen zu schicken, auf daß damit die Schulden der Mniszek und Wiszniewiecki bezahlt würden. Auch die Herholung seiner Verlobten, der schönen Panna Marina Mniszek, welche mit unerhörtem Prunk umgeben wurde, verursachte schweren Aufwand. Am 1. Mai von 1606 zog die Zarenbraut in Moskau ein, in polnischer Staatstracht, in einer mit rothem Atlas ausgeschlagenen, mit perlengestickten Sammetkissen gepolsterten und von 12 Tigerschecken gezogenen Karrosse, begleitet von einem ganzen Schwarm polnischer Herren und Damen und gefolgt von mehreren Tausenden reichgerüsteter Hussaren.

Acht Tage später wurde die Hochzeit im Kremlin gefeiert, für die Russen kein Freudenfest, sondern nur ein neues und großes Aergerniß. Denn niemals noch hatte ein Reußenzar, statt unter den Töchtern des Landes zu wählen, mit einer Fremden sich vermählt, wie Dmitry that — und vollends gar mit einer Fremdgläubigen, mit einer Ungläubigen, die, weil eine römische Ketzerin, eigentlich noch schlimmer war denn eine Heidin. Mit der Vermählung des Zaren

sollte aber auch — so wollte es der polnische Stolz
— die Krönung der Zarin verbunden werden, eine
Ehre, welche bislang noch keiner Zarin widerfahren
war und welche, noch dazu einer Fremden und Heidin
angethan, Stockrussen schlankweg als eine ruchlose
Gotteslästerung erschien.

Bei Gelegenheit dieser Haupt- und Staatsaktion gab es eine komische Episode und schüttelte
der Narr, welcher in der sogenannten Weltgeschichte
herumspringt, lustig seine Schellenkappe. Denn die
Frage, wie Marina an ihrem Vermählungs- und
Krönungstage angezogen sein sollte, wurde zu einer
förmlichen Staatsfrage aufgebauscht, welche im Reichs-
rath zur Erörterung kam. Die schöne Polin wollte
in ihrer gewohnten polnischen oder vielmehr französischen Modetracht zur Kirche gehen. Aber davor
schlugen die Russen ein Kreuz und verlangten, daß
Marina schlechterdings in russischer Nationaltracht
vermählt und gekrönt werden müßte, also mit unter
dem „Kakoschnik" verborgenem Haupthaar, wie ver-
heiratete Frauen denselben trugen, in einem weiten,
oberhalb des Busens gegürteten Rock und in großen
Stiefeln mit eisenbeschlagenen Absätzen. Die Braut
entsetzte sich vor diesem ihr zugemutheten An- und

Aufzug, aber ſie mußte ſich fügen; denn die Herren Bojaren verſtanden in dieſer Kleiderfrage keinen Spaß und wieſen alle von Dmitry und Marina zu Gunſten eines kleidſameren Anzugs vorgebrachten Argumente zurück.

Nachdem dieſe wichtige Frage alſo erledigt worden, ging die Doppelceremonie am 8. Mai in der Kathedralkirche von Moskau pomphaft in Scene. Dieſer Tag bezeichnete den Höhepunkt, ſo recht die Peripetie der verwegenen Komödie und zugleich den Wendepunkt zur tragiſchen Kataſtrophe.

Beſchleunigt wurde dieſelbe durch den mehr und mehr ſich ſteigernden Uebermuth der Polen, von welchen der Zarenhof wimmelte. Ihre Frivolität hielt es gar nicht der Mühe werth, der Verachtung, welche ſie für die Ruſſen und alles Ruſſiſche hegten, Zaum und Zügel anzulegen. Sie verhehlten auch nicht, nein, ſie bramarbaſeten laut, daß der Zar Dmitry eigentlich ein Zar von ihrer Mache wäre, verpflichtet und willig, demnächſt dieſe und jene ruſſiſche Provinz an Polen abzutreten. Das mußte die Ruſſen wüthend machen und den im Dunkeln und Stillen emſig weitergeſponnenen Ränken der

Schuisky und ihrer Freunde sehr zu gut kommen.
Rechnet man dazu die Unklugheit des Pseudozaren,
welcher ernstlich Anstalt machte, an und in den
Pfaffensack zu greifen, d. h. den reichen Grundbesitz
der russischen Kirche einzuziehen, um die Erträgnisse
desselben auf die Bildung eines zahlreichen und
tüchtigen Söldnerheeres verwenden zu können, und
rechnet man weiter dazu noch das siegesgewisse Auf=
treten der mit den Polen gekommenen Jesuiten in
der Hauptstadt Russlands, so wird man es nicht
verwunderlich finden, daß die Macht und Pracht des
falschen Dmitry ein rasches Ende nahm, ein Ende
mit Schrecken, und der Schwindel, wie billig, mit
einem erschrecklichen Krach zerbarst.

Schon neun Tage nach dem Vermählungs= und
Krönungsfest trat diese Verkrachung ein, während
die Reihenfolge rauschender Vergnügungen im Kremlin
noch im vollen Zuge war. Da tanzte man wirklich
„auf einem Vulkan". Der verblendete Pseudozar und
seine gleichverblendete Umgebung, sie wurden voll=
ständig überrascht durch den Losbruch des Orkans,
welcher am 17. Mai über sie hereinstürzte — in
Gestalt eines allgemeinen und darum unwider=
stehlichen, von dem Fürsten Wassily Schuisky und

dem Bojaren Tatiſchtſchew geleiteten Aufſtandes des
geſammten moſkauiſchen Moſkowiterthums.

Von einem erfolgreichen Widerſtande konnte dem
bis zur Raſerei erhitzten Zorn eines ganzen Volkes
gegenüber gar keine Rede ſein. Aber es iſt nur
gerecht, zu ſagen, daß der Schwindler von falſchem
Dmitry wenigſtens am Ende ſeiner Laufbahn einiger=
maßen zur Höhe eines Helden emporwuchs. Obzwar
durch den plötzlichen Anſturm der Empörer voll=
ſtändig überraſcht, raffte er ſich doch energiſch zu=
ſammen und ſtemmte ſich, den Säbel in der Fauſt,
an der Spitze der wenigen treulich zu ihm Haltenden,
dem wüthend in den Kremlin einbrechenden und alles
vor ſich niederwerfenden Volksſtrom entgegen. Ein
eitel und vergeblich Wagen und Ringen! Der General
Baſmanow, ſeinen an Boris begangenen Verrath
mittels ſeiner dem Dmitry bis zuletzt bewahrten
Treue ſühnend, fällt an der Seite des Zaren, und
nun wirft ſich dieſer aus einem Fenſter, bricht bei
dem Sturz ein Bein, wird drunten von einem Volks=
haufen aufgefangen, erkannt, verhöhnt, mißhandelt,
von einem Edelmann angeſchrieen: „Hund von einem
Baſtard, ſag' uns, wer du biſt und von wem du
ſtammſt!“ und endlich von dem Kaufmann Walujew

mit den Worten: „Seht, wie ich diesem ketzerischen Hund von polnischem Gaukler die Absolution gebe!" durch's Herz geschossen.

Dann schleppte der Pöbel den Todten durch die Straßen, alle seine kanibalische Rohheit an dem Leichnam auslassend, wobei sich die Weiber durch gräuliche Schamlosigkeit hervorthaten.

Die Zarin Marina wurde vor dem ersten Ausbruch des Volksgrimms nur dadurch bewahrt, daß sie sich unter dem ungeheuren Reifrock ihrer Oberhofmeisterin, einer resoluten alten Dame, versteckte. Dann wurde sie zwar mit allen ihren polnischen Damen gefangen und wurden die Armen vonseiten der siegreichen Rebellen mit unbeschreiblichen Beschimpfungen in Worten und Werken überhäuft, doch kamen sie mit dem Leben davon. Marina's Vater, der Woiwode Mniszek, und alle in Moskau befindlichen Polen scharten sich zusammen und leisteten tapferen Widerstand. Viele von ihnen wurden erschlagen, die übrigen schließlich gefangen. Etwas später jedoch entließ man die Gefangenen, darunter auch Marina, in ihre Heimat.

Eine Nachricht will, unmittelbar nach der Ermordung Dmitry's hätten die Empörer an die Zarin-

Witwe Marfa die Frage gethan, ob der Ermordete
ihr Sohn wäre. Worauf Marfa: „Das hättet ihr
mich fragen sollen, als er noch lebte. Jetzt ist er
es nicht mehr."

Gerade hier also mag die Frage platzberechtigt
sein: Wer war denn der falsche Demetrius eigentlich?
Man weiß es nicht. Denn bis zur Stunde ist es
der Geschichtswissenschaft noch nicht gelungen, Mittel
und Wege ausfindig zu machen, um diese Frage mit
Bestimmtheit oder auch nur mit einiger Sicherheit
beantworten zu können. Auch die fünfbändige, im
Jahre 1837 durch Ustrialow in Petersburg ver-
öffentlichte „Sammlung von zeitgenössischen Berichten
über den falschen Dmitry" hat hieran im Grund
wenig geändert und gebessert*). In der amtlichen

---

*) In dieser Denkschriftensammlung befinden sich auch zwei
von Deutschen herrührende: „Die Chronik von Moskau" von
Martin Bär und die „Denkwürdigkeiten" von Georg Peyerle.
Martin Bär hat zur Zeit des falschen Demetrius als lutherischer Pastor in Moskau gelebt. Es stellte sich aber heraus,
daß die bär'sche Chronik größtentheils nur die Abschrift der
Aufzeichnungen eines andern Deutschen ist, des Konrad
Bussow, welcher ebenfalls zur Zeit der Dmitry-Episode zu
Moskau und Kaluga sich aufgehalten hat. Hanns Georg Peyerle
war ein augsburger Kaufmann, welcher zur gleichen Zeit von
geschäftswegen in Rußland sich befand. Für eine Quelle

Welt Rußlands gilt die, wie wir sahen, zuerst durch
Boris Godunow aufgestellte Behauptung, der falsche
Dmitry wäre ein entlaufener russischer Mönch ge=
wesen und hätte eigentlich Grischka Otrepiew geheißen,
noch jetzt. Darum ist es in der orthodoxen russischen
Kirche noch heute Brauch, alljährlich an einem be=
stimmten Tage über diesen Grischka Otrepiew als
über den falschen Dmitry eine feierliche Verfluchung
zu sprechen. Das beweis't aber gar nichts, beweis't
gerade so wenig wie der Umstand, daß der russische
Dichter Puschkin in seinem Trauerspiel „Boris
Godunow" die herkömmliche Legende an= und auf=
nahm. Ein stichhaltiger Beweis für die Dieselbigkeit
des Grischka und des Dmitry ist nie beigebracht
worden. Im Gegentheil, gerade die älteste und
unverdächtigste Quelle, die handschriftlichen Denk=
würdigkeiten des Konrad Bussow, sie meldet aus=
drücklich und bestimmt, daß der verlaufene Mönch
Grischka Otrepiew nur einer der Handlanger des
falschen Dmitry gewesen sei, und benamset diesen

<hr />

zweiten Ranges kann gelten das bald nach den bezüglichen
Ereignissen, 1620, in Leipzig erschienene Buch: „Historien
und Berichte von dem Großfürstenthum Muschkow", publicirt
durch Petrum Petrejum von Erlesunda.

Handlanger nicht gerade ſchmeichelhaft, aber doch
auszeichnend als „des Teufels Inſtrument". Auch der
Franzos Jacques Margeret, welcher im Jahre 1601
nach Rußland gekommen und zuerſt in den Dienſten
von Boris, dann in denen Dmitry's geweſen iſt,
1606 nach Frankreich zurückkehrte und 1607 in Paris
ſein Buch „Estat de l'empire de Russie" drucken
ließ, berichtet als Augenzeuge, daß Griſchka Otrepiew
ein Helfershelfer des Pſeudozaren geweſen und von
dieſem, welchem der wüſte Trunkenbold und Aerger=
nißgeber läſtig geworden, aus Moskau nach Jaroſlaw
verbannt worden ſei.

Der ruſſiſche Geſchichtſchreiber Karamſin hatte
in ſeinem großen Werke der gäng und gäben Legende
von der Identität des Griſchka und des Dmitry ſich
bequemt. Dann aber ſind ihm Zweifel aufgeſtoßen
und er ſchickte ſich an, die Sache einer neuen und
genaueren Unterſuchung zu unterziehen. Der Zar
Alexander der Erſte unterſagte das jedoch ausdrücklich
dem Hiſtoriker. Alexander nämlich ſtand dazumal
in der Blüthe ſeiner Vorliebe für Polen und wollte
daher nicht, daß die Polen mittels Wiederaufrührung
der alten Stänkerei unangenehm berührt würden.

Wenn es nun wahrſcheinlich für immer ver=

borgen bleiben wird, wer der Betrüger und Schwindler
eigentlich gewesen, so steht dagegen sein Betrüger-
und Schwindlerthum fest. Aber war er ein Betrüger
aus eigenem Antrieb? Oder ein künstlich zubereiteter,
sorgfältig dressirter? Auch das ist ein zur Stunde
noch ungelös'tes Problem. So ich alles zusammen-
halte, was die echten Quellen und ältesten Zeugnisse
ergeben, bin ich geneigt, zu glauben, der Abenteurer,
welcher die Rolle des falschen Demetrius spielte,
müßte ein geborener Pole gewesen sein. Die polnische Sprache war ihm notorisch geläufiger als die
russische; auch zog er polnisches Wesen, die polnische
Art, das Leben zu fassen und zu führen, der russischen entschieden vor. Viele von den polnischen
Edelleuten, welche sein Unternehmen unterstützten,
sprachen es ganz offen aus, daß sie ihn für einen
Bankert des verstorbenen Königs von Polen, Stephan
Bathory, hielten. Ein von mir gemachter Versuch,
diese Spur weiter zu verfolgen, ist jedoch resultatlos
geblieben.

Aber war die Rolle, welche der Schwindler
spielte, eine spontane, eine von ihm selbst ausgeheckte,
oder war es eine ihm von anderer Hand überbundene,

eine angelernte? Wenn ich recht erwäge, laſſen ſich
die beiden Seiten der Frage etwa ſo mitſammen
vermitteln, daß wir annehmen, der junge Mann ſei
von ſich aus auf die abenteuerliche Idee verfallen,
als der ermordete Zaréwitſch Dmitry ſich aufzuſpielen,
ſofort aber auch von den Jeſuiten, welche dazumal
am Hofe Sigismunds allmächtig waren, als ein
vortreffliches Werkzeug für i h r e Pläne erkannt und
als ſolches gehandhabt worden, d. h. als ein Werk=
zeug zur Inswerkſetzung des großen jeſuitiſchen Plans,
das ruſſiſche Zarenthum und folglich Rußland vom
griechiſch=anatoliſchen Glaubensbekenntniß zum römiſch=
katholiſchen herüberzubringen. Freilich muß ich bei=
fügen: ſchon das erſte Auftreten des falſchen Dmitry
in Lithauen war von ſo verdächtigen Umſtänden be=
gleitet geweſen, daß man in der vorhin geäußerten
Anſicht doch wieder wankend und zu d e m Glauben
getrieben wird, der Betrüger habe von Anfang an
nicht aus eigenem, ſondern aus fremdem Antriebe
geredet und gehandelt. Eine vollſtändige Klarſtellung
des geſchichtlichen Problems vom falſchen Demetrius
zu Anfang des 17. Jahrhunderts iſt wohl erſt dann
eine Möglichkeit, wann einmal das Geheimarchiv
der Geſellſchaft Jeſu der hiſtoriſchen Forſchung zu=

gänglich sein wird. Dort ist die endgiltige Lösung
der Frage zu suchen*).

Mit dem Trauerspiel vom 17. Mai 1606 war
übrigens nur die Laufbahn des ersten falschen
Dmitry zu Ende, nicht das Stück selber. Man weiß
ja, daß, so in·der unendlichen Tragikomödie „Weltgeschichte" der Unsinn oder das Unheil einmal recht
im Zuge sind, sie nicht bald wieder aufhören. Ein
baldiges Aufhören ginge ja der bekannten „sittlichen

---

*) Diese Ansicht scheint freilich durch das Buch des Je-
suitenpaters Pierling „Rome et Demetrius" (Paris 1878),
das mir leider erst nach der Niederschreibung und Druck-
legung meines Essay's zur Hand kam, hinfällig geworden zu
sein. Wenigstens lassen die Dokumente und Depeschen, welche
Pater Pierling aus den Archiven seines Ordens und den
Aktenschätzen der Vatikana mittheilt, das Problem, wer der
falsche Dmitry eigentlich gewesen, ebenfalls ungelös't. Aber
hat der Pater, dessen Absicht ganz augenscheinlich und einge-
standenermaßen war, die Gesellschaft Jesu von dem Vorwurf
zu reinigen, den falschen Dmitry erfunden, die Demetrius-
Wirrsale gemacht zu haben, hat er alle ihm zugänglichen Akten
benützt, benützen wollen? Das ist eine Frage, welche weder
bejaht noch vereint werden kann, solange nur Jesuiten die
Durchsuchung und Benützung der Jesuitenarchive gestattet wird.
Die Thatsache, daß die Gesellschaft Jesu den falschen Dmitry
als ein Werkzeug zur Katholicifirung Rußlands handhaben
wollte, bleibt übrigens durch die Veröffentlichung Pierlings
ganz unberührt.

8*

Weltordnung" zu sehr wider den Strich. Nachdem
die russischen Magnaten und Prälaten den Fürsten
Wassily Schuisky zum Zaren gewählt hatten, trat
ein zweiter falscher Dmitry auf und zwar zu
Putiwl an der lithauischen Gränze. Dieser zweite
Schwindler, welcher sich für den am 17. Mai zu
Moskau ermordeten und zersetzten, angeblich aber
wunderbarer Weise geretteten Dmitry ausgab, stand
in jeder Beziehung weit unter seinem Vorbild und
Vorgänger. Aber trotzdem fand „der Dieb von
Tuschino", unter welchem Namen er in der Geschichte
Russlands verrufen ist, Glauben, Anhang und Unter=
stützung. König Sigismund und die polnischen
Magnaten benützten ihn als Werkzeug der polnischen
Politik. Aber die stärkste Leistung von Schamlosigkeit
in dieser schamlosen Posse von Kabale war doch, daß
Marina Mnisjek in dem Dieb von Tuschino ihren
„wiedererstandenen" Gemahl erkannte und anerkannte,
mit ihm lebte und einen Sohn von ihm hatte. Nun
folgte ein grauenhaftes Wirrsal, ein Bürgerkrieg
in Russland, ein polnischer Einbruch, in dessen Ver=
lauf König Sigismund nahe daran war, erst seinen
Sohn, dann sich selber zum russischen Zaren zu
machen. Endlich wurde auch der zweite falsche

Demetrius getödtet, sein Sohn erwürgt und verscholl Marina in einem russischen Klosterkerker. Rußland aber erhob sich aus allen diesen Trubeln und Trübsalen erst 1613 wieder zu einer festen Staatsordnung und zwar mittels der Gründung der Dynastie Romanow, welche in der Person von Michail Febrowitsch Romanow am 21. Februar des genannten Jahres auf den Zarenthron gelangte.

III.

Kaiser Josef.

Zum 29. November 1880.

———

Ich nenne Deutschland gern unser gemeinschaft-
liches Vaterland, weil ich es liebe und stolz darauf
bin, ein Deutscher zu sein.
Kaiser Josef am 13. Juli 1787 an den
Koadjutor Dalberg.

Saluti publicae vixit non diu sed totus (er lebte
dem Gemeinwohl, nicht lange, aber ganz).
Inschrift seines Denkmals.

1.

In der zweiten Morgenstunde vom 13. März
1741 gebar Maria Theresia, die schönste Frau ihrer
Zeit und eine der besten aller Zeiten, ihren ältesten
Sohn Josef, welcher nachmals als Nachfolger seines
Vaters Franz Stefan von Lothringen-Toskana in der

schon sehr schein- und schemenhaft gewordenen deutschen Kaiserwürde Josef der Zweite hieß.

Die Geburt des Knaben fiel mitten in die schon angehobenen Drangsale und Nöthen des östreichischen Erfolgekrieges, in eine Zeit also, wo, wie Maria Theresia noch 31 Jahre später mit Seufzen bezeugte, „alle meine Länder angefochten wurden und gar nit wußte, wo ruhig niederkommen sollte." Josefs Eintritt in's Leben war demnach von Vorzeichen umgeben, welche auf Unrast, Kampf und Sorge hindeuteten, und die Vorzeichen trogen nicht. Das Dasein dieses wahrhaft erlauchten Fürsten war voll Mühsal und Bitterkeit. Er hat in seinen 49 Lebensjahren soviel Verkennung und Undank erfahren, hat eine solche Last von Mißgeschicken und Widerwärtigkeiten, Enttäuschungen und Demüthigungen zu tragen gehabt, daß einer der Dichterlinge, welche um ihn die Todtenklage erhuben, jener Mönch Eulogius Schneider, der nachmals zum Apostel und Opfer des französischen Jakobinerthums wurde, den unglücklichen Kaiser wohl den „Dulder Josef" nennen durfte.

Sein Unglück begann schon mit seiner Erziehung. Die Folgen der hispanisch-bigoten Abmauerung Oestreichs von Deutschland, wie sie seit Ferdinand dem

Zweiten habsburgischer Staatsgrundsatz gewesen, waren der Art, daß zur Zeit von Josefs Kindheit, Knaben= und Jünglingsjahren dort gar keine Erzieher vorhanden sein konnten, welche das Zeug besessen hätten, den Prinzen auf die außerordentlich schwierige Herrscherrolle, welche er bereinst übernehmen sollte, genügend, auch nur annähernd genügend vorzubereiten. Gewiß war Maria Theresia eine ebenso zärtliche und sorgsame Mutter, als sie eine Gattin war, deren Tugend, Sittsamkeit und Pflichttreue in einer Epoche, wo schamloseste Ausschweifung an den Höfen für selbst= verständlich galt und die herrschende moralische Pesti= lenz auch in der vornehmen Frauenwelt nur allzu große Verheerungen anrichtete, niemals auch nur von einem Schatten von Verdacht gestreift wurden. Aber die Kaiserin=Königin war trotz der nicht geringen Dosis von gesundem Menschenverstand, welche sie besaß, in einen zu engen Kreis der Anschauung und des Wissens gebannt, als daß sie hinsichtlich der Erziehung und Unterrichtung ihres Sohnes hätte darüber hinaus= greifen wollen oder können. So waren denn Josefs Lehrer der Mehrzahl nach Mitglieder des Jesuiten= ordens, und es ist ja bekannt, in welchem seellosen Formalismus die Jesuitenpädagogik von dazumal sich

bewegte oder vielmehr nicht bewegte, sondern stagnirte.
Die Mutter hatte ein wachsames Auge darauf, daß
der Knabe körperlich nicht verzärtelt würde, und
er ist in Folge dessen zu einem Manne herange=
wachsen, welcher längere Zeit hindurch die oft über=
mäßigen Strapazen, die er sich zumuthete, rüstig und
ohne Schädigung seiner Gesundheit zu ertragen ver=
mochte. Allein inbetreff der Anstrengung und Uebung
des Geistes ihres Sohnes huldigte Maria Theresia
weniger gesunden Ansichten. Denn ihre bestimmte
Willensmeinung ging dahin, daß man dem Prinzen
allen Lehrstoff spielend beizubringen suchen müßte,
und die genauere Befolgung dieser Maxime vonseiten
der Lehrer Josefs mußte zu übeln Ergebnissen führen.
Von einem gründlichen Lernen war der guten, ja
theilweise glänzenden Begabung des Knaben ungeachtet
keine Rede, sondern derselbe gerieth frühzeitig in eine
fahrige Vielwisserei hinein, die sich gar bald zu einem
hochmüthigen Herabsehen auf seine allerdings bornirten
Lehrer und Erzieher aufsteifte. Er fühlte sich denselben
geistig überlegen, was sollten sie ihn also noch lehren
können?

Dazu kam, daß in Josefs Jünglingsjahren die
so blendenten, so bestechenden, aber häufig so schiefen

und falschen „neuen Ideen" des „Zeitalters der En-
cyklopädisten", wie durch die Mauern östreichischer
Klöster, so auch durch die Wände der wiener Hofburg
sickerten und sich mächtig genug erwiesen, den Prinzen
zu einem halben oder ganzen Freigeist im Sinne
der modischen „Freigeisterei" von damals, obzwar
keineswegs zu einem wirklich freien Geist zu machen.
Denn in einer geräumigen Ecke von Josefs Seele
hatte und behielt der rechtgläubige Katholicismus,
wie er im Canisius steht, bis zuletzt seinen Altar.
Das scharfargwöhnische Auge von Josefs großem
Gegner, Friedrich von Preußen, ersah auch hier das
richtige, wenn er von dem jungen Erzherzog urtheilte,
derselbe „habe bei aller Begierde, zu lernen, nicht die
Geduld gehabt, sich zu unterrichten".

Frühzeitig erhielt demzufolge Josefs Geist ein
dilettantisches Gepräge, und das war ein großes Unglück für ihn selber, wie für das von ihm unter-
nommene Reformwerk. Aus diesem Dilettantismus
entsprang seine Unfähigkeit, die Dinge zu sehen, wie
sie sind, entsprang sein Mangel an Kenntniß der
Menschen- und Völkernaturen, entsprang seine Un-
geschicklichkeit in der Kunst, mit den thatsächlichen
Ziffern der Politik zu rechnen. Sein edler Sinn,

seine Menschenliebe und Hochherzigkeit wogen diese
Mängel nicht auf. Im Gegentheil, sie verstärkten
dieselben. Denn gerade aus Josefs besten Eigen=
schaften quoll jener einseitige Idealismus und Op=
timismus, welcher ihn so häufig auf den Traum=
sittigen einer abstrakten Humanitätsduselei über die
Welt der Thatsachen hinwegfliegen ließ und zu den
bedauerlichsten Mißgriffen verleitete. Die faulsten
Früchte dieser Duselei zu zeitigen, war freilich der
Gesetzgebung, Verwaltung und Rechtspflege unserer
eigenen Tage vorbehalten *).

---

*) Indessen ging die unselige Verirrung doch schon zu
Josefs Zeit so weit, daß „wissenschaftliche" oder, wie man da=
zumal sagte, „philosophische" Versuche auftauchten, das allen
Phantasten und Sentimentalitätskrämern verhaßte Princip der
Verantwortlichkeit zu verneinen, d. h. an der Grundsäule aller
socialen Ordnung zu rütteln. Als der Raubmörder Zahlheim,
welcher mit kaltblütigem Vorbedacht seine alte Base ermordet
hatte, im Jahre 1786 in Wien gerädert wurde — die letzte
Räderung in Oestreich — erschien eine Brandschrift, welche den
Kaiser auf's heftigste angriff, weil er das Todesurtheil bestätigt
hätte, und welche den „Beweis erbrachte", daß Zahlheim das
Opfer der Unwissenheit seiner Richter gewesen, maßen er „nur
in Folge der Umstände Räuber und Mörder geworden sei",
weil er „nicht die moralische Freiheit besessen, es nicht zu
werden". In unsern Tagen ist in demselben Wien die herrliche
„wissenschaftliche" Entdeckung gemacht worden, Verbrecher müßten
Verbrecher sein, sie könnten gar nicht anders, weil ihnen die

Zieht man die Unzulänglichkeit seiner Erziehung
in Betracht, so muß die Summe von Josefs Wissen
und Können immerhin eine sehr achtungswerthe ge=
nannt werden. Nur sein ganz ungewöhnlich gutes
Gedächtniß, seine reichquillende Phantasie und sein
leichtes Auffassungsvermögen erklären die Erwerbung
dieser Summe. Als junger Mann sprach und schrieb
er fertig Deutsch, Latein, Französisch und Italisch,
auch Magyarisch und Czechisch redete er geläufig.
Seinen geschichtlichen, seinen rechts= und staatswissen=
schaftlichen Kenntnissen fehlte es nicht an Umfang,
wohl aber an Vertiefung. Von dem Werth und von
der Würde der Wissenschaft hatte er keine klare Vor=
stellung und im Ganzen achtete er Gelehrsamkeit und
Gelehrte gering, was sich freilich großentheils aus der
Beschaffenheit damaliger Gelehrsamkeit, sowie aus der
elenden Knechtschaffenheit und Feilheit von so vielen
Gelehrten erklären läßt. Der Vereinigung von wirk=
lichem, fruchtbarem Wissen und Charakterfestigkeit be=

allgütige Mutter Natur den hinteren Gehirnlappen zu kurz
gerathen ließe. Man sieht auch in diesem Falle, wie in gar
vielen anderen, daß das 18. Jahrhundert nur irgendeinen
Thorenwahn aufzuschwindeln brauchte, um sicher sein zu können,
derselbe würde im 19. seine „wissenschaftliche“ Anerkennung
und „Begründung“ finden.

zeigte er Respekt: die neuesten Hefte von Schlözer's
„Staatsanzeigen" durften nie auf seinem Arbeitstische
fehlen. Die Tagespublicistik freilich glaubte er verachten zu dürfen und das ist ihm zu nicht geringem
Schaden ausgeschlagen. Denn indem er sich frühzeitig entwöhnte, ein offenes Ohr für die „öffentliche
Meinung" zu haben, gewöhnte er sich allzu sehr daran, diese auch dann geringzuachten, wann sie auf
Beachtung vollwichtigen Anspruch hatte.

Sein ästhetisches Organ und Bedürfniß waren
schwach. Nur die Musik, die er liebte und übte, hatte
sich seiner wirklichen und warmen Theilnahme zu erfreuen. Die Schöpfungen von Haydn, Gluck und
Mozart sind darum die glänzendsten künstlerischen
Offenbarungen und Verherrlichungen der josefinischen
Epoche. Weder zur Poesie noch zu den bildenden
Künsten hat der Kaiser eine rechte Beziehung zu
gewinnen vermocht. Sein literarischer Geschmack war so
mangelhaft entwickelt, daß er den plumpen Blumauer
dem feinen Wieland vorzog. In jüngeren Jahren,
als ihm die ungeheure Arbeitslast, die er später auf
sich nahm und die zu schleppen er sich abmühte, noch
nicht alle freie Zeit raubte, las er viel und es ent-
sprach ganz seiner Gemüthsart, daß er dem Abgott

der vornehmen Welt Europa's, dem ſkeptiſchen und
witzſprühenden Voltaire, den begeiſterten Idealiſten
und feurigen Schwärmer Rouſſeau bei weitem vorzog.
Für die Bewegung der deutſchen Literatur, welche ſich
aus einem Chaos von „Sturm und Drang“ zur
klaſſiſchen Größe und Schönheit emporarbeitete, fehlte
ihm das Verſtändniß und darum auch die Sympathie.
Die Bedeutung der geiſtigen Großthaten Leſſings,
Göthe's und Schillers blieb ihm verſchloſſen. Dennoch
war er weit entfernt von jener hochmüthigen, eiſigen
Gleichgiltigkeit, womit Friedrich von Preußen die
deutſche Literatur anſah. Dieſem iſt es, trotzdem daß
Leſſings drei große dramatiſche Dichtungen ſo zu
ſagen unter ſeinen Augen entſtanden waren, niemals
eingefallen, für die deutſche Schaubühne etwas zu
thun. Joſef dagegen hat das deutſche Schauſpiel
ausdrücklich unter ſeinen Schutz genommen und eine
höchſt bedeutſam fortwirkende Kulturthat verrichtet,
indem er das wiener „Burgtheater“ ſchuf (1776),
noch heute die deutſche Muſterbühne.

Unter den in ſeinen jungen Jahren empfangenen
Eindrücken, welche auf Joſefs Charakterbildung un-
günſtig wirkten, darf ſicherlich als einer der nachdruck-
ſamſten die Stellung ſeines Vaters bezeichnet werden.

Diese Stellung war, wenn nicht blankweg die einer
Null, so immerhin doch nur die eines prachtvoll heraus=
staffirten Statisten. Maria Theresia liebte ihren Franz
zärtlich, ja leidenschaftlich, aber trotzdem war und blieb
sie die Eheherrin. Sie herrschte über die östreichischen
Lande und der gute Franz war und blieb, obzwar er
den langathmigen und pomposen Titel „Des Heiligen
Römischen Reiches Deutscher Nation Imperator" führte,
auf die Rolle eines geachteten und geliebten Haus= und
Familienvaters beschränkt. Er hatte sich auch mit
guter Manier in diese Rolle hineingefunden und suchte
und wußte seine viele vorräthige Zeit mittels allerhand
Liebhabereien und Spielereien tobtzuschlagen. Wenn
er nicht in kaiserlicher Gala zu „repräsentiren" hatte,
welcher Obliegenheit er sich recht manierlich, ja sogar
anmuthig zu unterziehen verstand, so machte er Bank=
geschäfte, und zwar gute, oder er machte den Hofdamen
den Hof, und zwar mehr oder auch weniger harmlos,
oder trieb er die hohen Hazardspiele von damals, und
zwar mit entschiedenem Glück, oder endlich führte er
in der Loge „Zu den drei Kanonen" als Meister
vom Stuhl den Hammer. Das gehörte auch mit zur
Signatur der östreichischen Zustände jener Zeit. Die
Freimaurerei war ja unter Maria Theresia streng ver=

boten, aber der Herr Gemahl der Kaiserin-Königin
war Mitglied des verpönten und verfolgten Ordens,
entrann, wie glaubhaft erzählt wird, einmal bei einem
nächtlichen Ueberfall der genannten, dazumal im Mar-
garethenhof am Bauernmarkt „arbeitenden“ Loge durch
die Polizei nur mit knappster Noth dem tragikomischen
Verhängniß, durch die Sbirren seiner Frau Gemahlin
abgefaßt zu werden, und starb 1765 als Großmeister
der Freimaurer Oestreichs.

Schon frühzeitig mußte sich dem lebhaften Geiste
Josefs die Beobachtung der Inhaltslosigkeit von seines
Vaters Stellung aufdrängen und man kann auf dem
Wege psychologischer Schlußfolgerung leicht zu dem
Resultate gelangen, daß der junge Prinz diese Stellung
mit einem von Verachtung nicht ganz freien Mitleid
angesehen und sich dadurch zu doppelter Thätigkeit,
aber auch zur entschiedenen Herausbildung und herri-
schen Geltendmachung seiner Persönlichkeit angeeifert
gefühlt haben müsse. Daraus dürfte sich, wenigstens
zum Theil, der brennende Thatendurst erklären, welchen
Josef zu erkennen gab, sobald er konnte, sowie die
rücksichtslose Heftigkeit, womit er diesen Durst zu
stillen trachtete. Solche Herrischkeit und Hastigkeit,
sie waren es, welche das beste Herz, das jemals in

einer Fürstenbrust geschlagen hat, mitunter bis zur
Fühllosigkeit verhärteten und Josef vergessen machten,
daß man sich zur Erreichung von Zwecken der Ge-
rechtigkeit niemals ungerechter, zur Erreichung von
Zielen der Menschenfreundlichkeit niemals grausamer
Mittel bedienen sollte.

Das Facit von Josefs Bildungsgeschichte war
demnach dieses: Ein vielseitiges, aber oberflächliches
und lückenhaftes Wissen; ein warmes Gefühl für
Recht und Unrecht, aber daneben doch auch eine starke
Dosis vom Souveränitätsdünkel; ein kühn idealistischer
Gedankenflug und eine mit den Ideen des Jahrhunderts
der Aufklärung genährte Anschauung, aber verbunden
mit einer illusionärischen Selbsttäuschung, welcher,
weil sie es verschmähte, auf Wirklichkeiten, Möglich=
keiten und Erreichbarkeiten die gebieterisch nöthige
Rücksicht zu nehmen, bitterste Enttäuschungen folgen
mußten; das lebhafteste Pflichtbewußtsein, aber keine
verständige Regelung der Antriebe desselben und daher
jene fahrige Vielgeschäftigkeit des Kaisers, welcher die
Folgerichtigkeit mehr und mehr abging und die sich
in der Erlassung von Dekreten und in der Zurück=
nahme von Dekreten, in Befehlen und Gegenbefehlen
völlig erschöpfte; aufrichtige Begeisterung für die libe=

ralen und humanitären Theorieen der Zeit, aber eine
viel zu einſeitig-optimiſtiſche Anſicht vom Weſen des
Menſchen und der Maſſen; eine hohe Auffaſſung der
eigenen Stellung und Beſtimmung, aber auch viel=
fache Ueberſchätzung und Ueberſpannung der eigenen
Gaben und Kräfte, ein eigenſinniges Feſthalten falſcher
Geſichtspunkte, eine Verknöcherung ſchiefer Begriffe;
ein heißes Verlangen nach Ehre und Ruhm, aber
nicht jene ruhige Entſchloſſenheit und beſonnene That=
kraft, welche die Stufen zum Ruhmestempel langſam,
Schritt für Schritt, feſt und ſicher hinanſteigt; ein
glühender Drang, zu beſſern und zu bauen, aber außer
Standes, die richtigen Werkzeuge zu wählen, und viel
zu ungeduldig, abzuwarten, wie geſtern Gepflanztes
heute dem Morgen entgegenreiſe. Joſef hat nie be=
griffen, daß Geduld eine der nothwendigſten Eigen=
ſchaften eines guten Regenten ſei und daß dieſe unſere
Welt, wie ſie nun einmal iſt, des Diplomatiſirens
und Lavirens nicht entbehren könne, ja eigentlich nur
vom Laviren und Diplomatiſiren lebe. Lavirt und
diplomatiſirt ſich doch unſere alte Muttererde ſelber
alljährlich mühſälig um die Sonne herum.

2.

Zu ſeinen männlichen Jahren gekommen, war
Joſef eine ſtattliche und gewinnende Erſcheinung.
Urtheilsfähige zeitgenöſſiſche Beobachter, heimiſche und
fremde, denen Schmeichelei fernlag, bezeugen das
übereinſtimmend.

Er war von nur mittelgroßem Wuchs, aber von
ſchlankem, ebenmäßigem, nervigem Körperbau. Eine
Stirne von ſchöner Wölbung, tiefblaue Augen, unter
ſtarken Brauen klar und durchbringend hervorblickend,
eine kräftige, adlerſchnäbelig gebogene Naſe, ein Mund,
welcher die hängende „habsburgiſche" Unterlippe nicht
beſaß und ſehr anmuthig zu lächeln verſtand, in
zorniger Erregung aber die Oberlippe ſoweit aufwärts zog, daß die Zähne zum Vorſchein kamen,
ein energiſches Kinn, das lichtbraune Haar, welches
er über der Stirne kurzgeſchoren, an den Schläfen
zu zwei Seitenlocken gerollt und im Nacken in einen
kurzen Zopf gebunden trug — das alles bildete mitſammen ein wohlgefälliges Ganzes. Von ſeiner
Mutter hatte er einen Geſichtsausdruck geerbt, der
je nach den Umſtänden von imponirender Majeſtät

9*

zu zwanglos lächelnder Leutſeligkeit überzugehen ver=
mochte, und umgekehrt. Er war geſund, muſkelſtark,
voll Kraft und Feuer, abgehärtet, in allen körper=
lichen Uebungen und Künſten gewandt. Er hielt ſich
ſehr reinlich und kleidete ſich ſauber, aber einfach.
Daheim in ſeinen Gemächern wie auf Reiſen in der
Fremde ging er in der ſogenannten „deutſchen"
Tracht mit dunkelfarbigem Frackrocke. Schmuck legte
er ſelten an, auch keine Ringe. Von Uniformen trug
er am liebſten die grüne, rothausgeſchlagene der nach
ihm benannten leichten Reiterregimenter (Chevaux=
legers). Bei feierlichen Veranlaſſungen wußte er in
der Feldmarſchallsuniform, weiß und roth, und im
blitzenden Ordensſchmucke die kaiſerliche Majeſtät
recht gut herauszukehren. Sonſt überſchleierte zu=
meiſt ernſte, faſt ſchwermüthige Nachdenklichkeit ſeine
Züge; aber dieſer Schleier verſchwand und wich dem
Ausdrucke liebenswürdigſter Offenheit und Güte, wenn
er mit Menſchen verkehrte, denen gegenüber er ſich
gehen laſſen durfte. Er verſtand es auch nicht übel,
der Vorſtellungsweiſe und Sprache der verſchiedenen
Volksklaſſen ſich anzupaſſen und gelegentlich ſich
„populär" zu machen. Verſtändige können freilich
an und für ſich kein Gewicht auf den Umſtand legen,

daß Josef auf den Reisen durch seine Provinzen ein=
mal oder zweimal allerhöchsteigenhändig mit dem Pflug
eine Ackerfurche gezogen. Allein für eine Zeit, wo
die „Götter dieser Erde" und das „dumme Bauern=
volk" nichts mit einander gemein hatten als die Luft,
bedeutete es doch wohl mehr als eine bloße Komödie,
wenn der Kaiser seine Hand da an den Pflug legte,
wo unmittelbar zuvor die Hand eines Bauern gelegen.

Ein so frugales und bedürnißloses Leben wie Josef
haben gewiß nur sehr wenige große Herren geführt.
Es ist bekannt, daß er, sobald er konnte d. h. un=
mittelbar nach dem Tode seiner Mutter, den sinnlos
verschwenderischen Hofhalt auf den Fuß einer ver=
nünftigen Einschränkung und Sparsamkeit setzte. Er
war hierzu um so mehr berechtigt, als er in seiner
eigenen Lebensweise ein Vorbild der Einfachheit,
Mäßigkeit und Sparsamkeit aufstellte. Er schlief bis
zu seiner letzten Krankheit auf einem Maisstrohsack,
über welchen eine Hirschhaut gebreitet war; ein Lein=
tuch mit leichter Decke und ein lederüberzogenes, mit
Roßhaaren gestopftes Kopfkissen vervollständigten dieses
gewiß nicht sybaritische kaiserliche Bett. Im Sommer
um 5, im Winter um 6 Uhr aufgestanden, ging er
mit seinen Kabinettsekretären sofort an die Erledigung

von Regierungsgeschäften. Um 9 Uhr ließ er sich frisiren, rasirte sich selbst, kleidete sich für den Tag an und nahm Kaffee oder Chokolade zum Frühstück Nach diesem begab er sich in sein Kabinett auf dem berühmten „Kontrolorgang", wo alltäglich, wann er in Wien war, jedermann zu dem Kaiser Zutritt hatte, um ihm Wünsche, Bitten, Vorstellungen und Vorschläge vorzutragen. Von 12 bis 2 Uhr ging oder ritt oder fuhr er spaziren. Schöpfte er im Wagen frische Luft, so pflegte er die Zügel seines Zweigespanns selber zu lenken. Sein Mittagsmahl nahm er zwischen 3 und 5 Uhr, je nachdem die Geschäfte es erlaubten. Es war einfach genug und bestand, durch eine Mundköchin hergestellt, aus nur 2 Trachten von 6 Schüsseln, welche aber der Kaiser nicht alle kostete, indem er sich fast immer mit Suppe, Rindfleisch, etwas Gemüse, Braten, gekochtem Obst und süßem Backwerk begnügte. Spirituosen trank er gar nicht, sondern sein Lebenlang nur Wasser. Bloß im Feldlager und auch da nur auf Anbringen der Aerzte genoß er etwas Ungarwein. In der Hofburg speis'te er gewöhnlich allein; weilte er aber auf einem seiner Sommerschlösser, so liebte er Gäste zu haben. Nach der Tafel, welche nicht länger als

eine halbe Stunde währte, an welcher aber eine
ebenſo anſtändige als zwangloſe und, wenigſtens in
der früheren Zeit Joſefs, muntere Unterhaltung
herrſchte, fand ein Koncert ſtatt, bei welchem der
kaiſerliche Wirth häufig ſelber mitwirkte, ſei es als
Klavierſpieler, ſei es als Celliſt. Er hat ſich auch
einmal als Tondichter verſucht und eine Sonate zuwegegebracht, welche er dem großen Mozart zur
Beurtheilung vorlegte. „Nun, wie finden Sie meine
Sonate, lieber Mozart?“ „Hm, nun ja, Majeſtät,
die Sonate iſt ſchon gut; aber der ſie gemacht hat,
iſt doch viel beſſer.“

Gerade in den Beziehungen Joſefs zu Mozart
trat der Zauber des Menſchlichen, welcher jenem zu
eigen, ſchön zu Tage. Der ſparſame Kaiſer, unter
deſſen Regierung die Völkerſchaften Oeſtreichs zum
erſtenmal erfuhren, daß die Staatseinkünfte nicht
zum Belieben und Vergnügen der herrſchenden Klaſſen,
ſondern zur Deckung der Staatsbedürfniſſe da wären,
gab dem großen Meiſter einen Jahrgehalt von nur
800 Gulden. Von anderwärtsher, aus England,
aus Berlin, erhielt Mozart Einladungen und An-
erbietungen, welche ihm ein Einkommen ſicherten,
das, verglichen ſeinem beſcheidenen wieneriſchen, ein

glänzendes war. Aber Josef bat mit seiner unwider=
stehlichen Freundlichkeit den Meister: „Bleiben Sie
bei uns, lieber Mozart!" und dieser: „Ich bleibe,
Majestät."

Die als „bezaubernd" gerühmte Liebenswürdigkeit
seiner Umgangsformen verdankte der Kaiser zweifels=
ohne dem Umstand, daß er sein Lebenlang gern in
Damenkreisen verkehrte. Er befolgte einen bekannten
Rath Göthe's, ohne dessen Tasso zu kennen. In
fraulichen Kreisen hat er auch wohl zuerst gelernt,
den brutalen Er=Stil mit dem humaneren Sie=Stil
zu vertauschen — auch ein Zeichen der Zeit, und
zwar kein bedeutungsloses. Denn es lag ja in dem
Gebrauch einer und derselben Anredeform zwischen
Hoch und Niedrig, Vornehm und Gering doch auch
ein Stück Ahnung vom Heraufdämmern eines neuen,
des demokratischen Weltalters . . . .

Nachdem das Nachmittagskoncert vorüber, er=
theilte Josef Audienzen, hörte Vorträge und gab
Bescheide. Dann begab er sich Abends 7 Uhr ins
teutsche Theater oder in die italische Oper. In
beiden bevorzugte er die komischen Stücke. Sein
Lieblingslustspiel war Großmann's auf die Rohheit,
Plumpheit und Verschwendungssucht des Adels ge=

münztes „Nicht mehr als ſechs Schüſſeln“. Dem
Zeugniß von Da Ponte zufolge, welcher bekanntlich
das Textbuch zu Mozarts „Don Juan“ verfaſt hat,
war der Kaiſer einer der Erſten, welcher den Werth
dieſer herrlichen Tondichtung erkannte, die, wie jeder=
mann weiß, bei ihren erſten Aufführungen den
Wienern nicht gefiel. Joſef ſagte: „Das Werk iſt
himmliſch, lieber Mozart; es iſt noch ſchöner als
die ‚Hochzeit des Figaro‘, aber es iſt kein Biſſen für
meine Wiener.“ Worauf der Meiſter: „Ei was,
Majeſtät; man muß den Wienern nur Zeit laſſen,
den Biſſen zu koſten.“

Nach dem Theater pflegte der Kaiſer noch eine
der kleinen Abendgeſellſchaften zu beſuchen, welche in
ſolchen Häuſern der wiener Ariſtokratie ſtattfanden,
wo Hausfrauen von feiner Bildung und gutem Ton
„das Skepter der Sitte führten“. In ſeinen ſpäteren
Lebensjahren verbrachte Joſef ſeine Abende zumeiſt
in jenem Kreiſe von fünf älteren Damen (zwei
Fürſtinnen Liechtenſtein, Fürſtin Clary, Gräfin
Kinſky, Gräfin Kaunitz) und drei Herren (Feldmar=
ſchall Laſcy, Oberkämmerer Roſenberg und Oberhof=
marſchall Kaunitz), wo er in der Form freundſchaft=
lichen Geſpräches einige Erholung von ſeinen ſchweren

Sorgen fand. Noch von seinem Sterbelager aus
hat der Kaiser in einem Schreiben voll Zartsinn
und Erkenntlichkeit den fünf Damen für alle ihm
erwiesene Güte, Nachsicht und Freundlichkeit gedankt.
Gegen 11 Uhr fuhr Josef aus diesen Abendgesell=
schaften nach Hause, ließ sich die neu eingelaufenen
Depeschen und Berichte vorlegen und arbeitete, ohne
ein Abendessen zu sich zu nehmen, oft bis lange nach
Mitternacht. Allem leeren Prunk und Pomp war
der Kaiser abhold, geräuschvolle und kostspielige Ver=
gnügungen verachtete er, die Jagd liebte er nicht,
das Spiel verdammte er und kaum jemals hat er
eine Karte berührt. Seine Mäßigkeit, Prunklosigkeit
und spartanische Abhärtung nahm er auch auf seine
häufigen Reisen mit, welche für sein Gefolge nichts
weniger als Lustpartieen waren. Er wohnte dabei
in Gasthäusern, wurde nie müde, zu sehen und zu
lernen, vermied keineswegs die Berührung mit dem
Volke und verkehrte zwanglos mit allen Klassen
desselben. Ein schöner, für dazumal doppelt schöner Zug
war es, daß er, in einer Stadt angelangt und von der
Bewohnerschaft erkannt und begrüßt, sogleich im Wagen
sich erhob, um stehend und entblößten Hauptes den
Willkomm vonseiten des Volkes entgegenzunehmen.

So war, in flüchtigem Umrisse gezeichnet, Kaiser Josefs Lebensführung. Wer die Hofgeschichten damaliger Zeit kennt, namentlich auch die deutschen, wer die widerliche Reihenfolge gleichzeitiger Fürstlichkeiten, diese Jagdwütheriche, Menschenschinder, Seelenverkäufer, Prasser, Trunkenbolde, Wüstlinge an seiner Erinnerung vorübergehen läßt, der wird verstehen, daß und warum die Persönlichkeit des guten und unglücklichen Kaisers dem Volksgedächtniß unverwischbar sich einprägen mußte.

Ja, des guten und unglücklichen Kaisers, der auch als Mensch, als Gatte und Vater kein Glücklicher gewesen ist. Zwar seine erste, im Oktober 1760 geschlossene Ehe mit der Infantin Isabella von Parma, welche, ohne schön zu sein, graziös und liebenswürdig zu sein verstand, schien eine glückliche werden zu wollen. Josef liebte seine Frau zärtlich, allein Isabella litt an unheilbarer Melancholie und trug sich fortwährend mit Todesgedanken, welche auch nur allzu bald sich verwirklichten, indem die Prinzessin in ihrem zweiten Wochenbett von den Pocken ergriffen wurde und im November von 1763 starb. Ihr zweites Kind, Christine, war ihr im Tode vorangegangen; ihr erstes, Maria Theresia, folgte der Mutter

balb ins Grab. Der junge Witwer litt furchtbar
unter diesen Schicksalsschlägen. Ob, wie eine historisch
nicht erwiesene Sage will, sein Schmerz über den
Verlust der geliebten Isabella noch verschärft oder
vielmehr vergiftet worden sei dadurch, daß seine
Schwester Christine in der wohlmeinenden Absicht,
den niedergeschmetterten Bruder zu trösten und auf=
zurichten, ihm mittheilte, sie wüßte von der Ver=
storbenen selbst, daß dieselbe ihn nie wirklich geliebt
hätte, mag dahingestellt sein. Nur das unablässige
Drängen vonseiten seiner Eltern vermochte Josef, zu
einer zweiten Ehe zu schreiten, und halb willenlos
ließ er sich im Januar von 1765 mit der Prinzessin
Josefa von Baiern verheiraten. Das schlug ganz
übel aus. Der Widerwille, welchen die arme Josefa,
in jedem Sinne ein Opferlamm der „Staatsraison“,
vom Anfang an ihrem Gemahl oder Scheingemahl
einflößte, war so stark, daß Josefs Gutherzigkeit
nicht dagegen aufzukommen vermochte. Er sah es
als eine Erlösung von Unerträglichem an, als Josefa
im Mai 1767 durch die Pocken in ihrer bösartigsten
Gestalt weggerafft wurde, und war durch nichts zu
bewegen, einen dritten Heiratsversuch zu machen.
Verschiedene seiner vertraulichen Briefe bezeugen aber,

daß er den Mangel häuslichen Glückes bitter genug
empfand. Er suchte den ihm ziemlichsten Trost und
Ersatz für dieses ihm versagte Glück darin, daß er
sich mit ganzer Seele der Erfüllung seiner Regenten=
pflichten hingab. Das ist ja das Vorrecht edler
Naturen, daß sie, wann das eigene Glück in Trümmern
liegt, noch für das Glück anderer zu leben, zu denken
und zu sorgen vermögen.

3.

Mammon und Moloch, das goldene Kalb und
der eherne Stier, Geld und Erfolg, das sind die
einzigen Götter, an welche unsere Zeit mit In=
brunst glaubt. Auch eine unsittliche Geschichtschreibung,
wie sie dermalen nur allzu sehr und namentlich in
Deutschland obenauf ist, kniet und räuchert vor diesen
Götzen. Sie thut groß damit, das ethische Princip
aus der Geschichtewissenschaft verbannt zu haben.
Sie hat es glücklich dahin gebracht, die Gegensätze
von gut und bös, recht und schlecht, edel und ge=
mein, hochherzig und niederträchtig in die „Harmonie

wissenschaftlicher Objektivität" aufzulösen und den
Erfolg oder Nichterfolg als einzigen Werthmesser von
Gedanken und Thaten, von Menschen und Dingen anzuerkennen und auszurufen. Sie vergiftet die Jugend,
indem sie in den unerfahrenen Augen derselben den
Unterschied von Recht und Unrecht, Wahrheit und
Lüge, Freiheit und Knechtschaft als „wissenschaftlich
unwesentlich" erscheinen zu lassen sich bemüht und die
jungen Leute förmlich zur charakterlosen Streberei
verleitet und ermuntert. Sie hat in nicht geringem
Grade die moralische Krankheit unserer Zeit mitver-
schuldet. Denn, des Gewissens ledig, wie sie ist, hat
sie mittels ihrer ganzen Gebarung nach Kräften das
Rechtsgefühl geschwächt, das Pflichtbewußtsein unter-
graben, die Begeisterung für das Ideale und den Haß
des Schändlichen lahmgelegt, die Grundsatzlosigkeit für
preiswürdig „objektiv" ausgegeben, die Laxheit und
Leichtfertigkeit der Anschauung und der Lebensführung gefördert.

Eine solche Auffassung und Darstellung der
Geschichte kann dem Kaiser Josef nicht gerecht werden.
Sie hat für ihn nur ein dünkelhaftes Achselzucken.
Er beging ja die unverzeihliche Sünde, kein Glück,
keinen Erfolg zu haben. Hätte er das gehabt, so

würden die Pfaffen des ehernen Stieres „Josef den
Großen" unendlich behallelujahen, über alle seine
Mängel und Mißgriffe „objektiv" hinwegsehen und
mit Napoleon singen und sagen: „Le succès
justifie tout."

Und hatte denn wirklich Josef keinen Erfolg?
Ein Mann, der mehr Schärfe des Blickes und
Urtheils, mehr geschichtlichen Sinn besaß als hundert
schulweise Pedanten, Georg Forster, hat anders gesehen
und geurtheilt. Sein bekannter Ausspruch: „Aus der
Fackel von Josefs Geist ist ein Funke in Oestreich gefallen, der nie erlöschen wird" — enthält eine Wahrheit, welche nur ganz Urtheilslose zu bestreiten sich
versucht fühlen dürften. Allerdings nur ein „Funke".
Aber alles Licht, was seither in Oestreich aufgegangen, aus diesem josefischen Funken ist es ent-
sprungen. Ist das etwa kein Erfolg?

Josefs Beschreiten der politischen Bühne wird
markirt durch seine im März von 1764 erfolgte
Wahl zum „Römischen König", d. h. zum bezeichneten Nachfolger seines Vaters in der deutschen
Kaiserwürde, durch das Kurfürstenkollegium des
deutschen Reiches. Im April fand seine Krönung
zu Frankfurt a. M. statt, welche weitschichtige Haupt-

und Staatsaktion, wie jeder weiß, Göthe aus den
Erinnerungen seiner Knabenzeit ausführlich und an=
ziehend in „Dichtung und Wahrheit" beschrieben
hat. Der Gekrönte selbst nahm dieselbe, wie sein
Briefwechsel darthut, mehr von der heiteren als von
der erhabenen Seite. Er muß in dem anachronisti=
schen Krönungsornat mehr lächerlich als feierlich sich
ausgenommen haben und fühlte das selber ganz gut*).
Konnte er doch, so wie die Sachen im deutschen
Reiche lagen, das ganze Krönungsspektakel nur für
eine Maskerade ansehen. Das deutsche Reich, seit
dem westfälischen Frieden ein sterbendes, war seit dem
hubertusburger ein todtes. Josef hatte, als er nach
dem unerwartet baldigen, im August von 1765 er=

---

*) „Der junge König schleppte sich in den ungeheuren
Gewandstücken mit den Kleinodien Karls des Großen wie in
einer Verkleidung einher, so daß er selbst, von Zeit zu Zeit seinen
Vater ansehend, sich des Lächelns nicht enthalten konnte. Die
Krone, welche man sehr hatte füttern müssen, stand wie ein
übergreifendes Dach vom Kopfe ab. Die Dalmatika, die
Stola, so gut sie auch angepaßt und eingenäht worden, ge=
währte doch keineswegs ein vortheilhaftes Aussehen. Scepter
und Reichsapfel setzten in Verwunderung; aber man konnte
sich nicht leugnen, daß man lieber eine mächtige, dem Anzuge
gewachsene Gestalt um der günstigen Wirkung willen damit
bekleidet und ausgeschmückt gesehen hätte."   Göthe.

folgten Tode seines Vaters aus dem römischen König
zum deutschen Kaiser geworden, ganz zweifellos die
redliche Absicht, dem Reichskadaver neues Leben ein-
zublasen. Aber da war alle Liebesmühe umsonst.
In diesem Moder konnte keine Reformsaat mehr
Wurzel schlagen. Josef mußte bald erkennen, daß
seine deutsche Kaiserschaft nur eine ceremonielle Bedeutung hätte und höchstens dazu ausreichte, dann
und wann einem der kleinsten und wüstesten unter
den deutschen Duodez- oder Sedeztyrannen von damals
einen heilsamen Schrecken einzujagen, und so wandte
er denn Wollen und Thun der Staatsleitung von
Oestreich zu.

Maria Theresia, welche die unruhige Neuerungs-
lust ihres Sohnes gar wohl kannte und scheute, hatte
denselben von einer thätlichen Betheiligung an den
Staatsangelegenheiten bislang möglichst fernzuhalten
gesucht und gewußt. Nun aber, durch den Tod
ihres Gemahls, über dessen Flattereien sie großmüthig
hinweggesehen, so tief gebeugt, daß sie ihren heiteren
Sinn als Frau und ihren Muth und ihre Kraft als
Herrscherin nie mehr völlig zurückgewann, suchte sie
nach einer Stütze, und die nächste und naturge-

mäßeſte war ihr Sohn Joſef, welchen ſie darum
förmlich und feierlich zum Mitregenten annahm.

Das war ein unerquickliches und nicht ſelten
geradezu peinliches Verhältniß von Anfang an, was
ſich ſofort herausſtellte, wenn der Mitregent Oeſtreichs
ſeine Rolle ernſthaft zu nehmen Miene machte.
Zugleich mit der Bekanntmachung des Mitregentſchafts-
patentes begann die heimliche Minirarbeit und das
offene Widerſtreben, welche mitſammen ſchließlich das
Herz des Kaiſers brachen und ſein Werk vernichteten.
Alles, was bisher von den Mißbräuchen der Staats-
und Kirchenverwaltung gelebt und ſich gemäſtet hatte,
verſchwor ſich gegen den Neuerer Joſef, welcher es
wagte, in das ungeheure öſtreichiſche Drohnenneſt
der Faulheit, des Schlendrians und des Wohllebens
mit reformatoriſcher Hand einzugreifen. Alle die
aufgeſtörten oder auch nur mit Aufſtörung bedrohten
bureaukratiſchen, hierarchiſchen und ariſtokratiſchen
Drohnen wurden zu Wespen, zu Horniſſen wider
den Kaiſer, der es verſuchte, ſie aus dem Halb-
ſchlummer träger Genüſſlichkeit zum Denken und
Schaffen für das allgemeine Beſte, zur Arbeit, zum
Fleiß, zur Pflichttreue zu rufen. Kanzlei, Sakriſtei
und Kaſerne verbündeten ſich gegen ihn und das

Hofungeziefer aller Grade und Sorten kam mit den
Nadelſtichen giftiger Bosheit den Keulenſchlägen zur
Hilfe, welche Kamaſchenhelden, Bonzen und Schreib=
ſtubenmatadore zu führen unternahmen. Den ver=
einigten Gegnern Joſefs gelang es ſehr bald, ſeine
Mutter auf die doch immerhin ſehr beſcheiden und
rückſichtsvoll gehandhabte Mitregentſchaft ihres Sohnes
eiferſüchtig zu machen, und in Folge deſſen ſtand ſie
nicht an, Joſefs Thätigkeit nach Möglichkeit einzu=
ſchränken, ja wohl auf gewiſſen Gebieten ganz brach=
zulegen. Mit Recht darüber ungehalten, zog er ſich
zeitweilig ganz von den Geſchäften zurück oder ſuchte
ſeinen Kummer auf Reiſen zu vergeſſen. Allbekannt
iſt, welches Erſtaunen die Einfachheit, Mäßigkeit und
Lernbegierde des Grafen von Falkenſtein — unter
dieſem Namen pflegte der Kaiſer im Auslande zu
reiſen — im Jahre 1777 am Hofe von Verſailles
und in der ſchon dem großen Revolutionskrach ſich
zuſchwindelnden pariſer Geſellſchaft erregten, ſowie,
daß er die Unbeſonnenheit und Verſchwendungsſucht
ſeiner Schweſter, der Königin Marie Antoinette, ganz
offen tadelte. Acht Jahre zuvor, 1769, war er in
den Straßen von Rom vom Volke mit dem Rufe:
„Evviva il imperatore!“ begrüßt worden und hatte

10*

den Kardinal Ganganelli als Papst Klemens den
Vierzehnten aus dem Konklave hervorgehen gesehen.

In demselben Jahre 1769 hatte er seine berühmte Zusammenkunft mit Friedrich dem Großen zu
Neisse in Schlesien, gegen welche Zusammenkunft der
Groll Maria Theresia's sich lange gesträubt. Hätten
glücklichere Sterne über Deutschland gestanden, so
würde sich aus dieser Begegnung der beiden Fürsten
und aus einer zweiten, welche ein Jahr später zu
Mährisch-Neustadt stattfand, wohl ein aufrichtiges
Einvernehmen zwischen Oestreich und Preußen entwickelt haben. Es sollte nicht sein und hundert und
etliche Jahre mußten noch vergehen, die furchtbarsten
Krisen und Katastrophen, Kämpfe und Leiden mußten
die beiden Staaten noch durchmachen, bevor ein
solches Einvernehmen möglich wurde. Josefs Hast
und Vorschnelligkeit wird deutlich aufgezeigt in den
vertraulichen Berichten an seine Mutter über das
Zusammentreffen mit Friedrich, welchen er zweifelsohne bewunderte und über den er dennoch sehr un-
günstig urtheilte. „Der König" — schrieb er —
„hat uns mit Höflichkeit und Freundschaft überhäuft,
aber alle seine Vorschläge lassen herausfühlen, daß
man es mit einem Schelm zu thun hat. Ich glaube,

daß er den Frieden wünſcht, aber nicht aus gutem
Herzen, ſondern weil er ſieht, daß er einen Krieg nicht
mit Vortheil führen könnte.“

Friedrich ſeinerſeits urtheilte viel beſonnener
und auch viel wohlwollender. „Ich bin“ — ſchrieb
er im September von 1770 an Voltaire — „in
Mähren geweſen und habe da den Kaiſer beſucht,
der ſich anſchickt, in Europa eine große Rolle zu
ſpielen. Er iſt an einem bigoten Hofe aufgewachſen
und hat den Aberglauben abgeſtreift; er iſt im Pomp
und Prunk auferzogen und hat einfache Sitten angenommen; er wurde mit Weihrauch großgenährt
und er iſt beſcheiden; er glüht von Ruhmbegierde
und opfert ſeinen Ehrgeiz der kindlichen Pflicht; er
hat nur Pedanten zu Lehrern gehabt und beſitzt
doch Geſchmack genug, Voltaire's Werke zu leſen und
zu ſchätzen!“

Von hochpolitiſcher, aber auch tieftrauriger Natur
war die Reiſe, welche der Kaiſer im Juni von 1780
nach Rußland unternahm, um in Mohilew mit
Katharina der Zweiten zuſammenzutreffen, die per-
ſönliche Bekanntſchaft der „Semiramis des Nordens“
zu machen und, wenn immer möglich, die Zarin
von dem Bündniß mit Preußen abzuwenden und zu

einer Allianz mit Oeſtreich herüberzuziehen. Man
muß der greiſen Maria Thereſia nachrühmen, daß
ſie ganz entſchieden gegen dieſe Reiſe und gegen
dieſes Projekt war. Aber Joſef brannte darauf und
ließ ſich nicht abhalten. „Ich kann nicht leugnen" —
ſchrieb er an Laſcy — „daß ich neugierig bin, dieſe
Bekanntſchaft zu machen. Könnte ich dadurch die
Galle des geliebten Friedrichs ſo aufregen, daß er
daran umkommen würde!"

Ja, das war's. Der unſelige Dualismus
zwiſchen Oeſtreich und Preußen, deſſen einzelne
Phaſen und Metamorphoſen Deutſchland allzeit ſo
ſchwer zu büßen hatte, regte ſich wieder einmal mit
ſeiner ganzen Schärfe. Joſefs Reiſe nach Mohilew
bezeichnete den Beginn vom Wettlauf des wiener
Hofes mit dem berliner um die Gunſt der Zarin,
deren ſkrupelloſe, geradezu dämoniſche, infernaliſche
Schlauheit Oeſtreich geradeſo zur Förderung ihres
„türkiſchen Projektes" zu benützen verſtand, wie ſie
Preußen zur Förderung ihres „polniſchen Projektes"
vorzuſpannen verſtanden hatte. Es iſt wahr, zu
einer ſolchen faſt kriechenden Unterwürfigkeit, zu
einer ſo widrig=ſüßlichen Schmeichelei, wie Friedrich
ſie der Semiramis von der Newa gegenüber ver=

ſchwenderiſch bezeigte, hat Joſef ſich nicht entwürdigt.
Aber doch ließ er ſich von der Zarin mittels Vor=
ſpiegelung einer Theilung der Türkei zwiſchen Ruß=
land und Oeſtreich ſchließlich in einen Krieg mit den
Türken hineingaukeln, welcher für ihn und für Oeſtreich
ſo opfervoll und unglücklich wurde und nur den
ruſſiſchen Intereſſen diente.

Es iſt nur zu gewiß und bildet eins der jammer=
vollſten Kapitel der von ſolchen Kapiteln ſtrotzenden
Geſchichte Deutſchlands, daß die Wettbuhlerei des
berliner und des wiener Hofes um die Freundſchaft
— gerechter Gott, die „Freundſchaft"! — des Zaren=
thums dieſes erſt recht groß, mächtig, ländergierig
und völkerfreſſeriſch gemacht und jene lange und un=
ſelige Abhängigkeit unſeres Landes von den Intereſſen,
ja von den Launen dieſes Zarenthums verſchuldet hat,
von welcher man jetzt annehmen darf, daß ſie endlich
aufgehört habe.

Daß Kaiſer Joſef in die gewiſſenloſen Tenden=
zen der Kabinettspolitik von damals mit leidenſchaft=
licher Haſt eingegangen, das iſt die ſchwärzeſte Makel
an ihm, eine Makel, welche nur Unwiſſenheit oder
reptiliſche Geſchichtefälſchung zu vertuſchen oder gar

wegzuwiſchen ſich verſucht fühlen könnten. Joſef
war ein geradezu leidenſchaftlicher Betreiber der erſten
Theilung von Polen, welche mittels des Ueberein⸗
kommens zwiſchen Rußland, Preußen und Oeſtreich
vom Auguſt 1772 zur diplomatiſchen und ein Jahr
ſpäter mittels der ſchnöden Vergewaltigung des pol⸗
niſchen Reichstages zur vollendeten Thatſache wurde.
Die Gerechtigkeit will, daß man ſage: Wie der Nutzen,
ſo iſt auch die Verſchuldung Joſefs bei dieſem Raub⸗
geſchäfte großen Stils größer geweſen als die Friedrichs.
Dieſer konnte wenigſtens zu ſeiner Entſchuldigung
Triftiges vorbringen. Durch des großen Königs
Walten im Krieg und Frieden war Preußen eine
europäiſche Macht geworden, aber eine Großmacht,
welche bedenklich einer auf ihre Spitze geſtellten
Pyramide glich. Es galt, der Pyramide eine beſſere,
eine breitere Baſis zu geben. Es mußte — falls
Friedrich ſein eigenes Werk nicht zerſtören wollte,
und wie konnte er das wollen? — das ſchreiende
Mißverhältniß zwiſchen der militäriſch ⸗ politiſchen
Stellung und Bedeutung Preußens und der materiell⸗
territorialen Unterlage dieſer Stellung und Bedeutung
wenigſtens annähernd ausgeglichen werden. Dieſe
Ausgleichung mittels einer Vergrößerung des preußi⸗

ſchen Staates durch Theile des von ſeinen Junkern
und Pfaffen zu Grunde gerichteten, in der Agonie
der Anarchie röchelnden Polens zu bewerkſtelligen, dazu
lag die Verſuchung ſehr nahe. Joſef dagegen konnte
eine ſolche Entſchuldigung nicht für ſich anführen.
Das Ländergebiet Oeſtreichs war wahrlich groß genug,
um eine Großmacht zu ſein. Der öſtreichiſche Staat
hätte weit mehr der inneren Feſtigung, Civiliſirung
und Entwickelung bedurft als der Vergrößerung nach
außen. Maria Thereſia's Rechtsgefühl empörte ſich
vergeblich gegen das polniſche Raubgeſchäft, und
wenn ſie dem ſtürmiſchen Drängen ihres Sohnes und
dem beharrlichen ihres Miniſters Kaunitz ſchließlich
wich, ſo that ſie es doch nicht, ohne in ihrem bezüg=
lichen Handbillet an den letzteren der Welt ein un=
widerſprechliches Zeugniß zu hinterlaſſen, daß es
ſich um ein Verbrechen handelte, welches zugleich ein
großer politiſcher Fehler war. „In dieſer Sach, wo
nit allein das offenbare Recht himmelſchreiet wider
uns, ſondern auch alle Billigkeit und die geſunde
Vernunft wider uns iſt, mueß bekennen, daß zeit=
lebens nit ſo beängſtiget mich befunden und mich
ſehen zu laſſen ſchäme.“ Friedrich hat ſich freilich
über die Bedenken und die Scham der Kaiſerin in

nicht eben feiner Weiſe luſtig gemacht*). Allein heute
darf man wohl die Frage aufwerfen, ob Maria
Thereſia hinſichtlich der Theilung Polens nicht richtig
geſehen und gefühlt habe. Höfiſche Schreibſklaven,
welche alles zu rechtfertigen wiſſen, was man ſie recht=

---

*) Dem Zeugniſſe des Landgrafen Karl von Heſſen=Kaſſel
zufolge, welcher während des bairiſchen Erbfolgekrieges viel
um den alten Fritz war und welchem der König eines Tages
in Jägerndorf bei Tiſche inbetreff der Theilung Polens dieſe
Mittheilung machte: — „Benoit (preußiſcher Geſandter in
Warſchau) hatte in Polen alte Anſprüche entdeckt, von welchen
er wollte, daß ich ſie zur Geltung bringen möchte. Ich ließ
ſie unterſuchen, und da ich ſie nicht unbegründet fand, baute
ich meinen Plan darauf. Die Kaiſerin von Rußland nahm
ihn alsbald an, aber Maria Thereſia war viel zu gewiſſenhaft,
darauf einzugehen. Ich ſchickte darauf Edelheim nach Wien,
den Beichtvater zu gewinnen, welcher dann Maria Thereſia
überzeugte, daß ſie wegen ihres Seelenheils genöthigt ſei, den
Theil (von Polen), der ihr beſtimmt war, anzunehmen.
Darauf fing ſie an ſchrecklich zu weinen. Unterdeſſen drangen
die Truppen der drei Theilhaber in Polen ein und bemächtig=
ten ſich ihrer Antheile; Maria Thereſia unter beſtändigem
Weinen. Aber plötzlich hörten wir zu unſerer großen Ueber=
raſchung, daß ſie viel mehr genommen hätte als den ihr be=
ſtimmten Theil; denn ſie weinte und nahm ohne Aufhören,
und wir hatten viele Mühe, daß ſie ſich mit ihrem Antheil am
Kuchen zufrieden gab." Denkwürdigkeiten des Landgrafen
Karl von Heſſen=Kaſſel. Von ihm ſelbſt diktirt. Heraus=
gegeben von K. Bernhardi (1866), S. 125.

fertigen heißt, sagten und sagen freilich: Falls Oestreich
und Preußen nicht mitgethan, so hätte Rußland den
polnischen Raub allein eingesackt. Und wenn? fragen
dagegen das „offenbare Recht" und die „gesunde Vernunft". Wäre es etwa ein Unglück für Deutschland,
für Oestreich, für Europa, wenn Rußland den ganzen
polnischen Pfahl in seinem Fleische stecken hätte?

4.

Unerquicklich also, sahen wir, war die Mitregent-
schaft Josefs, aber unersprießlich war sie trotz allen
ihr bereiteten Hindernissen doch nicht. Die Reihe
der während ihrer Dauer angehobenen und durchgeführten Reformen beweis't das klärlich. Der in
dem Sohn arbeitende neuzeitliche Gedanke war kräftig
genug, der widerstrebenden, widerwilligen, häufig gegen
Josef arg verhetzten Mutter eine Einräumung nach
der andern abzuringen, und so konnte denn die Ent-
mittelalterlichung Oestreichs ernstlich beginnen. Der
Staatsrath, die oberste Centralbehörde der Monarchie,
erhielt i. J. 1774 eine auf Josefs Vorschlägen be-

ruhende neue Organisation, welche denselben befähigte,
die reformatorischen Ideen des Kaisers hinsichtlich der
Verwaltung, des Justizwesens und der Staatsfinanzen
wenigstens theilweise der Verwirklichung entgegenzu=
führen. Man begann denn doch den Odem des
Jahrhunderts der Aufklärung auch in Oestreich zu
spüren. Schon i. J. 1767 war das „Verbrechen
der Ketzerei" aus dem Strafkodex gestrichen worden.
Am Schlusse von 1775 wurde die „peinliche Frage",
die „Tortur", die Folterung abgeschafft und Maria
Theresia's Mitregent ließ in seinem hochfliegenden
Optimismus sogar schon das Problem einer theilweisen
oder ganzen Beseitigung der Todesstrafe in Berathung
nehmen. Auch in das tiefe kirchliche Dunkel fielen
einige Lichtstralen hinein. Im Jahre 1768 wurde
die Besteuerung des ungeheuer großen geistlichen Be=
sitzes durchgesetzt; im folgenden Jahre erfuhr das
überwuchernde Bruderschaftswesen eine Beschränkung,
ebenso die allzu häufige Veranstaltung von Pro=
cessionen. Wieder ein Jahr später ergingen Ver=
fügungen, welche die Leistung geistlicher Ordensge=
lübde vor erreichtem 24. Lebensjahre verboten, das
Strafrecht der Ordensoberen beschnitten, die scheu=
säligen Klosterkerker beseitigten, die Erwerbungen der

„todten Hand" einſchränkten und die geiſtliche Erb-
ſchleicherei erſchwerten. Vom Jahre 1773 an arbeitete
Joſef an der Durchſetzung des großen Grundſatzes
religiöſer Duldſamkeit, allein von der Räthlichkeit und
Nützlichkeit der Toleranz vermochte er ſeine Mutter
und Mitregentin nicht zu überzeugen. Dagegen gewann er derſelben, obzwar nur nach langem und
ſchwerem Ringen, die Einwilligung zur Aufhebung
der von ihr ſo hochverehrten „Geſellſchaft Jeſu" ab,
alſo die Zuſtimmung zu jener großen von den katholiſchen Höfen getroffenen Maßregel, welche kultur-
geſchichtlich den Höhepunkt bezeichnet, bis zu welchem
innerhalb des Bereiches der katholiſchen Kirche die
Aufklärung und die Thatkraft des „erleuchteten Despotismus" hinan zu gelangen vermochten. Der Jeſuitenorden war ſeit dem Koncil von Trient der eigentliche
Träger der mittelalterlichen Idee geweſen, der Staat
müßte der Kirche untergeordnet ſein. Die Entwickelung der modernen Kultur hatte aber dieſe Idee zu
einer unerträglichen Ungeheuerlichkeit gemacht. Sie
mußte abgeworfen werden, wenn die europäiſche Geſellſchaft nicht ſtillſtehen und verſumpfen wollte. Dieſer
Einſicht verſchloß man ſich zuletzt ſelbſt im Vatikan
nicht mehr und am 11. Juli von 1773 erließ Papſt

Klemens der Vierzehnte (Ganganelli) die berühmte
Bulle „Dominus ac redemptor noster", kraft welcher
die Geſellſchaft Jeſu im Umfange der ganzen Chriſten=
heit aufgehoben wurde.   Der Jeſuitismus war damit
und dadurch freilich nicht beſeitigt; aber es kennzeichnet
die entſetzliche Erſchöpfung, Ermattung und Verdum=
pfung, in welche die Völker durch die ungeheuren An=
ſtrengungen und Leiden der Revolutions= und Napo=
leonszeit geworfen wurden, daß einundvierzig Jahre
nach jenem Julitag von 1773 ein anderer Papſt,
Pius der Siebente, kraft ſeiner am 7. Auguſt von
1814 erlaſſenen Bulle „Sollicitudo omnium" den
Jeſuitenorden wieder herſtellen, ja ſogar dieſe Her=
ſtellung für einen nahezu einſtimmigen Wunſch der
Chriſtenheit ausgeben konnte und durfte. . . . Weiter
ſind zwei Reformen zu betonen, welche noch während der
Mitregentſchaft Joſefs angebahnt worden ſind: die Ver=
beſſerung des geſammten Schul= und Unterrichtsweſens
auf allen Stufen und die Erleichterung der Bauer=
ſchaft von dem qualvollen Druck des Feudalſyſtems.
Von einer gänzlichen Erlöſung von dieſem furcht=
baren „Syſtem wohlerworbener Rechte" konnte noch
keine Rede ſein, aber ſchon die „Erleichterung" mußte
als eine unermeſſliche Wohlthat angeſehen werden zu

einer Zeit, wo ein Mitglied des östreichischen Staats-
rathes bei Gelegenheit der Robotregelung im östreichischen Schlesien auszurufen sich gedrungen fühlte:
„Mit Staunen, ja mit wahrem Grausen und pein-
licher Rührung ersieht man das äußerste Elend, in
welchem der arme Unterthan durch die Bedrückung
vonseiten seiner Grundherren schmachtet." Josef,
welcher gar wohl wußte, daß eine kräftige Bauersame
die einzige zuverlässige Grundlage eines gedeihlichen
Staatswesens sei, darf der Bauernfreund genannt
werden, und er mühte sich redlich ab, auch der Bauern-
befreier zu sein. Daher die Wuth des Hasses, von
welcher weltliche und geistliche Feudalherren gegen den
Kaiser glühten.

Maria Theresia starb am 29. November 1780.
Ihre letzten Lebensjahre waren noch beunruhigt worden
durch den freilich nicht sehr ernsthaft geführten sogenannten baierischen Erfolgkrieg, welchen Josefs
ungestümes Verlangen nach dem Besitze von Baiern
und Friedrichs argwöhnische Wachsamkeit herbeige-
führt hatten. Die Kaiserin ermannte sich noch einmal zur souveränen Handhabung ihrer Macht und
Gewalt und schloß über den Kopf ihres grollenden
Sohnes hinweg im Mai von 1779 zu Teschen den

nach diesem Orte benamseten Frieden mit ihrem alten Feinde, dem Preußenkönig. Diese seltene Frau hat bis zu ihrem Todestag alle ihre Pflichten nach bestem Wissen und Gewissen erfüllt und ist mit heldischer Fassung gestorben. Als sie die letzte Ein- schlummerung herannahen fühlte, sagte sie zu ihren Frauen: „Laßt mich nicht schlafen; denn ich will den Tod kommen sehen und ihm so fest, als ich ver- mag, in die Augen blicken." Als die Botschaft von ihrem Hinscheiden nach Potsdam gelangte, sagte Friedrich: „Die Kaiserin ist nicht mehr, eine neue Ordnung der Dinge beginnt." Dann ließ der König in seinem Kabinett eine Büste Josefs aufstellen und bemerkte: „Das ist ein junger Mann*), auf welchen man ein Augenmerk haben muß. Hat Kopf, könnte viel ausrichten. Schade nur, daß er immer den zweiten Schritt thut, bevor er den ersten gethan hat." Ein meisterliches Urtheil und, leider, auch ein prophe- tisches Wort!

Josef war jetzt Selbstherrscher und eilte, der Welt zu zeigen, daß und wie er es wäre. Von der wiener Hofburg ging alsbald ein Reformsturm aus,

---

*) Der „junge Mann" war übrigens 39 Jahre alt. Der alte Fritz bemaß eben Josefs Alter nach seinem eigenen⸗

welcher vieles, geradezu vieles Beſte von dem, was
die Franzoſen etliche Jahre ſpäter mittels einer
blutigen Revolution erringen mußten, den Völker=
ſchaften Oeſtreichs als ein kaiſerliches Geſchenk dar=
bot. Warum wurde dieſes herrliche Geſchenk nur mit
Mißmuth hingenommen, nur mit Undank erwidert?
Weil man die Völker zur Vernunft und Freiheit
gerade ſo wenig zwingen kann wie die Menſchen zur
Liebe. Sodann, weil doch eigentlich niemand in
Oeſtreich auf ein ſolches Reformwerk recht vorbereitet
geweſen iſt, und demnach dem kaiſerlichen Reformer,
der im Grunde mehr ein Revolutionär zu nennen
war, ein Mittel und Werkzeug nach dem andern ver=
ſagte und ihm ſchließlich auch die eigene Kraft viel
zu vorzeitig ausging. Endlich, weil er in Tagen
ſchaffen wollte, wozu es Jahre, in Jahren, wozu es
Jahrzehnte gebraucht hätte, in einem Jahrzehnt,
wozu ein Jahrhundert erforderlich geweſen wäre.

Das Programm, womit der Kaiſer ſeine Allein=
und Selbſtregierung eröffnete: „Ein Reich, das ich
regiere, muß nach meinen Grundſätzen beherrſcht,
Vorurtheil, Fanatismus, Parteilichkeit, Sklaverei des
Geiſtes unterdrückt und jeder meiner Unterthanen in
den Genuß ſeiner angeborenen Freiheit geſetzt werden"

Scherr, Vom Zürichberg.   11

— dieſes Programm hat er treulich eingehalten und
an der Verwirklichung deſſelben hat er ruhelos mit
Herz und Hirn und Hand gearbeitet, ja dafür nicht
nur ſein perſönliches Glück und Behagen, ſondern
auch ſein Leben ſelbſt hinzugeben kein Bedenken ge=
tragen. Aber den Despoten, und wenn auch den
„erleuchteten" Despoten konnte weder Joſefs Pro=
gramm — „mein Reich muß nach m e i n e n Grund=
ſätzen beherrſcht werden" — noch deſſen Ausführung
verleugnen. Einer der edelſten Dichter unſeres Jahr=
hunderts, Anaſtaſius Grün, hat am Fuße von des
Kaiſers Erzbild geſungen:

„Ein Despot biſt du geweſen! Doch ein ſolcher wie der Tag,
Deſſen Sonne Nacht und Nebel neben ſich nicht dulden mag.
Ein Despot biſt du geweſen! Doch fürwahr ein ſolcher bloß
Wie der Lenz, der Schnee und Kälte treibt zur Flucht
                                    erbarmungslos —"

und gewiß iſt das ebenſo wahr als ſchön geſagt.
Allein mit ſchönklingenden Verſen treibt man nicht die
weltgeſchichtliche Thatſache zur Flucht, daß der dem
erleuchteten Despotismus anhaftende, ſogar in ſeinem
beſten Wollen und Vollbringen anhaftende Fluch auch
an Joſef ſich erfüllte. Dieſer Fluch aber war das
Allesbeſſerwiſſenwollen, die dünkelhafte Mißachtung

des historisch Gewordenen und Gegebenen, das zu=
dringliche Hineinregieren in alles und jedes, das
abstrakte Generalisiren und Schablonisiren, die ge=
waltsame Gleichmacherei. Gewiß, es bedurfte, um
Oestreich aus seiner so langen geistigen, materiellen
und socialen Versumpfung herauszureißen und auf
die Vorschrittsbahn zu stellen, einer eisernen Hand,
ja, sagen wir es nur geradeheraus, einer eisernen
Despotenhand. Aber diese Eisenhand hätte mit einem
Sammethandschuh bekleidet sein sollen. Das war
Josefs Hand nicht. Es hieße überhaupt Schönfärberei
treiben, so man verschweigen wollte, daß Josef zur
Zeit, wo er zur Alleinregierung kam, keineswegs
mehr der naivjugendliche Schwärmer von früher mit
ungetrübtem Seelenspiegel gewesen ist. Was er als
Mitregent seiner Mutter hatte durchmachen, verbergen,
verbeißen müssen, war ihm zu einer Schule der Ver=
bitterung geworden. Mißtrauen und Argwohn hatten
sich in ihm festgesetzt und verleiteten ihn häufig, das
einzelnen Personen oder den Menschen im allge=
meinen schuldzugeben, was nur die Schuld der Ver=
hältnisse war. Daher seine oft so verletzend schneidende
Sprache und sein maßloses Drauf= und Dreinfahren.
Er wußte wohl zu handeln, aber er verstand nicht,

zu motiviren, vorzubereiten und annehmlich zu machen.
Weil er ſelbſt zielbewußt war, wähnte er, alle Leute
müßten die guten Ziele, denen er ſie entgegentreiben
wollte, ebenſo deutlich erkennen wie er.

Und doch, trotz alledem und allediesem, war
Joſef für Oeſtreich der große Lichtbringer und Luft=
ſchaffer. Mochten ſelbſt die beſten ſeiner Entwürfe
an der Ueberſtürzung in der Aus= und Durchführung
von vornherein theilweiſe ſcheitern, büßten auch die
größten ſeiner Maßnahmen durch die Mangelhaftig=
keit der Inſceneſetzung, ſowie durch die Beſchränkt=
heit und das Uebelwollen der damit beauftragten
Beamtenſchaft nicht ſelten gerade die wohlthätigſte
Seite ihrer Wirkſamkeit ein, ſo bleibt doch ganz un=
beſtreitbar wahr, daß, wie ich anderwärts geſagt und
nachgewieſen*), des Kaiſers reformatoriſche Unter=
nehmungen und Veranſtaltungen: — die Brechung
des Geiſterzwanges mittels des „Cenſuredikts" von
1781, die bürgerliche Gleichſtellung der Proteſtanten
mit den Katholiken mittels des preiswürdigen „Toleranz=
edikts" von 1781, die Aufhebung der bäuerlichen
Leibeigenſchaft, die Ablösbarkeit der Robot, die Her=

---

*) Blücher; ſeine Zeit und ſein Leben, 2. Aufl. I, 57.

beiziehung aller Staatsangehörigen zur Mitträger-
schaft der Staatslasten („Steueredikt" von 1789),
die Reform der Civilgesetzgebung und der Strafrechtspflege („Civilgesetzbuch" von 1786 und „Kriminal-
gesetzbuch" von 1787), die Aufhebung von mehr als
700 Klöstern, die Förderung der Volksbildung durch
Schuleinrichtungen, die Gründung und Ausstattung
höherer Lehranstalten und humaner Heilstätten aller
Art — zu den edelsten Kulturthaten nicht nur des
18. Jahrhunderts, sondern aller Jahrhunderte gezählt
werden dürfen und müssen. Es ist durch diese
Josefsthaten in den klafterdicken altöstreichischen
Zwinger, aufgemauert aus Volksdummheit, Junker-
selbstsucht und Pfaffenhochmuth, denn doch eine Bresche
gelegt worden, so klaffend, daß sie nie wieder ganz
vermauert werden konnte, wie sehr man sich auch nach
Josefs Hingang die Wiedervermauerung angelegen
sein ließ.

Man muß den vorjosefischen Geisterzwang in
Oestreich kennen, man muß wissen, daß ein Zeitgenosse des Kaisers, Sonnenfels, zu der Frage und Anklage sich berechtigt fühlte: „War es ein Wunder,
wenn es da so lange Nacht blieb, wo man aus Plan
und Absicht den Tag ausschloß?" um zu verstehen,

daß und inwieweit Josefs Censuredikt von 1781 ein wahrhaft hochsinniger Akt der Befreiung gewesen ist. Es war für dazumal ein im besten Sinne frei= sinniges Gesetz, wie schon der Paragraph 3 desselben darthun kann*). Die schöpferische Wirkung zeigte sich alsbald. In Wissenschaft, Kunst und Literatur regte es sich denkend und schaffend. Ein Geister= frühling brach an, wie solchen Oestreich zuvor noch nie gesehen, und es war nicht die Schuld des hoch= herzigen Befreiers, daß nach seinem Verschwinden die Blüthen dieses Frühlings, bevor sie zu Früchten reifen konnten, durch den eisigen Wirbelwind einer brutalen Rückwärtserei von den Zweigen gerissen wurden. Josefs Duldsamkeit erstreckte sich bekannt= lich, wie auf die nichtkatholischen Christen, so auch auf die Juden und die Freimaurer. Sein Juden= patent von 1782 markirt eine sehr wichtige Station auf dem Wege zur Judenemancipation. Die Frei=

---

*) „Kritiken, wenn es nur keine Schmähschriften sind, sie mögen nun treffen, wen sie wollen, vom Landesfürsten bis zum Untersten, sollen, besonders wenn der Verfasser seinen Namen dazu drucken läßt und sich also für die Wahrheit der Sache dadurch als Bürgen darstellt, nicht verboten werden, da es jedem Wahrheitsliebenden eine Freude sein muß, wenn ihm solche auf diesem Wege zukommt."

maurerei sah Josef nur für eine gesellig gestaltete
Auszweigung der aufklärerischen und humanitären
Tendenzen des Jahrhunderts an, wobei er nicht an=
stand, das Ceremoniell der Brüderschaft als „Gaukelei"
zu bezeichnen. Mittels Kabinettschreibens vom De=
cember 1785 stellte er die Freimaurer unter den
Schutz des Staates.

Die Klösteraufhebungen haben das wildeste
Bonzengegrunze gegen den Kaiser hervorgerufen,
obzwar die aktenmäßig festgestellte Verrottung dieser
Faulstätten die kaiserliche Maßregel vollständig recht=
fertigte, ja nothwendig machte. Denn, wohlver=
standen, Josef, welcher ja bis an sein Lebensende
in allem Wesentlichen ein gläubiger Katholik war
und blieb, unterschied scharf zwischen Klöstern und
Klöstern. Kraft seiner Resolution vom 29. November
1781 verwarf er nur „diejenigen Orden, welche dem
Nächsten ganz und gar unnütz sind und darum auch
nicht gottgefällig sein können, also diejenigen Orden,
welche keine Jugend erziehen, keine Schule halten,
keine Kranken pflegen, sondern, sowohl männliche
als weibliche, bloß vitam contemplativam führen",
d. h., kurzweg deutsch gesagt, faulenzen, wobei noch
zu bemerken, daß diese Faulenzerei natürlich nur auf

Kosten der gläubigen Dummheit des Volkes vegetiren
konnte. Selbstverständlich hat das 19. Jahrhundert
Kaiser Josefs „Sacrilegium" wieder vollauf „gutgemacht". _ Oesterreich ist ja heutzutage wieder so
glücklich, sich ein Klösterreich nennen zu dürfen.

Der Grundgedanke von Josefs Reichsregiment
war die Staatseinheit. Wollte er diese — und
warum sollte er sie denn nicht wollen? — so konnte
er sie nur auf der Basis deutscher Bildung und
Sprache planen und anstreben. Allerdings war der
Kulturgrad der Deutsch-Oestreicher von dazumal nur
ein sehr mäßiger; aber wo war denn — so wir von
den östreichischen Niederlanden und der Lombardei ab-
sehen — in den östreichischen Ländern zu jener Zeit,
wo war in diesem Gemengsel von Bevölkerungen,
welche man damals noch nicht „interessante" nannte,
sondern nur als halb oder auch ganz barbarische kannte,
überhaupt eine andere Kultur zu finden als die deutsche?
Man hat nachmals den josefischen Staatseinheitsge-
danken aufgegeben und hat an die Stelle einer folge-
richtigen Weiterverwirklichung desselben „autonomi-
stische" Experimente gesetzt. Es dürfte jedoch sehr frag-
würdig sein, ob es dann, wann diese Experimente zu
ihren Zielen gelangt sind, noch ein Oestreich geben werde.

Die große Verfehlung des Kaisers in Führung der auswärtigen Politik ist bereits berührt worden. Bei der ungeheuren Schwierigkeit des von ihm kühn unternommenen inneren Reformwerkes, welches ein viel längeres Leben als das seinige vollauf ausgefüllt haben würde, hätte er sich doppelt hüten sollen, in die Rolle eines Eroberers und Ländererwerbers sich hineinzuträumen. Er war kein Feldherr und er war kein Diplomat, was er doch beides im hohen, im höchsten Maße hätte sein müssen, um es mit denen aufnehmen zu können, mit welchen er es bei den Versuchen, seine Träume zu verwirklichen, zu thun hatte, mit Friedrich von Preußen und Katharina von Rußland. Vielleicht darf man, die Sachen nicht politisch, sondern menschlich angesehen, auch sagen, daß Josef zu gut gewesen sei, um mit jenem gekrönten Aufklärer höchster Potenz und mit dieser gekrönten Aufklärungsheuchlerin tiefster Abgefeimtheit wettlaufen zu können. Friedrich und Katharina behandelten die Menschen, wie diese es verdienten und behandelt sein wollten, d. h. sie verblendeten, verbrauchten und verachteten dieselben, und hatten darum Glück und Erfolg, wurden bestaunt und bewundert. Josef glaubte an die Menschen, liebte sie und behandelte sie so, als

wären sie sammt und sonders so idealistisch gestimmt,
so wohlmeinend, redlich, pflichttreu und aufopfernd
wie er selber, und darum misslang ihm schließlich alles
und wurde er verkannt, verketzert und gehaßt. Eine
Politik, die etwas ausrichten, etwas Dauerndes schaffen
will, darf sich niemals die Denkfaulheit des unteren
und die Selbstsucht des oberen Pöbels zugleich zu
Feindinnen machen.

Josef hielt die Menschen und die Völker für viel
besser, als sie waren, sind und sein können. Sie
gaben ihm schmerzlich zu fühlen, daß und wie sehr
er sich getäuscht. Der Abend seines Daseins war
voll von Bitternissen. Er mußte Abfall und Em=
pörung ernten, wo er Völkerglück gesät zu haben
glauben durfte. Er sah sich von Feindseligkeit,
Drohung und Aufruhr überall umbräut, sah sich
gezwungen, die eigene Hand zerstörerisch an den von
ihm unternommenen Reichsbau zu legen. Eine seiner
Lieblingsschöpfungen nach der andern mußte er stocken,
zerbröckeln, zusammmenstürzen sehen. Sein Sterbe=
bett stand inmitten der Trümmer seines Werkes.
Aber bis zur letzten Stunde hat der gewissenhafte
„Staatsverwalter“, wie er sich selber zu nennen liebte,
seine Schuldigkeit gethan: noch in der letzten Nacht

seines Lebens hat er bis um 10 Uhr mit seinen Sekretären Regierungsgeschäfte erledigt. Sieben Stunden später, im Frühmorgen des 20. Februars von 1790, ist der schwergeprüfte Mann gestorben. Unverstand, Niedertracht und Bosheit hatten die Nachricht von seiner tödtlichen Erkrankung mit unverhohlener Freude aufgenommen. Die ganze Rotte der Dunkelmänner jubelte auf, als es bekannt geworden, daß der Zustand des Kaisers hoffnungslos, und setzte die Spottverse in Umlauf: „Der Bauern Gott — Der Bürger Noth — Des Adels Spott — Liegt auf den Tod." Unverstand, Bosheit und Niedertracht verfolgten mit ihren Schmähungen und Verwünschungen den Kaiser-Befreier noch bis in seine Gruft bei den Kapuzinern hinein. Der bekannte Volksdank hat sich also auch bei dieser Gelegenheit in gewohnter Weise sehen und vernehmen lassen. Gerecht ist man dem unglücklichen Kaiser erst geworden, als er nichts mehr davon hatte, was ganz in der Ordnung, d. h. unserer bekannten „sittlichen Weltordnung" gemäß war.

Eine der letzten Aeußerungen Josefs ist gewesen: „Ich glaube meine Pflicht als Mensch und Regent erfüllt zu haben." Durfte er so sprechen? Welt-

richterin Geschichte, welche nicht Erfolg und Nichterfolg, sondern Verdienst und Verschuldung in gerechter Wage wägt, hat längst diese Frage bejaht, von
ganzer Seele bejaht.

Noch mehr. Es war nicht nur eine pietätvolle
Handlung später Reue und Sühne, als die Wiener
am 15. März von 1848 dem Kaiser Josef die deutsche
Fahne in den Erzarm seines Standbildes legten,
sondern es war das auch eine Offenbarung von Zu-
kunftsinstinkt. Früher oder später wird man auf
die josefische Tradition zurückkommen und den josefischen Gedanken der Reichseinheit wieder aufnehmen
müssen, wenn es noch ein Oestreich geben soll.

Welche Wege aber immer die Geschicke suchen,
finden und wandeln werden, dies ist gewiß und bleibt
bestehen: Niemals wird Kaiser Josef vergessen sein —

„So lange schlägt ein deutsches Herz".

Literatur.

I.

Rabelais.

Im Frühling von 1553 war François Rabelais
von seiner Pfarre Meudon nach Paris herein-
gekommen, um seine Freunde zu besuchen, und an
einem Apriltag, am 9., besuchte ihn seinerseits
„Freund Hein", um den lustigen „Horashetzer",
„Vigilienbürster" und „Messenabzäumer", welcher
das Lachen für das eigenste Merkmal des Menschen
erklärt hatte („Pour ce que rire est le propre de
l'homme"), hinüberzurufen ins „große Vielleicht".

Der alte und standhafte Gönner und Beschützer
des Satirikers, der Kardinal Du Bellay, schickte —
so wird erzählt — einen Pagen zu dem Sterbenden,
nach dessen Befinden zu fragen. „Melde Mon-
signeur," stöhnte der Vater Gargantua's, Pantagruels

und Panurgs, „daß ich im Begriffe sei, un grand
Peut-Être aufzusuchen.	Zieh' den Vorhang, die
Posse ist aus."

Waren das wirklich des Mannes letzte Worte,
so enthielten sie eine bündige und richtige Selbst=
charakteristik. Die Weltanschauung des Pfarrers von
Meudon war eine absolut skeptische gewesen. Der
Zweifel war in seiner Hand zu einem kolossalen,
ebenso genialisch als kühn gehandhabten Hohlspiegel
geworden, in welchem er alle Thorheit und alle
Lasterhaftigkeit seiner Zeit aufgefangen hatte.

Das war keine kleine Arbeit. Im Gegentheil,
ein richtiges Gargantua=Geschäft. Die Menschen des
Zeitalters der Renaissance und der Reformation waren
eher alles andere als nüchtern und spröde. Je
wüthender der Pfaffenzank um Dogmen und Kult=
formen, desto wilder die Lebenslust hüben und drüben.
Der „Saufteufel" und das „spanische Feuer"
grassirten um die Wette. So sehr, daß Rabelais
annehmen durfte, mußte, sein Publikum wäre aus
von jenem Besessenen und aus von diesem Gebrannten
zusammengesetzt. „Beuveurs très-illustres, et vous
Verolez très-precieux!" redet er am Eingang des
Prologs zum ersten Buch seiner Romansatire seine

Leser an — „car à vous, non à aultres sont
dediez mes escripts". Wer die Sitten=, will sagen
Unsittengeschichte der zweiten Hälfte des 15. und der
ersten des 16. Jahrhunderts kennt, wer vollends über
die Anschauungen und das Gebaren der französischen
Gesellschaft unter Franz dem Ersten und Heinrich
dem Zweiten unterrichtet ist, der weiß, daß Rabelais
schreiben mußte, wie er schrieb, so er seinem Genius
gerecht werden wollte. Es war ein kraftstrotzendes
Geschlecht, das von dazumal. Der Menschheit,
wenigstens der europäischen oder, noch genauer ge=
sprochen, der romanischen und der germanischen, war
es zu enge geworden in ihrer mittelalterlichen Haut.
Alswie das Morgenroth einer freieren, helleren Zu=
kunft glühte die wiedererweckte Kunde von der klassischen
Schönheitswelt die finsteren Mauern der gothischen
Münster an. Ein an den Brüsten der Antike groß=
gesäugter Heros, sprang der Humanismus jugendlich
übermüthig in die vermönchelte Gesellschaft herein,
mit der Keule der Entrüstung wie mit der Pritsche
des Spottes auf die Kutten losschlagend, daß Staub
und Stank in ganzen Wolken davonstoben. Wie
hoffnungstrunken die Menschen beim Beginne der
großen Häutungsprocedur waren, hat unser theurer

Ritter Ulrich bezeugt, wenn er, aus dem bäuerischen
Düster einer fränkischen Ritterburg in die Lichtwelt
der Klassik herübergetreten, den Jubelruf erhob: „O
Jahrhundert! Die Studien blühen! Die Geister
erwachen! Es ist eine Lust, zu leben!"

Nun, sie trieben es auch wirklich lustig genug,
die Herren Humanisten, um nicht zu sagen lüberlich.
Aber ihre Zukunftsblütenträume gelangten nur in
sehr bescheidenem Maße zur Reife. Der große
Häutungsproceß ging keineswegs so glatt und so
vollständig vonstatten, wie gehofft worden war.
Große und dicke Stücke mittelalterlicher Haut blieben
auf dem gesellschaftlichen Körper sitzen. Die Dumm=
heit brummte auch jetzt, wie ja allzeit, den Grundbaß
in der kolossalen Kakophonie, so man Weltgeschichte
betitelt. Der Süden von Europa trug jedoch aus
der großen Reformbewegung wenigstens e i n e n ent=
schiedenen Gewinnst davon, seine Renaissancekunst
und Literatur, der Norden dagegen nur den etwas
zweifelhaften des protestantischen Theologismus. Die
besten Herzen, kühnsten Denker und selbstlosesten
Idealisten gingen natürlich, der bekannten „sittlichen
Weltordnung" gemäß, in dem wüsten Trubel zu
Grunde. So Hutten, Servet, Zwingli und als

Nachzügler Bruno. Die Realpolitiker und Oppor=
tunisten von damals zeichneten sich ihrerseits eine
nicht allzuweit hinausgerückte Gränzlinie des Vor=
schreitens vor und setzten ihre ganze Kraft an die
Behauptung derselben. So Luther, welcher auf der
Basis des von ihm erfundenen Dogma's vom
beschränkten Unterthanenverstand sein Kompromiß mit
der fürstlichen und der städtischen Aristokratie schloß,
um das Lutherthum zu begründen und zu befestigen.
Es gab aber zu damaliger Zeit noch eine dritte
Klasse von denkenden und wissenden Männern, welche
weder unter die idealistischen Märthrer noch unter
die realistischen Macher gingen, sondern vielmehr,
Idee und Wirklichkeit mit gleichskeptischem Blicke
betrachtend und werthend, auf den Schwingen des
Humors sich erhoben, um aus der Vogelperspektive
herab das ganze Gewimmel und Gewusel da drunten
mit schallendem Gelächter zu überschütten.

Der bedeutendste dieser Lacher war Rabelais.

Er hatte die Tragikomödie des Daseins vollauf
mitgelitten und mitgenossen, hatte unter dem Volk,
unter Gelehrten, unter großen Herren und Damen
gelebt. Er war Mönch gewesen, erst Franciskaner,
dann Benediktiner, hatte als Doktor docirt, als Arzt

kurirt ober auch nichtkurirt. Einer der größten Ge=
lehrten seiner Zeit, war er wie kein zweiter vom
Bewußtsein der Eitelkeit alles menschlichen Wissens
erfüllt. Er hatte prälatische, fürstliche, königliche,
päpstliche Höfe gründlich kennen gelernt. Er war,
wie in Paris, so auch in Rom daheim. Er verstand
die Sprache der Hierarchie, der Chevalerie, der
Diplomatie und der Pedanterie so gut wie die der
Bürger, der Bauern, der Fuhrleute, der Schiffers=
knechte, der Bettler, Vagabunden, Gaukler und
Strolche. Die Höhen wie die Tiefen der Gesellschaft
lagen in gleicher Blöße vor seinen Augen. Er mußte,
daß die Menschen nicht belehrt und bekehrt, sondern
belogen und belustigt sein wollten. Frühzeitig war
er zu der Erkenntniß gekommen, daß es ebenso
schmerzlich als erfolglos wäre, an der ehernen Mauer
der menschlichen Dummheit und Niedertracht sich den
Schädel einzurennen, und er hatte es daher vor=
gezogen, diese Mauer zu behandeln, wie sein riesiger
Held Gargantua im 17. Kapitel die zudringlich
mauläffischen Pariser behandelt hat. Auf die Hier=
archie im Großen und Ganzen und auf die Klerisei
im Besonderen und Besondersten Ströme von Spott
ausgießend, war der große Skeptiker um das Dogma

respektvoll herumgegangen. Die von angesengtem
Menschenfleisch duftenden Scheiterhaufen hatten
schlechterdings nichts Verlockendes für einen Autor,
welcher dem Axiom huldigte: „Mieulx est de ris
que de larmes escrire". Er wußte ganz genau, daß
man, so man der Schützling eines Kardinals sein und
bleiben wollte, wohl die Träger der Monstranz ver=
höhnen dürfte, aber niemals die Monstranz selbst.
Aus der Mönchskutte in die Soutane des Welt=
geistlichen hinübergeschlüpft, hat er seine letzten Jahre
als pflichttreuer und beliebter Dorfpfarrer verbracht,
nachdem er lange zuvor zu der Einsicht gelangt war,
daß es viel gescheiter, die menschliche Tragikomödie
zu belachen, als sie zu beweinen.

Diese Einsicht und Ueberzeugung hat ihn inspirirt
und hat ihm die Feder geführt. Es war in ihm
nicht die düstere Menschenverachtung, welche aus den
ätzenden Satiren seines älteren Zeitgenossen Machia=
velli („La Mandragola" — „Il Principe")
sardonisch herauslacht. Es war in ihm noch weniger
die Großheit der Anschauung seines jüngeren Zeit=
genossen Cervantes, welcher seinen Don Quijote
auf einer Grundidee aufbaute, der an Tiefsinn nur
der Grundgedanke des äschyleischen Prometheus und

des göthe'schen Faust gleichkommt. Allerdings wollte
Rabelais nicht ausschließlich nur lachen und lachen
machen. Es fehlt bei ihm nicht an ernsten An-
wandelungen und Anläufen. Mitunter blüht aus
dem wilden Gestrüppe seiner kolossalen Späße der
reformistische Drang seiner Zeit mächtig und schön
hervor. So namentlich in den prächtigen Kapiteln
von der Abtei Thelema und dem Leben der Thele-
miten. Aber die Skepsis beansprucht sofort wieder
ihr Recht und wischt die optimistischen Zukunftsträume
wie Spinnengewebe hinweg. Wenn am Schlusse der
Geschichte des Gargantua eine räthselhafte Weissagung
vorgetragen wird und der König auf Befragen vonseiten des Frère Jean meint, diese Prophezeiung
deute „auf den Kampf und Sieg der göttlichen
Wahrheit (le decours et maintien de verité divine)",
so antwortet der Mönch frischweg: „Donnez-y alle-
gories et intelligences tant graves que vouldrez,
et y ravassez, vous et tout le monde ainsi que
vouldrez. De ma part, je n'y pense aultre sens
enclos, qu'une description du jeu de paulme
soulz obscures paroles". Es zucken also beim
Rabelais wohl reformistische oder, wenn man will,
sogar revolutionäre Blitze auf, aber sie schlagen nicht

ein. Denn er trägt Sorge, daß sie im Hand=
umdrehen in prasselnde Raketenbündel des Witzes
sich verflüchtigen, und wenn er warnende und
strafende Donner losläßt, so schwächt er die=
selben alsbald zu harmlos knatternden Gelächter=
salven ab.

Die Höllenfeuerfunken einer Satirik à la Ju=
venal oder à la Swift zu verspritzen, war der Pfarrer
von Meudon zu gutmüthig und zu klug. Er erinnerte
sich sein Lebenlang sehr deutlich, daß er als junger
Mönch im Franciskanerkloster Fontenay le Comte
seinem eigenen Geständniß und Berichte zufolge, so
um das Jahr 1512 herum, wegen „friponneries
d'importance“ vom Kapitel zum „in pace“, d. h.
zu ewigem Klostergefängniß verdonnert worden und
nur mit knappster Noth durch die Dazwischenkunft
vornehmer Gönner diesem Schreckniß entgangen war.
Eine solche Erinnerung war wohl geeignet, selbst
der unbändigen Phantasie eines Rabelais mitunter
einen Kappzaum anzulegen. Die Mönche freilich,
wie die gelehrten Pedanten aller Sorten, die humbug=
sirenden Aerzte, die kauderwelschenden Juristen, geißelte
er bis aufs Blut; aber er mußte es so einzurichten,
daß die Schwielen und Blutstriemen, welche seine

Geißel hervorlockte, für den großen Haufen gar
nicht sichtbar wurden, sondern nur für Leute, welche
auf der Höhe der Zeitbildung standen und von denen
er also voraussetzen durfte, daß sie sich waiblich daran
ergötzen und dem Geißelschwinger vorkommenden
Falles ihren Dank mittels schutzkräftiger Gönnerschaft
bezeigen würden. Diese Rechnung hat sich als voll=
ständig richtig erwiesen. Auf das „Volk" hatte es
der große Satiriker gar nicht abgesehen, und das
Volk wußte und weiß auch heute noch nichts von
ihm, selbst in seinem Vaterlande nicht. Zwar seine
Werthung war in Frankreich stets eine große und
seine Wirksamkeit eine ebenso dauernde als bedeutende,
aber doch immer nur innerhalb eines verhältnißmäßig
kleinen Kreises. Welche Anregungen Molière, Vol=
taire, Beaumarchais und später noch Balzac beim
Rabelais holten, ist bekannt. Man kann ihn auch
ohne Zwang geradezu als einen Vorläufer von
Voltaire bezeichnen. Als Menschen wie als Schrift=
steller weisen die Beiden manche gemeinsame Charakter=
züge auf, die Zeitunterschiede natürlich in Abrechnung
gebracht. Für Beide war der Spott das Lebens=
element, und wie der große Spötter des 16. Jahr=
hunderts, so sorgte auch der große Spötter des 18.

klüglich) für ausreichende Deckung gegen die unlieb=
samen Folgen seiner satirischen Thaten.

Für die französische Literatur hat Rabelais in
sprachlicher wie in poetischer Hinsicht eine Bedeutung,
welche er außerhalb Frankreichs auch nur annähernd
nie gewinnen konnte und nie gewinnen kann. Für
Nichtfranzosen wird der Genuß seines Werkes durch
den daran haftenden starken Bodengeschmack specifischen
Franzosenthums nicht wenig erschwert und beein=
trächtigt. Bei uns in Deutschland ist er für das
große Publikum noch heute nur ein großer Un=
bekannter, obzwar unser ihm congenialer Johann
Fischart, sein jüngerer Zeitgenosse, den „Gargantua"
schon frühzeitig in Deutschland einzubürgern versuchte,
mittels einer Verdeutschung — („Affentheuerliche
Naupengeheuerliche Geschichtklitterung", 1582) —
welche man füglich eine Zerdeutschung nennen könnte.
Denn Fischart knetete den Franzosen geradeweg zum
Deutschen um. Zweihundert und fünfzig Jahre
später unternahm es Gottlob Regis, uns einen voll=
ständigen deutschen Rabelais zu geben, und führte
dieses höchst mühsälige Unternehmen mit ebenso großer
Sachkenntniß als Energie zum Ziele („Meister Franz
Rabelais', der Arzenei Doktoren, Gargantua und

Pantagruel", 1832—41). Regis hat sich keine
Mühe verdrießen lassen, das alterthümliche Französisch
seines Originals deutsch nachzusprechen. Auch hat
er zur Erklärung seines Textes ein sehr umfangreiches
gelehrtes Material herbeigeschafft. Allein die drei
schweren Bände seines Rabelais vermochten wohl
die Thüren von Büchereien und Gelehrtenstuben
aufzustoßen, flößten jedoch dem größeren Publikum
nur einen fortlaufenden Respekt ein. Heute sind
sie blos noch antiquarisch aufzutreiben. Daher war
es ein guter Griff des Bibliographischen Instituts
in Leipzig, in seine höchst verdienstvolle „Bibliothek
ausländischer Klassiker in deutscher Uebertragung"
eine neue Verdeutschung des Rabelais einzureihen,
welche unter dem Titel „Rabelais' Gargantua und
Pantagruel", aus dem Französischen von F. A.
Gelbcke, (1880), in zwei mäßig starken, sehr hübsch-
gedruckten und handlichen Kleinoktavbänden erschienen
und ganz dazu angethan ist, endlich auch weitere
Kreise diesseits der Vogesen mit dem alten Satiriker
bekanntzumachen. Der Uebersetzer hat seinem Autor
augenscheinlich ein langes und ernstes Studium gewidmet. Die seiner Arbeit vorangestellte „Einleitung", die Verdeutschung selbst, sowie die am

Schlusse des zweiten Bandes angefügten „Allegorisch=
historischen Deutungen", bezeugen das gleichermaßen.
Fast wäre man, so der Chauvinismus einem Deutschen
gutstände, versucht, zu sagen: So etwas kann doch
nur ein Deutscher! Jedenfalls darf Gelbcke der
Ueberzeugung leben, die zum Ruhme unserer Uni=
versalität zahlreichen deutschen Uebersetzungskunstwerke
um eins vermehrt zu haben, obzwar die mikroskopische
Untersuchung einer Leistung dieser Art den einen
oder den andern, einen dritten oder vierten Irrthum
oder Mißgriff an derselben entdecken wird. Nur die
Bekanntschaft mit dem Original macht die Schwierig=
keit einer Verdeutschung desselben ganz klar. Kein
Kenner des Urtextes aber wird anstehen, anzuerkennen,
daß der Uebersetzer diese Schwierigkeit im Ganzen
wie im Einzelnen tapfer und siegreich überwunden
habe. Fraglos that er, im Hinblick auf das große
Publikum, sehr gut daran, das rabelais'sche Französisch
des 16. Jahrhunderts nicht deutsch nachzukünsteln.
Wie ermüdend, ja verleidend solche Nachkünstelung
auf Leser von heute wirke, wirken müsse, hat der
Rabelais von Regis sattsam erfahren. Gelbcke über=
trug den genialen Franzosen sinn= und wortgetreu,
geradezu pietätvoll, ohne alle Rücksicht auf Prüderie

und Hypokrisie, aber in fließendes neuzeitliches
Deutsch, und so hat er den Rabelais uns wirklich
„angeeignet"*). Mögen sich nur recht viele deutsche

---

*) Ich versäume nicht die Gelegenheit, auf eine andere,
sehr willkommene „Aneignung" aufmerksam zu machen, auf
die „Griechischen und Römischen Lyriker", übersetzt von Jakob
Mähly, in zwei Bändchen ebenfalls in der Klassikersammlung
des Bibliographischen Instituts erschienen (1880). Diese Verdeutschungen sind schön ausgereifte Früchte vieljähriger, mit
findigem Sinn, kundigem Geist und liebevoller Hand gethanen
Arbeit. Wenn es schon bewundernswerth, daß der Verdeutscher
in unserer bleiern realistischen Zeit viele Jahre hindurch die
idealistische Stimmung sich zu bewahren vermochte, durch
welche das Gelingen eines so kühnen und schwierigen Unter-
nehmens bedingt wird, so steigert sich unsere Bewunderung,
wenn wir bemerken, mit welcher Pietät, ja wir möchten sagen
mit welcher Anmuth er in die sehr verschiedenen Stimmungen
sich hineinzufühlen vermochte, denen seine Griechen und Römer
Ausdruck gegeben und denen auch er in deutschen Lauten
Ausdruck zu geben hatte. Mit dieser Fähigkeit, seine Originale
nachzuempfinden, verband er jenes feine Formgefühl, welches
nicht angelehrt und angelernt werden kann, sondern angeboren
sein muß. Dieses Formgefühl verleiht der Beherrschung des
Stoffes und der Sprache erst die rechte Weihe und befähigt
den Dolmetsch fremder Dichter, ein wirklicher und wahrhafter
Nachdichter zu sein. Als ein solcher erweis't sich Mähly fast
durchweg. Der Kundige wird eine große Freude haben an der
meisterlichen Kunst, womit der Uebersetzer nicht nur den Sinn
und Geist, nicht nur die äußeren Formen, die Rhythmen,
Versmaße und Strophen, sondern auch die elementare Eigen-
art, den dichterischen Blutumlauf, die nationale Klangfarbe,

Hypochonder an dem prächtigen alten Kerl — („Kerl"
in jenem Sinne gemeint, in welchem Göthe sich selbst
und Schiller mitsammen „so ein paar Kerle" nannte)
— gesund lachen! Sie werden es können, so sie
ein bekanntes göthe'sches Wort (mit kleiner Variante)
berücksichtigen und beherzigen wollen: —

> „Wer den Dichter will verstehen,
> Muß in Dichters Zeiten gehen."

Ja, im Zusammenhange mit seiner Zeit muß
man den Rabelais lesen und beurtheilen. Einer
jener wenigen, sehr wenigen Fixsterne der Poesie,
welche mit stätigem Glanz und Feuer über alle
Zeiten hinleuchten, ist er nicht. Er war ein Mann
von urwüchsigem Talent, aber kein Mann von Genie.
Er hat wohl der Satirik eine neue Bahn gewiesen,
indem er dieselbe vom beschränkt=nationalen Boden

---

ja den besonderen Lokalton der großen Lyriker von Hellas
und Rom nachzudichten vermochte. Welche Fülle von Schönheit blüht uns aus Blättern dieser zwei schmalen Bände entgegen! Welcher Zauber des Reinmenschlichen erregt uns das
Herz bei dieser Wiederlesung altvertrauter Lieblinge! Jeder,
welcher in unseren Tagen, d. h. in einer Epoche des plattesten
Banausenthums, die Empfänglichkeit für das „was sterblich
nicht im Menschen", sich noch bewahrt hat, wird unserem
Dolmetsch dankbar sein für seine Gabe.

auf die Stufe des Allgemein-Menschlichen hob; aber
eine neue Erzader im Bergwerke der Kultur= und
Literaturgeschichte hat er nicht aufgethan. Gelehrte
Tiftler haben bekanntlich viel Zeit und Mühe darauf
verwendet, herauszuspüren und nachzuweisen, auf
welche seiner vorragenden Zeitgenossen und Lands=
leute der große Satiriker seine Eulenspiegeleien ge=
münzt hätte, und sie haben glücklich herausgebracht,
daß Rabelais mit seinem Grandgousier eigentlich
Ludwig den Zwölften, mit seiner Gargamella die
Anna von Bretagne, mit seinem Gargantua Franz
den Ersten, mit seiner Babebec die Königin Claude
von Frankreich, mit seinem Pantagruel Heinrich den
Zweiten, mit seinem Panurg den Kardinal von
Lothringen, mit seinem Frère Jean den Kardinal
Du Bellay gemeint habe. Nun ist es ja natürlich,
daß die Satire jeder Zeit zuvörderst nach den Spitzen
der Gesellschaft zielt, und so mögen sicherlich die
höfischen Verhältnisse und Persönlichkeiten seines
Landes dem Pfarrer von Meudon manche satirische
Anregung gegeben haben. Aber historische Deuteleien
und allegorische Spiegelfechtereien zur Hauptsache im
Rabelais machen wollen, heißt nur als ein würdiger
Wahlverwandter des Meisters Janotus de Bragmardo

sich aufspielen, jenes Urbildes eines Pedanten, welcher,
„tondu à la Cesarine, vestu de son liripion à
l'antique", im achtzehnten Kapitel des Gargantua
als Abgesandter der pariser Universität zu dem jungen
Riesen geht, um im neunzehnten seine berühmte
hochergötzliche Glockenrede zu halten. Für den ästhe-
tischen Genuß unseres Satirikers ist es völlig
gleichgiltig, ob er seine Riesen und Riesinnen als
ins Ungeheuerliche vergrößerte · Abbilder französischer
Könige und Königinnen, sowie gleichzeitiger Hofherren
und Hofdamen, Poeten, Prälaten, Professoren u. s. w.
angelegt und ausgeführt habe oder nicht.

Wenn ich sagte, im Zusammenhange mit seiner
Zeit müsse man den Rabelais lesen und beurtheilen,
meinte ich etwas anderes. Nämlich seine Sprache
und Ausbrucksweise, welche der Art, daß er selbstverständlich für Flegeljährige und für Backfische gar
nicht da ist. Auch wohl für Frauen überhaupt nicht,
ausgenommen solche, welche etwa im Stande sind,
Luthers Streitschriften und „Tischgespräche" zu lesen
und zu vertragen. Dazu gehört aber bekanntlich ein
sehr wetterfest gepichter Magen. Im 16. Jahrhundert
war der eigentliche Schutzpatron der Literatur kein
anderer als der heilige Grobianus, welchen gerade

auch Luther alltäglich anrief. Die Menschen von
damals hegten und bethätigten die Ueberzeugung
„Naturalia non sunt turpia" im weitestgehenden
Sinne. Beim Rabelais kommt noch hinzu, daß er
zumeist von Riesen und Riesinnen handelt und demnach
die „naturalia" bei ihm riesige Dimensionen annehmen. Beim Shakspeare heißt es mal von einem:
„Er weint Mühlsteine"; vom Rabelais kann es
mitunter heißen: Er lacht Käslaibe, so groß wie
Wagenräder und von nichts weniger als rosenöligem
Geruch. So z. B. in dem, unbefangen humoristisch
angesehen, zwar unsauberen, aber überaus lustigen
13. Kapitel vom Gargantua. Der Pfarrer von
Meudon nahm fürwahr kein Feigenblatt vor den
Mund, noch anderswohin. Er nennt die Dinge
sammt und sonders frischweg mit ihren echten und
rechten Namen. Er ist so ehrlich, aufrichtig und
natürlich, daß ich es begreiflich fände, wenn die
guten Deutschen und besseren Deutschinnen unserer
Tage sich ob ihm entsetzten, — dieselben guten
Deutschen und besseren Deutschinnen, welche die
schamlosesten französischen Hetärendramen mit Ent-
zücken auf deutschen Bühnen willkommen heißen;
dieselben guten Deutschen und besseren Deutschinnen,

welche mit brutalstem Kynismus geschriebene französische Unflatbücher — von Zola's „Nana" sind in
Deutschland nicht viel weniger Exemplare verkauft
worden als in Frankreich — mit Begierde verschlingen. Hundert Rabelaise würden wahrlich nicht
ausreichen, die schandbare Tartufferie, welche heutzutage in allem und jedem den Grundton der
Gesellschaft angibt, nach Gebühr zu züchtigen.
Verglichen mit. der bodenlosen Verderbtheit der
neuesten, auch in Deutschland so bevorzugten französischen Literatur ist Rabelais ein unschuldiges Kind.
Er ist geradheraus, ungeschminkt und ungeschlacht,
ja wohl, aber niemals ist er lüstern und schlüpfrig.
Ich stelle den Satz auf und bin bereit, selbigen gegen
jedermänniglich zu verfechten: — Im ganzen Rabelais
steckt nicht soviel Gift, lange nicht soviel Gift, wie
in jeder Nummer von einem jener infamen Lupanar-
Journale, welche täglich auf den Boulevards von
Paris ausgeboten und massenhaft verkauft werden
— ad majorem Franciae gloriam.

Die Romansatire „La vie inestimable du
grand Gargantua" (1535) und „Pantagruel roy
des Dipsodes" (1533) — die Fortsetzung erschien
zwei Jahre vor dem Anfang — ist kein planmäßig

entworfenes und systematisch ausgeführtes Kunstwerk.
Sie hat auch keinen wirklichen Abschluß, sondern ist,
als Ganzes genommen, nur ein Koloß-Torso. Die
Form oder, wenn man will, die Formlosigkeit des
Werkes läßt ganz deutlich erkennen, daß der Verfasser
nicht nach einem regelrechten Plane, sondern nur
nach Lust und Laune schrieb. Schon in den beiden
ersten Büchern, welche sich mit den Geschicken und
Erfahrungen des einer Riesendynastie entstammten
Gargantua und seines Sohnes Pantagruel beschäftigen,
verliert sich die Handlung häufig ganz ins Episodische.
Vom dritten Buch an ist der nominelle Held, der
König Pantagruel, nur noch der Zuhörer und Zu-
schauer von dem, was der Erzschelm Panurg und
der Mönch Jean reden und thun. In der Dar-
stellung der Reden, Thaten und Schicksale dieser
Beiden erhebt sich die rabelais'sche Satirik zur
Glanzhöhe ihrer Macht und Gewalt. Die Schöpfung
der genannten beiden Gestalten ist weitaus das
Genialste, was dem großen Satiriker gelungen.
Panurg ist der siebenfach destillirte, völlig skrupellose
Realpolitiker und Opportunist, Bruder Hanns der
unverdorbene, derbe Kraftmensch, welcher an den
Mönch Ilsan im „Rosengarten" unseres mittel-

alterlichen Heldenbuches erinnert, aber durch dessen
Naturwüchsigkeit doch eine starkpulsirende Ader von
Idealismus läuft und der allen theologischen und
juristischen Dunst und Quark mit dem kräftigen Athem=
aushauch des gesunden Menschenverstandes zerbläs't
und wegfegt. Wahre Kabinettstücke burlesker und gro=
tesker Spottdichtung sind in diesem dritten Buche die
Heiratsversuche oder vielmehr nur Heiratsgedanken
des Panurg und sodann die Gerichtsscenen, in welchen
der Richter Reitgans (Bridoye), „lequel sentencioit
les procès au sort des dez", die Hauptrolle spielt.
Das 4. und 5. Buch bringt die phantastische Schilde=
rung der Seefahrt Pantagruels und seiner Gefährten
zum Orakel der göttlichen Flasche, d. h. zur Auf=
suchung der Wahrheit. Denn wir haben hier eine
in riesigen Verhältnissen entworfene und vollendete
Allegorie vor uns, aus deren Rahmen aber eine
reiche Reihenfolge satirischer Zeitgemälde drastisch=
lebenswahr hervorspringt. Allen Arten von Thoren
und Sündern wird darin fürchterlich mitgespielt.
Aber sein Kühnstes leistete Rabelais in den Kapiteln
vom Leben und Treiben auf der Insel Bimbam
(Isle sonnante). Da wird die gesammte Hierarchie,
vom letzten Mönche bis hinauf zum Papste, durch

eine so scharfe Hohnhechel gezogen, daß Haut und
Haare davonfliegen. Zum Schlusse schlägt der Ver=
fasser einen richtigen humoristischen Purzelbaum.
Denn, nachdem unsere Wahrheitsucher endlich glück=
lich an ihr Reiseziel gelangt sind und die Priesterin
Bacbuc mit großer Feierlichkeit den Panurg dem
Orakel vorgestellt hat, „da brang aus der Göttlichen
Flasche ein Geräusch, wie wenn Bienen aus dem
Leib eines jungen erschlagenen Stieres hervor=
schwärmen, oder wie eine Armbrust, die man mit
einem Widerrist abspannt, oder wie ein heftiger
Regen, der plötzlich vom Himmel herunterbrischt.
Dann vernahm man das Wort: Trink!" Der
Weisheit letzter Schluß wäre also dem Rabelais
zufolge: „Im Wein ist Wahrheit." Denn „de
vin on devient divin" oder, wie Gelbcke übersetzt:

> „Was der Traub' entquoll,
> Gottes voll
> Machen soll".

Man sieht, die menschliche Tragikomödie lös't
sich beim Rabelais schließlich in absolute Heiterkeit
auf, wie ja das auch in den Stücken seines Zwillings=
bruders im Geiste, des Aristophanes, der Fall ist.
Neben dem großen attischen Komöden wird der große

französische Satiriker stets seinen Platz in der Welt=
literatur behaupten. Die Gegenwart ist zu schwäch=
lich und zu ungesund, um einen Rabelais hervor=
zubringen und zu ertragen. Hoffentlich ersteht in
der Zukunft wieder einer. Ja, ich will wünschen,
daß, wenn dereinst auf der sterbenden Erde der letzte
Akt besagter Tragikomödie zu Ende gehen und des
englischen Dichters vorahnende Bision:

> „The Sun's eye had a sickly glare,
> The Earth with age was wan,
> The skeletons of nations were
> Around that lonely man" —

zur Wirklichkeit geworden sein wird, dieser „lonely
and last man" zugleich der letzte Humorist und noch
Rabelais genug sein möge, um gute Miene zum
bösen Spiele zu machen und mit Lachen zu sich selber
zu sagen: „Tire le rideau, la farce est jouée".

II.

Hermann Kurz*).

„Der Himmel lacht und heit're Lüfte spielen" . . .

Auf den kräftigen Schwingen, seiner Silcher'schen Melodie rauschte das Lied durch den vom Tabaks-qualm erfüllten Sal, wo ich — es ist lange, fürchterlich lange, volle 43 Jahre her — als Fuchs meinen ersten Kommers mitmachte.

Text wie Weise ergriff mich gleichermaßen.

„Von wem?" fragte ich meinen Nachbar.

„Der Hermann Kurz hat es gedichtet, der Sil-cher in Musik gesetzt."

„Wer ist der Kurz?"

---

*) Gesammelte Werke von Hermann Kurz. Mit einer Biographie des Dichters herausgegeben von Paul Heyse. 10 Bde. Stuttgart, A. Kröner, 1874.

„Ein Stiftler."

„Ein Stiftler?"

„Ja wohl, aber ein hinausgeschmissener."

Das klang ganz eigen. Ungefähr so, als hätte der Sprecher sagen wollen: „Ein famoser Kerl!" Vielleicht war auch eine Mischung von Eigenliebe dabei; denn mein liebenswürdiger Nachbar war selber ein „hinausgeschmissener", d. h. ein weiland Insaße des berühmten Tübinger „Stiftes", welchem er, rebus theologicis haud bene gestis und nachdem es ihm gelungen, die fast unergründliche Langmuth des „Ephorus" Jäger, genannt Sabel, zu ergründen, zwar unfreiwillig, aber doch mit Freuden Valet gesagt hatte, um sich der Juristerei zu befleißigen, wenn auch nicht gerade leidenschaftlich.

Der mir zu- oder auch abgeneigte Leser wolle gefälligst beachten, daß vorstehendes Präludium vor 43 Jahren gespielt hat. Wie es heutzutage mit dem Stift und mit den Stiftlern bestellt sein mag, ist mir, der ich seit dem großen Exodus von 1849 mein schwäbisches Heimatland, welches man bekanntlich auf Distanz am innigsten liebt, nicht mehr betreten habe, gänzlich unbekannt, und darum verwahr' ich mich förmlich dagegen, daß man aus den

Prämissen der Vergangenheit etwa unliebsame Schlußfolgerungen für die Gegenwart ziehe. Anno dazumal
freilich, d. h. in meiner Fuchsenzeit, galt es für
ausgemacht, daß der „Stiftler" von echtem Schrot
und Korn eine absonderliche Species vom Genus
Homo darstellte. Das Verhältniß des Stiftlers zum
Deutschen und Schwaben ließe sich etwa so bestimmen,
daß man sagte: Wenn der Deutsche gleich wäre
einem Viereck, so wäre der Schwabe gleich einem
Sechseck, der Stiftler aber gleich einem Achteck. Im
Grunde genommen, flößte der richtige Stiftler Respekt
ein, nämlich mittels der durchschnittlichen Tüchtigkeit
seiner Bildung. Schade, daß dieser Bildung ein
fataler Beigeruch anhaftete, das berühmte „Stifts-
g'schmäckle", nur für Schwaben spürbar, aber keineswegs von allen Schwaben gern gespürt. Unter den
Stoffen, aus welchen dasselbe zusammengesetzt war,
nahmen die Ausschließlichkeit und Selbstgefälligkeit,
die man den Stiftsbewohnern im allgemeinen schuld-
gab, vortretende Stellen ein. Das Ab- und Ein-
geschlossensein, welches die Stiftsordnung vorschrieb,
verleitete die Herren Stiftler häufig dazu, sich für
etwas ganz Besonderes zu halten. Es hatte sich
demzufolge im Laufe der Zeit ein hochgradiges

Stiftsbewußtsein entwickelt, welches sich mehr und
mehr versteifte im Hinblick auf die lange Reihe von
ausgezeichneten Männern, welche innerhalb des Stiftes
ihre Universitätsstudien gemacht. Eine Anstalt, aus
welcher Hölderlin, Schelling, Hegel, Pahl, Schwab,
Stälin, Baur, Strauß, Zeller, Schwegler, Bischer,
Waiblinger, Mörike, Hauff, Pfizer, Zimmermann,
Seeger, Kurz u. s. w. in die Welt, will sagen in
die Wissenschaft und in die Literatur ausgegangen,
war sicherlich berechtigt, ihren Stolz zu haben. Dieses
wohlberechtigte Stiftsbewußtsein kam nun aber, wie
die Menschen einmal sind, in den Stiftlern nicht
eben liebenswürdig zur Erscheinung. Nämlich in
Gestalt einer Großmannssucht und Ueberhebung,
welche freilich in den Augen Wissender und Unbe=
fangener weit mehr Belustigendes als Verletzendes
hatten. War es doch erheiternd anzusehen, wie so
ein Musterstiftler, eingemauert in sein potenzirtes
Schwabenthum, in sein bloßes Bücherwissen, in seinen
rührenden Mangel an Welt= und Menschenkenntniß,
zu einem Selbstbewußtsein oder, schwäbisch zu reden,
zu einem „Krattel" sich verstieg, welcher ihn selber
glauben ließ und andere glauben machen wollte, er
hätte den Schelling oder Hegel oder Hölderlin oder

sonst eine oder gar mehrere der Berühmtheiten
früherer „Promotionen" im Leibe. Wirklich bedeu=
tende Stiftler haben sich oft genug über diesen
„Stiftlerkrattel" lustig gemacht, aber scharfnasige
Leute wollten behaupten, daß auch die bedeutenden,
bedeutenderen und bedeutendsten Stiftler das erwähnte
„G'schmäckle" ihr Lebenlang nie losgeworden wären.

Wer es ganz gewiß nie loswurde, war der
Hermann Kurz, zur Zeit seines Stiftlerdaseins von
seinen Mitbewohnern der Stube „Eisleben" im
Stift „Das blaue Genie", später in unserem stutt=
garter Freundskreis kurzweg „Der Blaue" genannt.
Der Ursprung dieses Kriegs= oder Biernamens ist
etwas mythisch. Von Einem, der zugleich mit Kurz
die Stube Eisleben „behorstete", erfuhr ich, daß
der Dichter dazumal leidenschaftlich Spaniol ge=
schnupft, dabei blauer Schnupftücher sich bedient
habe und in Folge dessen häufig mit angebläuter
Nase herumgegangen sei. Da nun der Inhaber
dieser Blaunase seinen Kommilitonen für ein Genie
gegolten, so hätten sie ihn das blaue Genie ge=
nannt. Kurz ließ sich das gefallen, nur latinisirte
er es, indem er sich zu seinem Privatgebrauche
Cäruleus — der Blaue — nannte. Unter diesem

Namen hat er sich in seine allerliebste Novellenskizze „Das Wirthshaus gegenüber" humoristisch eingeführt.

Sechs Jahre nach jenem Tage, wo ich Hermann Kurz zum erstenmal hatte nennen hören, wurde ich in Stuttgart mit ihm persönlich bekannt und befreundet. Die Bekanntschaft wurde gemacht im Hause der Frau von Suckow (Emma von Niendorf), jener liebenswürdigen und anspruchslosen Schriftstellerin, welche ihr Empfangzimmer mit feinstem Takte zu einem neutralen Boden zu machen verstand, auf welchem Menschen der verschiedensten Anschauungen und Richtungen zwanglos einander begegnen konnten. Die Freundschaft wurde gestiftet und befestigt beim „Burger Frank" und beim „Bürger Ochsenjergle", also in einem Bierkneiplein und in einer Weinstube, welche Oertlichkeiten in der Zeit von 1843—49 allen von der damals jüngeren schwäbischen Generation, die sich zum Liberalismus, Demokratismus, Republikanismus bekannten, vertraut waren und uns wenigen heute noch Lebenden jenes Kreises unvergesslich sind. Denn ach! es gilt, zu klagen:

> „Ich habe gekannt manch schönes Kind
> Und manchen guten Gesellen!
> Wo sind sie hin? Es pfeift der Wind,
> Es wogen und wandern die Wellen. . . ."

Die Biographie, womit Paul Heyse die Sammlung der Werke von Kurz eingeleitet hat, zeugt auf
jeder Seite von warmer und feinfühliger Freundschaft. Da und dort wäre jedoch dem Biographen
eine genauere Kenntniß schwäbischer Menschen und
Dinge zu wünschen gewesen. Auch ist Heyse über
mehr als einen wichtigen Punkt und Wendepunkt
in dem Lebenslaufe des schwäbischen Poeten hinweg-
gegangen mit einem Stillschweigen, welches recht fein
diplomatisch oder meinetwegen pietätvoll sein mag,
aber vieles unerklärt läßt. Hier ist jedoch zu Er-
klärungen nicht der Ort, wie denn diese Zeilen überhaupt nicht darauf ausgehen, die biographische Arbeit
Heyse's zu ergänzen. Nur auf einen Punkt will
ich flüchtig hindeuten. Der Lebensbeschreiber hat
wiederholt und ganz richtig betont, daß Kurz kein
vom Glücke begünstigter Mann gewesen. Aber eine
andere Frage ist, ob diese Thatsache nur den Verhältnissen schuldzugeben war. Am Ende aller Enden
bleibt es doch immer wieder wahr, daß ein jeder
seines Glückes eigener Schmied sei und sein müsse,
und da möchte nicht zu leugnen sein, daß unser
Dichter als ein ungeschickter und lässiger Schmied
sich erwiesen. Allerdings muß sogleich beigefügt

werden, daß diese Lässigkeit und dieser Unschick zu
seinem Wesen gehörten. Er war eben ein Träumer all
sein Lebtag. Er konnte es nie dazu bringen, aus
der Traumwelt, welche er sich in seinem Innern
zurechtgemacht, entschieden und entschlossen heraus-
zugehen, und ich bin überzeugt, daß es der oben
gekennzeichnete „Stiftlerkrattel" gewesen, welcher ihn
wider Wissen und Willen verführte, sich für so etwas
Apartes zu halten, daß er gar nicht nöthig hätte,
mit der Prosa des Lebens sich auseinanderzusetzen *).

---

*) Bestätigung dieser Ansicht giebt das „Nachlaß" über-
schriebene Gedicht:

„Ich werde so von hinnen eilen
Mit tief geschlossenem Visir,
Und ein paar arme stumpfe Zeilen
Die bleiben dann der Welt von mir.
Nach diesen werden sie mich wägen,
Verdammung sprechen oder Lob,
Nicht ahnend, ach, mit welchen Schlägen
Sich oft mein Herz in meinem Busen hob;
Wie ich am schönen Tag, in guter Stunde
Verschmelzend Geist in Geist verwebt,
Mit einem kleinen Menschenbunde
Ein ganzes, volles Leben durchgelebt;
Wie wir das Herz, wie wir die Welt gemessen,
Wie manch gewichtig Wort in Lethe's Wellen fiel
Und wie wir dann in seligem Vergessen
Manch lecken Scherz geübt, manch übermüthig Spiel.

So ist es dann gekommen, daß er jede der ihm
gebotenen Gelegenheiten, bei guter Zeit sich eine
festumfriedete Existenz zu gründen, vornehm vorüber=
gehen ließ. Ich möchte aber dieses „vornehm" nicht
allein im tadelnden Sinne verstanden wissen, son=
dern auch im lobenden.

Ja, dieser Sohn der alten Reichsstadt Reut=
lingen war eine vornehme Natur und ist es in allen
Bedrängnissen seines Daseins geblieben. Er ist im
ganzen Wortsinn eine „anima candida" gewesen und
man darf auch von ihm sagen, was von seinem
größten Landsmann mit vollem Rechte gesagt wor=
den, daß nämlich „tief unter ihm das Gemeine im
wechsellosen Scheine gelegen". Daher wirkte auch
das ihm anhaftende „Stiftsg'schmäckle" nicht ver=
letzend. Seine Milde und Duldsamkeit verleugneten
sich selten. Seine Entrüstung mußte schon sehr groß
sein, wenn sie in heftiger Form hervorbrach. Sonst
war dieser hochbegabte, mit so vielseitigem Wissen

Vor solchem Leben frisch und reich
Wie sind die Lettern todt und bleich!
Doch was ich mir in mir gewesen,
Das hat kein Freund geseh'n, wird keine
                              Seele lesen."

ausgestattete Mann mild im Urtheilen, maßvoll im
Tadeln. Die schnöde deutsche Unsitte der Nörgelei
lag ihm fern. Männer seines Schlages müssen gewiß
immer schmerzlicher vermißt werden in einer Zeit,
wo jeder dumme Junge sich zum Kritiker berufen
glaubt und wo Gesellen, welche nie etwas, und wäre
es auch nur das Geringste, geleistet haben und nie
etwas leisten werden, sich erfrechen dürfen, den Geifer
ihres grünen Neides gegen alle Autoren zu ver=
spritzen, welche etwas können und der Nation etwas
sind. Wie noch so manches andere Gute könnten
die Deutschen auch literarischen Anstand von den
Franzosen lernen, wenn unsere mehr oder weniger
lieben Landsleute es nicht vorzögen und nicht von
jeher vorgezogen hätten, den westlichen Nachbarn nur
ihr Schlechtes und Schlechtestes abzugucken. In
Frankreich ist es undenkbar, daß literarische Gassen=
buben die großen Gestalten der Literatur mit Koth
bewerfen dürften. Bei uns dürfen sie es und können
dabei sogar der heimlichen oder offenen Zustimmung
vonseiten des oberen und des unteren Pöbels
sicher sein.

Einen wissenden Mann hab' ich Kurz genannt
und das war er in der That. Es gereichte dem

höheren Schulwesen Wirtembergs von jeher zur Ehre,
daß jedes studirende Landeskind, so es wollte, in
den Stand gesetzt war, mit einem tüchtig gefüllten
Schulsack die Universität zu beziehen. Auf dieser
ist Kurz seinem Brotstudium, der Theologie, soweit
fleißig obgelegen, daß er im Stande, seinen Hoch-
schulkursus mit Bestehung des regelrechten Examens
zu beschließen. Sein sodann gemachter Versuch,
vikarisirend als „Diener am Worte" thätig zu sein,
war freilich von kurzer Dauer. Wahrscheinlich hat
der Umstand, daß er kein Redner war, diesen Versuch noch beträchtlich abgekürzt. Fortan hatte er mit
der Theologie keinen näheren Verkehr mehr. Innerste
Neigung führte ihn der Literatur zu und er hatte
sich für die Schriftstellerei philologisch und philo-
sophisch sehr eifrig und erfolgreich vorbereitet, wie
das ja auch sein Alters- und Studiengenoß, Mitpoet
und Freund, der lange nicht genug gekannte Ludwig
Seeger, der geniale Verdeutscher des Aristophanes
und des Béranger, gethan hatte. Es ist bedauerlich,
daß die zerstreuten kritischen und literarhistorischen
Forschungen und Findungen von Kurz nicht gesammelt sind. Eine Zusammenstellung dieser Arbeiten
würde die gründlichen Kenntnisse, den spürenden

Scharfsinn und das besonnene Urtheil des Verfassers
erfreulich darthun. Schon während seiner Gymnasial=
jahre in Maulbronn hatte Kurz nicht allein auf dem
Gebiete der alten, sondern auch der neuen Sprachen
fleißig und mit schönem Erfolge sich umgethan.
Zeugnisse hierfür sind seine zahlreichen poetischen
Uebersetzungen, verdeutschte Dichtungen von Ariosto,
Shakspeare, Byron, Moore, Cervantes. Den Ton
von Shakspeare und Byron hat der Uebersetzer,
wie mir vorkommt, nicht ganz getroffen. Dagegen
müssen seine Verdeutschungen von Ariost's „Orlando
furioso" und von Moore's „Paradise and the Peri"
zu den Meisterwerken deutscher Uebersetzungskunst
gestellt werden. Es ist unmöglich, die „corbellerie"
— um nicht, wie die andere Lesart lautet, zu sagen
die „coglionerie" — des Messer Lodovico gut=
launiger und anmuthiger nachzudichten, als es Kurz
gethan hat, und unvergleichlich schön wußte er auch
das Schimmernde und Flimmernde, den lyrischen
Schmelz und die sprachliche Musik des berühmten
moore'schen Gedichtes wiederzugeben. Die Ueber=
tragung der schwankhaften „Zwischenspiele" des großen
spanischen Dichters ist ebenfalls vortrefflich ge=
lungen. . . .

Zur Zeit meiner Befreundung mit Kurz stand er in der Vollkraft seines Wollens und Könnens. Der Roman „Schiller's Heimatjahre" war erschienen und hatte zwar nicht bei der Menge, aber doch bei Urtheilsfähigen einen Beifall gefunden, welcher den Verfasser wohl zu weiterem Schaffen ermuthigen konnte. Zunächst arbeitete er an der Neubeutschung und Beschließung des „Tristan" Gottfried's von Straß= burg, welches Werk, mit einer gediegenen Einleitung ausgestattet, unlange darauf veröffentlicht wurde. Kurz war dazumal eine hochragende, hagere, schmalschulterige Gestalt, mit vorgeneigtem Kopfe etwas schlotterig ein= hergehend. Bleicher Gesichtsfarbe, blonden Haares und Bartes, eckigen Gebarens und zugeknöpfter Hal= tung, wie er war, hatte seine ganze Erscheinung für den flüchtigen Beobachter wenig Anziehendes. Bei genauerem Zusehen mußten die anmuthige Bildung seines Mundes, der treuherzige Blick ungewöhnlich glänzender Augen und ein über die ganze Physio= nomie gebreiteter Hauch träumerischer Resignation den Beschauer gewinnen. Zu seinen Gewohnheiten ge= hörte, zum „Burger Frank" und zum „Bürger Ochsen= jergle" immer zu spät zu kommen, um sich dann dar= über zu ärgern, daß wir anderen seiner Meinung

zufolge immer zu früh gingen. Ein Hochgenuß war
es, den Rubens (Seeger), den Ostjäk (Fink) und den
Blauen (Kurz) mitsammen in Erinnerungen an ihre
Stiftlerjahre sich ergehen zu hören. Dem Seeger
fielen da die tollsten Schnurren nur so aus den
Aermeln; der Fink lachte dazu, daß die Zimmerdecke
schütterte; der Kurz lächelte, still in sich vergnügt
„wie ein Maikäfer", und nahm eine „währschafte"
Prise.

Zur Politik verhielt sich der Dichter damals noch
ganz gleichgiltig. Das änderte sich aber mit seiner
Uebersiedelung nach Karlsruhe, wo er in mehrjährigem
Umgange mit den Führern der badischen Kammer-
opposition zum regelrichtigen Liberalen sich auswuchs.
Er hat später die Wendungen und Wandelungen der
liberalen Doktrin in aller Ehrlichkeit mitgemacht und
selbst die kindlichsten Illusionen der Partei aufrichtig
getheilt. Ist es ihm doch unter anderem begegnet,
daß er — zu Anfang des Jahres 1848 nach Stuttgart zurückgekehrt und nach dem großen Zusammen-
bruch von 1849 und der Flucht des braven Adolf
Weißer mit der Redaction vom „Beobachter" betraut
— lange noch mit der Seifenblase der sogenannten
„Trias-Idee" ernsthaft spielte, nachdem der Bundes-

tag schon wieder im thurn= und taxis'schen Palast
in der Eschenheimer Gasse installirt war. Die Sache
ist, Politik war und blieb dem Träumer von Poeten
im Grunde allzeit etwas Aeußerliches, etwas blos An=
empfundenes, etwas Unsympathisches. Hat er mir ja
mitten im Wirbel des großen Sturmjahres einmal
seufzend gestanden, der ganze Zeitungskram ekelte ihn
an, und er fühlte sich recht glücklich, wenn er sich
aus der „heulenden Wüste" der Tagesfragen für
etliche Stunden in die stille Oase der Beschäftigung mit
irgendeinem literarischen Problem zurückziehen könnte.
Natürlich hat er dessenungeachtet den schimmernden
Märztraum von 1848 mit ganzer Seele mitgeträumt.
Zeugniß dessen sein „Vaterlandslied", welches edle
Gedicht das ganze Vertrauen, die ganze Hoffnung,
den ganzen Jubel und Ueberschwang jener wunder=
baren Märztage gerade so seelenvoll offenbart, wie
Freiligrath's Zornflammenschrei „Der Todten an die
Lebenden" die ganze Enttäuschung, den ganzen Grimm
und Groll der Novembertage herzzerreißend kundgibt.

Es ist heutzutage schwer, in die Stimmung sich
zu versetzen, aus welcher heraus Kurz sein „Vater=
landslied" sang. Ja, ich stehe nicht an, zu sagen,
daß man jenen Frühling miterlebt haben muß, um

begreifen zu können, wie der schwäbische Dichter auf
die Aetherhöhe weltbürgerlichem Idealismus sich zu
schwingen vermochte, von welcher aus er der „großen
Mutter" Germania in den Schlußstrophen seines Gedichtes zurief:

„Lauschend nach des Geistes Sonnen,
Sankst du hin, zum Sterben wund;
Aber Flut vom Lebensbronnen
Quoll dir aus des Todes Schlund.
Keine Freiheit ohne diese!
Bleiche Weltbefreierin,
Deine kühne Wahrheit gieße
Ueber alle Völker hin!

Deine Seher, deine hellen,
Kannten wohl der Sterne Lauf:
Endlich steigt aus Sturm und Wellen
Jenes Friedenseiland auf,
Wo aus Dornen sich die Rose
Ungeknickt entfalten kann, —
Ja, und säuselnd bricht der große
Schöne Völkerfrühling an.

Endlich siegt der wahre Glaube,
Der die Menschheit menschlich macht.
Mit dem Oelblatt kommt die Taube
Und der Rabe flieht zur Nacht.
Aller Völker bunt Gewimmel
Wird ein freier Volksverein
Und der längst verlorne Himmel
Kehrt auf Erden wieder ein."

Das Vaterlandslied erschien im „Beobachter"
am 26. März von 1848, an jenem sonnigen Sonn=
tag, an welchem zu Göppingen am Fuße des Hohen=
staufen die große Volksversammlung stattfand und
welcher wohl der schönste Tag der bekanntlich sehr
harmlosen schwäbischen „Revolution" genannt werden
darf. Als wir vom Bahnhof durch das Menschen=
getümmel dem Platze vor dem Rathhause zuschritten,
von dessen Balkon herab die Ansprachen gethan und
die Schlußnahmen beantragt werden sollten, disputirte
unterwegs Kurz mit dem „rothen Pfau", welcher
schließlich gelassen das große Wort aussprach:

„Das Gescheideste wäre halt doch, wenn wir
ohne weiteres die Republik proklamirten."

Wogegen Kurz ganz furibund: „Was? Du wilde
Gans, wohin verfliegst du dich? Ihr Ueberstürzler
werdet alles zu Grunde richten."

Der „rothe Pfau" war über diesen unerwarteten
Ausbruch des „sanftlebenden Fleisches von Reutlingen"
für einen Augenblick bis zur Sprachlosigkeit verblüfft.
Dann brummte er: „Jetzt hört aber doch alles auf,
wenn auch noch der Blaue den Staatsmann heraus=
hängen will."

Der hinter ihm hergehende Ostjäk tröstete ihn:

„Ja, weißt du, Pfaule, seit etzlichen Tagen grassiren halt die Staatsmänner. Jedennoch die blaue Staatsmännischkeit kommt mir grün vor, sehr grün."

Wir lachten, der Blaue lächelte und nahm eine unendliche Prise. Ueberhaupt ging es bei der schwäbischen „Revolution" selten ganz ohne Humor und Lachen ab, und das war wohl das Beste daran. Die Spuren bewahrt ergötzlich der „Eulenspiegel", welchen Ludwig Pfau im Sturmjahre redigirte. Kurz führte übrigens in der politischen und literarischen Debatte selten die Keule als Waffe, sondern zumeist den zierlich damascirten, aber scharfschneidigen Stoßdegen der Ironie. In seiner Streitschrift gegen einen leidenschaftlichen Bekrittler seines „Tristan", welche unter dem Titel „Der Kampf mit dem Drachen" 1845 erschien, kann ich zwar nicht mit Heyse ein Meisterstück „polemischen Humors" erblicken, wohl aber in der auf die auerbach'sche Dorfhistorik gemünzten „Dorfgeschichte" (Ges. Werke, IX, 259 fg.) eine der besten und zugleich gutmüthigsten literarischen Satiren, die jemals in Deutschland geschrieben wurden. Da ist attisches Salz oder auch allerbestes schwäbisches. Zu der lyrischen Stimmungsfülle und dem Stilglanze, welche im „Vaterlandslied" walteten, hat sich

der Dichter später nur einmal noch erhoben, in dem
prächtigen Gedichte „Der Fremdling", einer hoch=
poetisch=symbolisirenden Transfiguration des eigenen
Schicksals.

Faßt man die dichterische Thätigkeit unseres
Freundes und die Ergebnisse derselben zusammen, so
könnte man ihn, die Vorstellung von einer schwäbi=
schen Dichterschule als eine berechtigte vorausgesetzt,
als den letzten Mohikaner dieser Schule bezeichnen.
Er war so recht ein schwäbischer Binnenmensch, ein
Schwabe im Superlativ, ein Reutlinger. Er ist nie
in einer großen Stadt gewesen, München ausge=
nommen; er hat nie das Meer gesehen, auch die
Hochalpen nicht, kaum flüchtig ein Stück Voralpen.
Sein Heimatland war ihm A und O, war und blieb
ihm die Welt. Darum ist in keines anderen schwäbi=
schen Dichters Werken so entschieden viel vom besten
Bein, Fleisch und Blut des Schwabenthums wie in
den Werken von Hermann Kurz. Dieser Thatsache
gegenüber konnte es wundernehmen, daß Kurz in
seinem Heimatlande keineswegs populär geworden
ist, wenn man nicht beachtete, daß es von jeher ein
schwäbisches Specifikum gewesen, einheimische Talente
zu mißachten und hintanzusetzen, unter Umständen

auch zu verleumden, zu verfolgen oder zu vertreiben. Vollends solche, welche sich unter die Schablone des altherkömmlichen wirtembergischen „Schreiberregiments" nicht zu fügen verstanden oder nicht fügen wollten.

Die Werke des schwäbischen Dichters par excellence, namentlich seine zwei großen Romane, wurden und werden in Norddeutschland und sonst außerhalb Schwabens entschieden mehr gelesen und gewürdigt als daheim. Freilich auch in der Fremde noch lange nicht nach Verdienst. Den Hauptgrund ihrer geringen Verbreitung sehe ich darin, daß Kurz es nie verstand, die Frauen für sich zu gewinnen, — die Frauen, von welchen doch die Beliebtheit eines Poeten vorzugsweise abhängt. Und warum gewann er sie nicht? Weil seinen Schriften durchweg das Glattgestrichene, Geschminkte, Kokette und häufig das Packende, Spannende, Sensationelle abgeht, weil er weit mehr ein Dichter der sinnenden Betrachtung als ein Dichter der elementaren oder der raffinirten Leidenschaft ist, weil es endlich in seinen Erzählungen vor lauter Motiviren nicht häufig genug zu dramatisch bewegtem Leben und Handeln kommt. Und wenn es dann doch dazu kommt, so ist der Leser und gar noch die

Leſerin gewöhnlich ſchon ſo ermüdet und abgeſpannt,
daß ſie das Intereſſe an der ganzen Geſchichte ver=
loren haben.

Kurz beſaß fraglos viele der beſten Eigenſchaften
eines beſten Erzählers, aber dieſe Vorzüge wurden
nicht ſelten paralyſirt durch den großen Fehler, daß
unſer Freund jenen Beſuchern glich, welche die Thüre
nicht mehr finden können. Er verſtand es nicht, bei
guter Zeit zu Ende zu kommen und abzuſchließen.
Das gab dann ſelbſt kleineren Sachen, z. B. der,
pſychologiſch angeſehen, ſo meiſterhaften Novelle „Der
Weihnachtsfund", etwas ſo Gedehntes, daß die Ge=
duld der meiſten Leſer daran erlahmte. Dieſes Nicht=
endigenkönnen iſt daran ſchuld, daß in der Kurz'ſchen
Novelliſtik mehr als einmal der Ausgang nicht hält,
was der Anfang verſpricht. Man fühlt mit einer
gewiſſen peinlichen Theilnahme, wie dem Verfaſſer
im Verlaufe ſeiner Erzählung mehr und mehr die
Stimmung abhanden kommt und die Dialektik er=
ſetzen ſoll, was die Phantaſie verweigert. Mitunter
fällt darum das Ende dem Anfang gegenüber wahr=
haft erſchreckend ab. So in der Novelle „Die beiden
Tubus". Die erſte Hälfte hat ein Meiſter des
Humors gedichtet, aber die zweite verläuft in Tri=

vialität. Was Gleichmaß und Geschlossenheit der
Form angeht, so hat Kurz nichts Besseres geliefert,
als seine zumeist auf Familientradition beruhenden
Erzählungen, welche in der Gesammtausgabe unter
der Ueberschrift „Hauschronik" zusammengestellt sind.
Sie standen ursprünglich in dem kurz'schen Novellen=
buch „Genzianen". Mir persönlich sind, wie ich ge=
stehe, diese Geschichten das Liebste von allem, was der
Freund geschaffen. Hier, meine ich, sei es ihm so
gut wie sonst nirgends geglückt —

> „Um die gemeine Deutlichkeit der Dinge
> Den goldnen Duft der Poesie zu weben."

Die eigentliche Domäne von Kurz war die
Geschichte Wirtembergs im 18. Jahrhundert. Auf
diesem Gebiete kannte er jeden Weg und Steg, jeden
Berg und Bach, jeden Baum und Busch, jeden
Wald und Weiler. Auf dem Hintergrunde der
Regierungszeit des Herzogs Karl hat er seine
beiden großen Romangemälde „Schillers Heimat=
jahre" und „Der Sonnenwirth" ausgeführt. Jenes
ist das frischer empfangene und künstlerischer gezeitigte
und herausgearbeitete, dieses das tiefer angelegte
und seelenkundiger entwickelte. In jenem herrschen

idealistisch-romantische Motive, in diesem realistisch-
psychologische. Als eine „schwäbische Volksgeschichte"
durfte der Dichter seinen Sonnenwirth mit Fug bezeichnen. Ich wüßte kein Buch zu nennen, in welchem
das altwirtembergische Volksdasein zur angegebenen
Zeit so umfassend, so anschaulich und so lebenswahr
geschildert wäre wie hier. Den Höhepunkt erreicht
die Erzählung und damit zugleich den Höhepunkt
des tragischen Könnens unseres Dichters im 37. Kapitel,
da, wo der Sonnenwirthle, nachdem er den Fischer-
hanne erschossen, seinem durch das Todesthal ahnungs-
los daherkommenden Vater von der Bergwaldwand
herab zuruft: „Sonnenwirth von Ebersbach, wo hast
du deinen Sohn?" Schade, daß auch bei diesem
Werke die schauende und gestaltende Kraft des Verfassers nicht bis zum Ende vorhielt. Der letzte Theil
ist nur eine fleißige, aber trockene Relation nach
Kriminalakten. „Schillers Heimatjahre" leiden an
einer gewissen Zwiespaltigkeit. Der Roman hat keinen
rechten Mittelpunkt. Der Held desselben im Roman-
sinne soll Heinrich Roller sein, aber er wird durch
die Erscheinung Schillers fortwährend verdunkelt und
in den Hintergrund gedrängt. Die beste Figur im
ganzen Buche macht der Herzog Karl. Er ist über-

haupt die am meisten plastische und typische Gestalt,
welche Kurz geschaffen hat. Dieser Erzmischmasch
von aufgeklärtem Despoten, Jagdwütherich und Wüstling, von Thrann und Schulmeister leibt und lebt
vor unsern Augen, obzwar unser Dichter die Farben,
mit denen er das Porträt malte, etwas abgedämpft
hat. Es ist ihm gelungen, den Herzog so zu sagen
dichterisch zu rehabilitiren, indem er einen Stral
altwirtembergischer Pietät auf denselben fallen ließ.

Heyse hat sich mittels Veranstaltung und Veröffentlichung der vorliegenden Gesammtausgabe gewiß
den Dank aller Wissenden und Empfänglichen verdient.
Aber verwunderlich ist, daß in dieser Gesammtausgabe gerade das Werk von Kurz fehlt, welches, wenn
vom Dichter im engeren Sinne die Rede, fraglos
für sein bedeutendstes gelten muß. Ich meine selbstverständlich den von dem Freunde gedichteten Beschluß des von Gottfried von Straßburg unvollendet
gelassenen Tristan. Noch im Mittelalter hatte, wie
jeder weiß, das wundersame Werk Gottfrieds zwei
Poeten, den Heinrich von Freiberg und den Ulrich
von Türheim, zur Vollendung angeeifert, und die
Beiden hatten sich auch nach einander ihrer Aufgabe
entledigt, soweit eben ihre Mittel reichten.

In unserem Jahrhundert sodann hatten Follen
und Immermann den reizenden Stoff zu selbst=
ständiger Behandlung wieder aufgenommen und hatte
es der erstgenannte nur zur Schaffung etlicher Bruch=
stücke gebracht. Auch Immermann's herrlicher Wurf
war nicht zum Ziele gelangt, weil den düsseldorfer
Meister der Tod vorzeitig hinwegnahm, wie er den
straßburger vordem vorzeitig hinweggenommen hatte.
Kurz war glücklicher. Ja, als einen rechten Glücks=
fall rechne ich es ihm an, daß ihm gegönnt gewesen,
das „Hohelied von Tristan und Isolde" zu beschließen.
Denn wie hat er es beschlossen! So, daß der alte
Gottfried, falls er aus seinem unbekannten Grabe
sich erheben und seines Nachfolgers Leistung betrachten
könnte, wohl sagen würde: „Das ist mein lieber
Sohn; an dem hab' ich Wohlgefallen." Ich will
damit nur auf die Kongenialität des alten Beginners
und des neuen Vollenders hingewiesen haben, indem
ich ja nicht meinen kann, Kurz hätte in knechtischer
Schmiegsamkeit ganz im Sinn und Stil des mittel=
alterlichen Meisters gedichtet. Allerdings hielt er
treulich die Grundlinie ein, welche die Sage und
sein Vorgänger ihm vorgezeichnet hatten. Aber statt
den Ton des 13. Jahrhunderts ängstlich nachzukünsteln,

schlug er kraftvoll den des 19. an, und wenn trotzdem
seine Krönung von Gottfried's graziösem Bau so
harmonisch zu demselben stimmt, so hat das seinen
Grund darin, daß durch die ganze alte Liebesmär
von Tristan und Isolde unverkennbar ein stark
moderner Zug geht und daß ja auch der mittelalter-
liche Romantiker Gottfried von einem Vorwehen
neuzeitlichen Geistes angehaucht war. Man denke
nur daran, mit welcher lächelnden Ironie dieser über-
legene Genius da, wo er seine Heldin die Feuer-
probe bestehen läßt, das Ordalien=Institut behandelt
hat. Selbst Heine hätte diese Mittelalterlichkeit nicht
köstlicher verspotten können. Es ist unmöglich, den
Beschluß vom Tristan zu lesen, ohne den Beschließer
achten zu lernen und liebzugewinnen. Hier hält das
Ende ganz, was der Anfang verspricht. Mir ist,
wenn ich diese sinn= und geistvollen, phantasiereichen
und melodischen Gesänge wieder lese, immer, als
blickten mich daraus die Augen des Freundes so
träumerisch=treuherzig an wie vor Zeiten. Dann
vermag ich mich auch des bitteren Gefühles nicht
zu erwehren, wie wenig die deutsche Leserwelt diesem
vaterländischen Schriftsteller bislang gerecht geworden.
Schade, daß er kein Franzos gewesen! Schade, daß

er, statt aus der Geschichte, aus der Landes- und
Volksart seiner Heimat heraus seine Romane und
Novellen zu schreiben, nicht aus boue de Paris wüste
Fratzen geknetet hat! Schade, daß er, statt ein stand-
hafter Idealist und echter Poet zu sein, nicht den
photographischen Apparat des hochgelobten „Realismus" in Boulevardstheatern, Branntweinkneipen
und sonstigen Kloaken herumgeschleppt hat! Wäre
er ein Franzos gewesen und hätte er so geschmierakelt,
ja dann würden die guten Deutschen und besseren
Deutschinnen zweifelsohne seine Bücher verschlungen
haben und verschlingen.

Von den Verhältnissen und Stimmungen des
Freundes in seinen letzten Lebensjahren hab' ich
keine nähere Kenntniß. Ich weiß nur, daß er
seinen Lebensabend verhältnißmäßig sorglos verbringen
konnte. Der Ungerechtigkeit und Theilnahmelosigkeit
des Publikums müde, hatte er der dichterischen
Hervorbringung entsagt und sich ganz seinem spät,
zu spät erlangten Amt als einer der Universitäts-
bibliothekare zu Tübingen, sowie seinen literarischen
und historischen Forschungen gewidmet. Eine ge-
diegene Frucht der letzteren war die im Jahre 1871
in Buchform erschienene geschichtliche Bilderreihe „Aus

den Tagen der Schmach". Wie Kurz im großen
Jahre der Deutschen fühlte und dachte, bezeugt schön
die Zusatzstrophe, welche er dazumal (1870) seinem
zehn Jahre zuvor gedichteten Märchen „Die zwölf
Brüder und der Menschenfresser" anfügte. Dieses
politische Märchen hatte die Schlußzeile gehabt: „'s
gibt keinen Oger mehr." Die Zusatzstrophe von
1870 nahm das auf und sagte:

> „Doch ja, den Oger gibt's zur Frist
> In seiner stolzen Babel,
> Doch der begrab'ne Bruderzwist
> Macht ihn erst recht zur Fabel.
> Ein Zorn im Volk, ein Muth im Heer,
> Vorüber Hohn und Spott,
> Und lächelnd reicht er uns den Speer,
> Der alte Siegesgott."

Die Periode der Enttäuschung, Ernüchterung
und Erbitterung welche dem beispiellosen Aufschwung
des großen Jahres folgte, hat Kurz nicht mehr
mitdurchleben müssen. Der Anblick der traurigen
Ebbe, welche so bald nach der prächtigen Hochflut
von 1870—71 eintrat, blieb dem Patrioten erspart.
Auch ist ihm das Sterben leichter geworden, als ihm
das Leben gewesen. Am 10. Oktober von 1873
beschloß ein plötzlicher Tod das innerlich so reiche,

äußerlich so dürftige Leben des am 30. November von 1813 geborenen Dichters. „Das Herz war ihm gesprungen," meldet sein Biograph und für= sorglich treuer Freund Heyse.

Have, anima candida!

———

III.

Ein öſtreichiſcher Dichter.

———

Zweifelsohne werden in deutſchen Landen der=
malen mehr Bücher gekauft, auch in Verſen ge=
ſchriebene, als in den dreißiger und vierziger Jahren,
und es verwirklicht ſich mehr und mehr die Anſicht,
daß zur Einrichtung eines anſtändigen Haushaltes
auch eine Bücherei von kleinerem oder größerem Um=
fange gehöre. Aus eigener in den letzten Sommern
gemachter Erfahrung kann ich bezeugen, daß die
ſchmierigen Leihbibliotheken=Bände, welche an ſchwei=
zeriſchen Kurorten früher eben ſo häufig als wider=
wärtig in den Händen deutſcher Damen ſichtbar
waren, allmälig Büchern Platz gemacht haben, deren
Einband auf Privatbeſitz hindeutet. Aber wenn meine
Landsleute jetzt mehr Geld für die Literatur haben

15 *

als früher, so ist ihre Theilnahme für dieselbe keineswegs in demselben Grade gestiegen. Ich meine die wirkliche, die echte und rechte Theilnahme, nicht die gemachte und nach den Vorschriften der Konvenienz zur Schau gestellte.

Kein Wissender wird mir widersprechen wollen, wenn ich sage: Das Geschlecht von heute kann sich keine deutliche Vorstellung davon machen, was alles uns anderen, uns Menschen der älteren Generation, die Literatur gewesen ist, welche Bedeutung Dichter und Dichtungen zu unserer Zeit hatten. Was hatten wir denn anderes in unseren Studentenjahren, so wir nicht etwa, was freilich vielen von uns begegnete, im Irrgarten der Hegelei herumtaumeln wollten? Das deutsche Vaterland war · ja nur als „geographischer Begriff" erlaubt. Als treugehorsamster Unterthan einer der drei Dutzende deutscher Bundesstaaten sich zu fühlen, konnte doch wohl nur die allerordinärsten Packeselseelen befriedigen. Auch mit dem gebratenen Eis der Weltbürgerei hatten wir alle, die nicht zur genannten Seelen-Kategorie gehörten, uns gründlich den Magen verdorben und wollten davon nichts mehr wissen. Das Bestehende in Staat und Kirche widerte uns

an, und weil uns daran so vieles mißfiel, miß=
fallen mußte, verwarfen wir nach der Art brausender
Jugend alles. Wie glücklich sind die jungen Leute
von heutzutage! Die haben gut „positiv" sein. Sie
„stört nicht im Innern vergeblicher Streit". Sie
brauchen sich um Deutschland keine Sorge zu machen.
Sie gehören zur „Partei Bismarck sans phrase",
überlassen beruhigt alles dem Allesmacher, arbeiten
realpolitisch an ihrer eigenen Carrière und haben
daneben noch Zeit und Stimmung, ihren nicht
gerade großen literarischen Appetit mit allerhand der=
malen wieder aufgewärmtem romantischem, nieblich
in Versen servirtem Kohl oder auch mit durchaus
harmlosen antiquarischen Romansuppen zu stillen, zu
welchen altdeutsche Reckenknochen oder egyptische Mu=
mien mehr oder minder recht geschickt verkocht worden
sind. Solche Kost erhält das Blut in ruhig reichs=
unterthänlichem Umlauf, förbert einen regelmäßigen und
sanften geistigen Stuhlgang — was man jetzo Gehirn=
Sekretionen nennt — und schwellt Männerherzen
und Frauenbusen mit dem lauwärmlichen Winde
„zielbewußten" Patriotismus. Dabei ist dieses Ge=
schlecht ganz außerordentlich mit sich selbst zufrieden
und in seinem Opportunismus laut vergnügt. Junge

Leute — mitunter sind es auch alte Laffen — welche
nie ein anderes Leid erlitten, als daß sie etwa durch's
Maturitäts-Examen gefallen oder daß der auserwählte
Backfisch ihnen einen andern dummen Jungen vorgezogen oder daß sie, falls sie zur zweitgenannten
Kategorie gehören, bei der Vertheilung von Ordens-
Almosen einmal leer ausgegangen, kurzum Bursche,
denen das Buch der Geschichte ein siebenfach ver-
siegeltes und der Kampf ums Dasein eine unbekannte
Größe ist, erklären hoch herab, nicht begreifen zu
können, wie man so altfränkisch sein möge, sich „von
der Menschheit ganzem Jammer anfassen" zu lassen,
und erlassen faselnde Manifeste gegen den „grund-
verderblichen Pessimismus", von welchem sie ungefähr
so viel wissen und verstehen, wie ein Kakabu von
den Logarithmen.

Ja, wir anderen waren nicht so gut daran und
konnten uns nicht in solcher Selbstgefälligkeit wiegen.
Wir hatten kein deutsches Reich, keinen allesmachenden
Bismarck, keinen alleinseligmachenden Opportunismus.
Wir hatten nur unsere „ideologische" Begeisterung,
unsere Liebe und unsern Haß, unsern nur allzu
begründeten Groll und Zorn, nur das lastende Gefühl
der Gegenwart und nebelhafte Zukunftshoffnungen.

Eine folche Zeitftimmung macht aber die Menfchen empfänglich und dankbar für die Offenbarungen der Poefie, von welcher dazumal ein jetzt vergeffener Poet mit Fug und Recht fagen durfte:

> Noch wandelt immerbar wie weiland
> Mit Feuerworten inhaltsfchwer
> Die Poefie vor jedem Heiland
> Als taufender Johannes her.

Der arme Heiland, welcher eigentlich eine Hei= landin war, ift feitdem obfolet geworden und gänzlich aus der Mode gekommen. Die Urfache ift traurig klar. Die Arme hat es ja erleben müffen, daß ihr die abfonderlichften Lug= und Trugpropheten erftan= den, franzöfifche und deutfche Kommuniften, römifche Bonzen, zarifche „Völkerbefreier". Sie hat es erleiben müffen, daß fie, ftatt mit Lorbeer und Eichenlaub bekrönt zu werden, mit Petrol gefalbt wurde. Kein Wunder, daß fie in fchlechtem Geruch jetzunder. Zu u n f e r e r Zeit war fie hold und fchön, von Ambrofia und Nektar buftend, und rofenbekränzt zog fie mit fliegenden Fahnen und klingendem Spiele den Völ= kern voran. Ihrer Vorläufer, ihrer Johannefe waren viele, auch etliche auserwählte. Wunderliche Heilige gab es ebenfalls barunter. Aber ich frage alle meine

Altersgenossen, welchen noch ein Sonnenstral von
Jugend in der Seele haften geblieben, ob ihnen nicht
das Herz höher schlage bei der Erinnerung an die
Spannung, mit welcher wir dem Erscheinen neuer
Dichtungen von Rückert, Uhland und Chamisso, von
Platen und Immermann, von Heine und Grabbe,
von Lenau und Grün, von Mosen und Freiligrath
entgegensahen und mit welcher innigen Theilnahme
die erschienenen begrüßt und genossen wurden. Ja,
damals gab es noch literarische „Ereignisse", und
manchmal könnte einen wohl ein leiser Zweifel be=
schleichen, ob alle die politischen und socialen, welche
wir seither erlebten, die Menschen wirklich glücklicher
gemacht hätten. Besser und weiser jedenfalls nicht.

Dem Deutsch=Oestreicherthum gebührt der Ruhm,
zu der berufenen Schar deutscher Dichter der drei=
ßiger und vierziger Jahre ein auserlesenes Fähnlein
gestellt zu haben. Während Grillparzer, verbittert
durch eine blödsinnig=brutale Theatercensur und die
Ungerechtigkeit seiner Zeitgenossen, sich grollend in
sein Kämmerlein zurückzog und sozusagen nur noch
für sich selbst dichtete, rückte das besagte Fähnlein
rüstig ins Feld, und zwar unter der Führung von
Nikolaus Lenau und Anastasius Grün. Man hat

dafür wol auch ein anderes Bild gebraucht, indem
man dieſen die Lerche, jenen die Nachtigall der deut=
ſchen Freiheitslyrik nannte. Ohne Bild will ich
ſagen, daß der im Oktober von 1822 zu Teplitz
geborene Alfred Meißner, von welchem hier die Rede
ſein ſoll, wie zu den begabteſten, ſo auch zu den
wirkſamſten deutſch=öſtreichiſchen Dichtern gehörte,
denen Niembſch und Auersperg aus dem metternichig
vermauerten Oeſtreich hervor und nach Deutſchland
herein die Bahn gebrochen haben.

Damals mußte man noch etwas ſein, um litera=
riſch etwas vorzuſtellen und zu bedeuten. Die Literatur
war noch nicht ſo rein oder unrein geſchäftsmäßig
organiſirt wie ſie es heute iſt. Die jetzt ſo blühenden
Vor= und Rückverſicherungs=Anſtalten für Ruf und
Ruhm oder wenigſtens für das „Gefragtſein“ auf dem
Büchermarkte waren erſt in ſchüchternen Anfängen vor=
handen. Die Reklame, welche jetzt zu einer ſo üppigen
Roſe von Saron ſich entfaltet hat, lief noch in der
„Unſchuld Flügelkleide“ herum. Die Blitzpoſt exiſtirte
noch nicht und die liebe Kameradſchaft konnte darum
auch nicht mittels derſelben urbi et orbi verkünden, daß
der große Baſel mit einer neuen Komödie ſchwanger
ginge oder daß der größere Faſel ſich anſchickte,

demnächst von einem neuen Roman entbunden zu
werden. Die Freimaurerei der Mittelmäßigkeit, die
gelehrte wie die belletristische, besaß noch nicht das
weitverzweigte und einflußreiche Logennetz, worüber
sie dermalen verfügt, und war demnach auch nicht
im Stande, aus jedem beliebigen Spatzen je nach Bedürfniß einen Sprosser oder einen Adler zu machen.

So sah sich denn Meißner auf sich selbst gestellt,
als er sich anschickte, dem in der deutschen Literaturgeschichte schon ehrenhaft bekannten Namen, welchen
er trug, zu neuen Ehren zu verhelfen. Sein Groß-
vater nämlich war jener 1753 zu Bautzen geborene
August Gottlieb Meißner, welchen Kaiser Josef zum
Professor der deutschen Literatur an der Universität
Prag gemacht hatte und welcher als Verfasser der
„Skizzen", der „Bianca Capello" und des „Alki-
biades" einer der beliebtesten Erzähler des vorigen
Jahrhunderts gewesen war. Im Vorbeigehen sei
erwähnt, daß der Enkel Alfred pietätvoll die auto-
biographischen Aufzeichnungen des Großvaters gesammelt und unter dem Titel „Rokokobilder"
(2. Aufl. 1876) zu einem sehr lesenswerthen Buche
zusammengestellt hat, welches gar manches helle Streiflicht auf die josefische Zeit wirft.

Der junge Mann gewann im Jahre 1846 den
Doktorhut der Medicin, hat aber, so viel ich weiß,
niemals im Schatten dieser ehrwürdigen Kopfbedachung
gewohnt, das heißt ärztlich practicirt. Wie es scheint,
wurde er durch die warme Anerkennung, welche ihm
die erste öffentliche Probe seines dichterischen Talentes
eintrug („Gedichte" 1845) und welche das Erscheinen
seiner erzählenden Dichtung „Zifka" (1846) rasch
zu entschiedenem Beifall steigerte, für immer der
Literatur zugewendet. Die „Gedichte" liegen jetzt in
zwölfter, der „Zifka" ebenfalls in zwölfter Auflage
vor („Dichtungen", 3 Bände, 1879).

Meißner's Stärke ist nicht das, was man „reine
Lyrik" zu nennen pflegt. Nicht als ob ihm die lyrische
Stimmung fehlte, aber sie kommt selten unmittelbar
heraus. Seine Lyrik ist keine Blume, die sich selbst=
herrlich auf ihrem Stengel, das heißt auf der ele=
mentaren Empfindung wiegt. Vielmehr gleicht sie,
wenn ich recht urtheile, einer Rebe, die sich am Stabe
entweder des Gedankens oder der Thatsache empor=
rankt, sei diese ein Vorgang des Tages, sei sie ein
Ereigniß der Geschichte. Wie als Mensch, so ist
Meißner auch als Dichter von der Illusion jener
völkerbrüderlichen Weltbürgerei ausgegangen, worin

wir ja dazumal alle in Versen und in Prosa herum-
duselten, bis uns die lieben Nachbarn in Süd und
Nord, West und Ost sehr empfindlich auf die ihnen
menschenbruderschaftlich und völkersolidarisch entgegen-
gestreckten Hände schlugen. In juvenilem Ueberschwang hatte unser Dichter sogar deutsche Klagelieder
für das „unterdrückte" Czechenthum angestimmt, bis
ihm sozusagen handgreiflich gezeigt wurde, wie die
Herren Czechen mit dem Deutschthum umzuspringen
gedächten, sobald sie das Heft in den Händen hätten.
Bei guter Zeit hat sich dann Meißner den Thoren-
traum von der Völkerbruderschaft aus den Augen
gerieben und hat sich, wie jeder anständige deutsche
Kosmopolit in den letzten zwanzig Jahren gethan,
zum patriotischen Kredo bekehrt. Nur notorische
Narren oder notorische Lumpe hängen heutzutage noch
die fadenscheinige Fahne der Weltbürgerei heraus.
Wie warm unserm Dichter das deutsche Blut durch
die Adern rollt, beweisen kraft- und klangvoll seine
„Zeitklänge" von 1870 bis 1871 („Dichtungen",
III, 157—190). Selbstverständlich jedoch ist Meißner's Patriotismus kein bornirter, wie ja überhaupt
denkende und wissende Deutsche nie Chauvinisten
sind. Wir lassen anderen Völkern gern ihr Recht,

nur wollten und wollen wir endlich einmal auch das
unſere haben und halten.　Die Rolle des koſmo=
politiſchen Kulturdüngers kommt uns durchaus nicht
mehr begehrenswerth vor, aber niemals ſollen und
wollen wir jene Ader von Univerſalität verleugnen,
welche ſich durch das Germanenthum zieht und zu
beſſen edelſten Eigenſchaften gehört, obzwar ſie ihm
ſelber nicht ſelten hochgefährlich wird, weil ſie die
Entäußerung der Nationalität ſo ſehr erleichtert.　Im
beſten Sinne pulſirt dieſe Ader in unſerm Dichter.
Vieles vom Schönſten, was ihm gelungen, iſt der=
ſelben entquollen.　Das wunderbare Sichhineinfühlen
in fremde Länder, Orte und Menſchenſeelen iſt ge=
radezu ein Hauptcharakterzug von Meißner's Poeſie.
Man leſe, wie er Byron und Shelley kennzeichnet
(„Dichtungen", II, 173, 177).　Ich glaube nicht,
daß jemals ein Poet von einem Poeten bündiger und
ſchöner charakteriſirt worden ſei, als Meißner in den
ſechs Zeilen:

> Ein ernſthaft ſpielend Kind, ein Maientag,
> Der Schatten eines Menſchen, eine Laute,
> Von jedem Windhauch tongeſchwellt — ein Hag
> Voll Roſenduft, ein Geiſt, der Geiſter ſchaute,
> Der Wurm und Vogel ſeine Brüder nannte
> Und dem Natur ihr tiefſtes Sein vertraute —

den armen Shelley charakterisirte, und ich kann es
nicht tadeln, sondern nur loben, daß er den Zug
„a phantom among men" aus einer berühmten
Selbstkennzeichnung des englischen Dichters herüber=
genommen hat. Einzig schön ist das Gedicht „Venezia"
(D. II, 57), welches mit der Strophe:

> Es schlummert eine hehre,
> Seltsame Stadt im Meere,
> Mit tausend bunten Zinnen
> Im Meere blau und still;
> Schön wie ein Traum zu schauen,
> Der bei des Morgens Grauen
> In Luft und Duft zerrinnen,
> In Nichts zerfließen will —

anhebt. Ich stehe nicht an, zu sagen, daß keiner
der vielen Dichter, welche Venedig geschildert, be=
sungen, betrauert haben, keiner, selbst Göthe, Byron
und Platen nicht ausgenommen, den traumhaften
Zauber der sterbenden Königin der Adria so magisch
ergreifend vor das Seelenauge gebracht hat, wie
Meißner in dieser herrlichen Elegie gethan — ja,
ich glaube nicht zu irren, wenn ich meine, „Venezia"
sei das stimmungsvollste und formschönste seiner Ge=
dichte. Hier ist es dem Dichter gelungen, die poetische
Beschreibung zur Lyrik höchsten Stils zu erheben.

Als epiſcher Maler von ſcharfer Zeichnung und ge=
ſunder Farbenblüthe hat er ſich erwieſen in den
zwei „Reihen" von „Bildern und Geſtalten" (D. II,
139 fg. III, 89 fg.), worunter auch die vorzüglich
gelungene Hiſtorie „Das Ende der Gironde" mit
der geiſtvollen Schlußwendung. Das Romanzenbuch
vom Huſſitenhelden Ziſka dürfte ſeine bleibende Be=
deutung als einer der beſtgezielten epiſchen Würfe
behaupten, welche den Poeten unſerer Zeit gelungen
ſind. Es iſt in dem Werke ein uns wohlthuend
anſprechender, jugendfriſcher Sturm und Drang,
verbunden mit einer künſtleriſch ſicheren Beherrſchung
der poetiſchen Mittel. Ihre Glanzhöhe erreicht die
Dichtung in den prächtigen Romanzen „Die Ada=
miten" und „Der Winzerzug" (D. I, 119, 127).

Die reiche Thätigkeit, welche Meißner auch im
Roman und in der Novelle entfaltet hat, iſt bekannt.
Etliche zwanzig Bände zeugen davon. Unter den
Romandichtungen ſteht der vierbändige Zeitroman
„Schwarzgelb" mit ſeiner Ergänzung „Babel" obenan.
Das Werk darf ſich ohne Anmaßung Gutzkow's „Ritter
vom Geiſte" zur Seite ſtellen. Es iſt aber ſpecifiſch
öſtreichiſch. Es baut auf dem Boden der öſtreichiſchen
Staats= und Geſellſchaftszuſtände ſich auf, wie die=

selben nach vertos'tem Sturm von 1848 sich gestaltet
hatten. Nur ein geborener Oestreicher, der aber
zugleich ein so feinfühliger, scharf beobachtender, ge=
staltungsmächtiger und auch des Humors nicht er=
mangelnder Dichter wie Meißner sein mußte, war
im Stande, so zu „östreichern", das heißt die charak=
teristische Oestreicherei in Figuren und Situationen
so lebenswahr herauszugreifen und vor uns hin=
zustellen. Als die Meisternovelle unseres Poeten
bezeichne ich ohne Zögern die, welche „Zur Ehre
Gottes" überschrieben ist. Da kann man sehen, wie
ein rechter Dichter das vielbehandelte Problem des
Jesuitismus faßt und handhabt.

Wenn ein Schriftsteller von der lang ausdauern=
den und vielseitigen Hervorbringungskraft Meißner's
auf das durchschrittene Arbeitsfeld zurückblickt, so kann
es nicht fehlen, daß er zu einer Nachlese auf dem=
selben sich angeregt fühlt. Liegen doch allenthalben
Aehren umher, welche beim Garbenbinden nebenaus
gefallen sind. Eine solche Aehrenlese vollzog auch
Meißner und er hat den Ertrag derselben in einem
zweibändigen Buche gesammelt, welches unter dem
Titel: „Schattentanz" (Zürich, Cäsar Schmidt, 1881)
erschienen ist. Der Titel will mir, offen gestanden,

nicht gefallen. Derſelbe thut ja dem Buche geradezu
ein Unrecht an, denn der Inhalt iſt nichtsweniger als
ſchattenhaft, ſondern voll tüchtiger Weſenheit und
Wirklichkeit. Das Ganze kann man, wenn man will,
ein originelles Memoirenbuch nennen. Es enthält ein
großes Stück vom Leben des Verfaſſers, Stimmungen,
Erfahrungen, Erlebniſſe, Erinnerungen; aber nicht
in der Form ſelbſtbiographiſcher Darſtellung, ſondern
in der mannichfach wechſelnden Einkleidung von
Wanderſtudien, Reiſenovellen, Begegnungen und Ge=
ſprächen. Dieſe perſönlichen Denkwürdigkeiten in
künſtleriſcher Form gewähren einen nicht geringen
Grad von äſthetiſchem Genuſſe, welcher durch die
Theilnahme für die mit liebenswürdigſter Anſpruchs=
loſigkeit ſich gebende Perſönlichkeit des Autors noch
erhöht wird. Es ſteckt auch viel Ernſt, manche ſehr
beherzigenswerthe Lehre in dieſen ſcheinbar ſo leicht
hingeworfenen, mit humoriſtiſchen Arabesken ver=
brämten Skizzen. Heimat und Fremde, Deutſchland,
Italien, Frankreich ſind die Schauplätze derſelben.
Mitunter erweitert ſich die Skizze zu einer mit großer
Liebe und Feinheit ausgeführten Novelle, wie „Toni“
eine iſt, womit der zweite Band anhebt. Mit tra=
giſchem Humor getränkt iſt „Die Geſchichte von

zehntausend Gulden", eine höchst zeitgemäße Geschichte fürwahr, namentlich gedankenlosen Optimisten
zum lesen und bedenken zu empfehlen, welche nicht
müde werden, zu sagen und zu singen, „wie so herrlich weit wir es gebracht" — im Gründen und
Schwindeln. Feinfühlige Leser und Leserinnen werden
auch mit Vergnügen die verschiedenen Tonarten auf
sich wirken lassen, welche Meißner in den zwei
Kapiteln „Frühlingstage in Ober=Italien" (1858)
und „Bilder aus dem neuen Italien" (1874) anzu-
schlagen verstand. Unter den Gestalten, welche uns
da vorgeführt werden, ist insbesondere der „unab-
weisbare Landsmann" (I, 211 fg.) von hochkomischer
Ergötzlichkeit. Kaum minder ergötzlich geht es her
am „Tische der Malcontenten" (II, 166 fg.), welcher
freilich vor einem sehr ernsten Hintergrunde steht.
Unsere innigste, geradezu schmerzliche Theilnahme
dagegen weiß der Verfasser zu erregen und festzuhalten mittels seines Aufsatzes „Letzte Erinnerungen
an Heinrich Heine" (II, 243 fg.), welche uns an
die „Matratzengruft" des todtkranken Dichters in der
Rue d'Amsterdam führen. Die Darstellung ist eine
keineswegs weinerliche, und doch bewegt sie uns durch
die ihr innewohnende Macht der Wahrheit zu Thränen,

durch welche hindurch wir dann wol auch wieder
lächeln müſſen, wenn von dieſem troſtloſen Kranken=
bette her ein unverwüſtlicher Humor ſeine klingende
Schellenkappe ſchüttelt, wie zum Beiſpiel während der
luſtigen Begegnung Meißner's mit dem verſchollenen
Auguſt Lewald in der Matratzengruft geſchah. . .
Summa: Eine ſolche Aehrenleſe laſſen wir uns mit
Vergnügen gefallen. Die Aehren ſind von gutem
Geſchmacke, nahrhaft, erquicklich, und die Art der
Leſe bezeugt, daß der Schnitter noch im Vollſafte
ſeiner Rüſtigkeit ſtehe. Möge ihm gegönnt ſein, noch
manche Garbe zu binden und einzuheimſen!

Dieſem Wunſche will ich noch einen weiteren,
größeren, allgemeineren beifügen, einen Wunſch, der
dahin geht, daß jeder Deutſche, welcher Kopf und
Herz auf dem rechten Flecke hat, nach Vermögen
die Deutſch=Oeſtreicher in dem guten Streit unter=
ſtützen ſollte, den ſie für das Deutſchthum dermalen
auszufechten haben und noch lange auszufechten
haben werden. Solche Unterſtützung kann insbeſon=
dere auch dadurch geleiſtet werden, daß die Mitarbeit
Deutſch=Oeſtreichs an der nationalen Kultur, an
unſerer Literatur, Kunſt und Wiſſenſchaft bei jeder
Gelegenheit beachtet und geachtet, gewerthet und

16*

anerkannt wird. Die Deutschen in Oestreich sollen
allzeit fühlen und sich bewußt bleiben, daß sie mit uns
anderen Deutschen nicht nur ein Fleisch und Blut,
sondern auch ein Geist seien, und sie sollen sich
dieses Gefühl und Bewußtsein ja nicht stören oder
schädigen lassen durch das selbstgefällige und dünkel=
hafte Geschwätz einer Borussomanie, welche hohen=
zollern'scher sein will als die Hohenzollern und spree=
wässeriger ist als die Spree.

Zwischen Falknis und Piz Alun.

I.

Ragaz.

Der Sommer von 1880 hat, wie jedermann
merken mußte, neben den gewohnten ordentlichen
Liebenswürdigkeiten unseres lieben „gemäßigten"
Klima's auch noch verschiedene außerordentliche ent-
faltet. Wir drei Freunde und Stammgäste von
Ragaz, welche eine im Propheten Daniel bewanderte
Kurgästin die drei Männer Sadrach, Mesach und
Abednego — wenn nicht vom nebukadnezarischen
Feuerofen, so doch vom kühlen „Quellenhof" —
wunderlich benamsete, wir drei Freunde also hatten
im Juni sattsame Gelegenheit, im Thale zwischen
dem Piz Alun und dem Falknis häufig binnen
Tagesfrist zu erfahren, wie es der Epidermis eines
civilisirten Menschen am Nordkap oder aber unter

dem Aequator und umgekehrt zu Muthe wäre. Am
Johannistage, welcher doch von kalenderwegen hätte
so anständig sein sollen, etliche Hochsommerlichkeit
zu entwickeln, waren die Berge bis tief herab ver=
schneit und erfreute sich eine Dame beim Morgen=
spazirgang ihres vorsichtiger Weise mitgebrachten
Pelzmantels. Wir durchmaßen mit langen Schritten
die große Wandelhalle, eine der Zierden von Ragaz,
und führten mehr oder minder anmuthige oder
unmuthige Wettergespräche, als mir eine Karte ge=
bracht wurde, welche besagte, daß der liebe alte H.
aus Stralsund im „Hof Ragaz" eingetroffen wäre.
Bald kam er selbst, und wir tauschten die Erinnerungen
an unser erstes Zusammentreffen am Ufer der reißenden
und rauschenden Tamina. Lang, lang war's her,
gerade 25 Jahre! Noch ein Jahr früher war ich
zum erstenmal nach Ragaz gekommen und zwar in
Gesellschaft meines Freundes und Verlegers Otto
Wigand, der nun auch schon lange „ruht im Bann
des ewigen Schweigens".

Ach, eines alternden Menschen Fuß stößt überall
an Gräber von Solchen, die Freud' und Leid mit
uns getheilt hatten. Ja, ja, das Altwerden! Wohl
dem, der auch diese schofle Einrichtung der „all=

gütigen Mutter" Natur, wie noch verschiedene andere,
mit Humor zu nehmen und zu tragen weiß! Es
gibt auch in unserer nüchtern-realistischen Zeit glück-
licherweise noch solche Humoristen. Im Wartsale
des züricher Bahnhofes war ich auf einen Herrn
gestoßen, der mir bekannt vorkam. Ihm ging es
mit mir gerade so. Nachdem wir eine Weile vigilirend
um einander herumgegangen, trat die Idee in die
Phase der Verwirklichung, d. h. wir erkannten uns.
Hatten uns so etwa 26 Jährlein nicht mehr gesehen.
„Nun, jünger sind Sie gerade nicht geworden, lieber
Freund." — „Ja, lieber Freund, glauben Sie
denn, ich hätte rückwärts wachsen sollen wie ein
Kuhschwanz?" entgegnete er.

Einen Genuß hat das Alter vor der Jugend
voraus: den ruhigen Gedankenaustausch zwischen
Freunden, welche über verschiedenes verschieden denken
können, aber in den Stürmen des Lebens die Reife
oder, mit dem alten Lukretius zu sprechen, die
„Frömmigkeit" gewonnen haben —

„Mit gleichmüthigem Sinn hinschauen zu können auf alles."

Demzufolge vermochten alle die Nücken und
Tücken unseres, wie bekannt, „gemäßigten" Klima's

unsere Laune nicht zu trüben. Peripatetiker vom
frühen Morgen bis zum späten Abend, sprachen wir
mitsammen de rebus omnibus et quibusdam aliis,
obzwar unsere Gespräche nicht gerade immer ordonnanz-
mäßig „reichsfreundlich" geklungen haben mögen.
Weder konservative Hep-Hep-Rufer, noch national-
liberale Kompromißflickschuster würden daran Freude
gehabt haben. Auch die Säulenheiligen vom Centrum
nicht, obzwar wir am Morgen unseres Abreisetages
noch der Einweihung einer zwischen dem „Hof Ragaz"
und dem „Quellenhof" erbauten katholischen Kapelle
durch Seine Gnaden den hochwürdigen Herrn Bischof
von St. Gallen aus andächtiger Ferne zusahen.

Unseren Lungen und Beinen mutheten wir nicht
mehr zu, als für Beine und Lungen von, wie die
Schweizer sagen, „bestandenem" Alter ziemlich. Wenn
ich meine Blicke an den Felswänden des Falknis
emporschweifen ließ, kam es mir schier verwunderlich
vor, daß ich vor Zeiten einmal da droben gewesen,
und wie einer halbverklungenen Sage horchte ich
dem, was ein anmuthiges junges Mädchen aus
Mainz, welches in den letzten Tagen die langwierige
und beschwerliche Ersteigung des Bergriesen kühn
unternommen und tapfer ausgeführt hatte, von dem

herrlichen drobigen Ausblick rundum und weithin
in die Alpenpracht zu erzählen wußte. Alles hat
seine Zeit. Es gab eine, wo auch ich eine Art von
„Bergfex" gewesen, obzwar nicht von jener höchsten
Potenz der jetzo modischen Bergfexerei, welche zum
Frühstück dieses Horn oder jenen Piz „nimmt" und
zum Vesperbrot das so= und sovielte Gletscherjoch
„macht".

Wir faßten die Resolution, daß es für uns
zeit=, lungen= und beinegemäß, den Bergmajestäten
unsere Huldigungen für diesmal und fortan be=
scheidentlich von untenhinauf darzubringen. Wer
aber Jugend und einige Uebung im Bergsteigen
besitzt, sollte während eines Aufenthaltes in Ragaz
nicht versäumen, einen oder etliche der umherragenden
Gipfel zu erklimmen. Mit dem Guschakopf und
dem Fläscherberg beginnend, mag er zum Piz Alun
vorschreiten, um dann an den Vasön (fälschlich
Fasanenkopf geheißen) sich zu wagen und schließlich
gar den Monte Luna, den Falknis, den Kalanda
oder den Piz Sol zu „nehmen". Wer jedoch in
Ragaz ernstlich die Kur machen will — ich meine
nicht die Damen=, sondern die Wasserkur — der
lasse die Bergsteigerei überhaupt bleiben und be=

schränke sich auf mäßige Bewegung! Niemand sollte
jedoch versäumen, von Ragaz auszufliegen — man
kann es auch zu Wagen thun — über den Luciensteig
nach Vaduz, der Hauptstadt des forellenreichen Reiches
Liechtenstein, nach Seewis im Prätigau mit dem
Blick auf die Seesaplana, nach dem kaskaden=
geschmückten Weißthannenthal und endlich nach Vättis.
Die Fahrt nach Vättis ist von den genannten die
belohnendste. Wo auf der Höhe hinter dem Dorfe
Pfäfers der Weg ins Taminathal sich hinabsenkt,
erschaut man rechtshin die ganze zwischen den Vasön
und den Monte Luna eingespannte Reihe der Grauen
Hörner mit ihren phantastisch geformten Felszacken
und ihren schimmernden Schneefeldern. Vättis selbst
liegt hart am nördlichen Fuße der ungeheuren Fels=
pyramide des Kalanda, von welchem das Dichterwort:

> „Aus einem tiefen, tiefen Thal
> Steigt auf der Berg als wie ein Stral" —

buchstäblich gilt. Ueberschreitet man den Bergstrom
und geht die kurze Strecke bis zur Basis der untersten
Felsterrasse des Kalanda hinan, zu einer Stelle, wo
ich in verschiedenen Jahren noch im Monat September
die Schneetrümmer einer im Frühling herabgestürzten

Lawine vorgefunden habe, so thut sich ein Einblick
in das wildschöne Kalfeuserthal auf, aus dessen
Hintergrund, falls nämlich unser „gemäßigtes" Klima
der Sonne zu scheinen gerade allergnädigst gestattet,
der Sardonagletscher hervorblitzt, der Vater der
Tamina.

Weitere Ausflüge der ragazer Kurgäste gehen
über Chur, Reichenau und das mit Schlössern und
Burgruinen reichgeschmückte Domleschg nach Thusis
zur Via mala, welche aber, unmittelbar nach der
Quellschlucht von Pfäfers gesehen, keine große Figur
mehr macht. Eine solche macht aber die Straße
über den Schyn, welche linkshin von Thusis bei
der Einmündung der Albula in den Rhein anhebt.
Wer einmal dort, sollte den kühn angelegten und
wahrhaft prächtig ausgeführten Paßweg hinaufwandern bis zur schwindelnd hoch über die Albula
gespannten Solisbrücke. Der Blick hinunter in die
Stromschluchten, hinüber zum Piz Beverin, hinauf
zu den dräuenden Gehängen des Piz d'Err ist groß.
In entgegengesetzter Richtung ziehen die Ausflügler
von Ragaz hinunter an den düsterschönen Walensee
und dort von Murg oder Mühlehorn hinauf nach
Obstalden und auf guter Straße über den Kerenzer-

berg hinüber nach Mollis im Glarnerland, um auf
dem Rückwege in der über dem Bahnhof von Weesen
hübsch gelegenen Herberge „Zum Speer" angenehme
Rast zu halten. Ist man aber im Glarnerland, so
müßte man ein fühlloser Barbar sein, wollte man
das zwischen den Glärnisch und den Wiggis hinein=
gespaltene Klönthal nicht besuchen, mit seinem die
Felswände des Glärnisch widerspiegelnden See un=
bedingt eins der eigenartigsten Hochthäler der Alpen,
das einmal einer — ich glaube, ich war es selbst
— treffend mit der Poesie Lenau's verglichen hat.
Und thun Sie mir, meine mehr oder minder werthen
Damen und Herren, thun Sie mir oder vielmehr
sich selber den Gefallen, von Glarus aus auf der
jetzo das Linththal hinanrasselnden Eisenbahn bis
zum schöngelegenen, heilkräftigen und nahrhaften
Bade Stachelberg zu fahren, von da, an den Fätsch=
bach= und Schreienbachfällen vorbei, bis zum Töbihaus
im „Thierfehd" zu wandern und von dort — 's ist
ja nicht mehr weit — über die Pantenbrücke, unter
welcher, tief im Abgrund, die junge Linth dahintobt,
hinauf zur Ueieli=Alp, allwo euch Se. Majestät der
Bergkönig Töbi unwidersprechlich darthun wird, daß
er ein Prachtkerl sans phrase. Welche olympische

Ruhe dort oben! Welche Sicherheit vor alle dem politischen, geschäftlichen, literarischen und musikalischen Spektakel drunten! Welche Auflösung der tausend Dissonanzen des Menschendaseins in die balsamische Harmonie feierlichen Schweigens! Mit Wonne gedenk' ich noch jetzt eines milden, wolkenlosen Herbsttages, den ich, ziellos umherschweifend, vor Jahren einmal ohne jede Störniß auf der Ucieli-Alp verbrachte. Dort ist mir der Tiefsinn von Hölderlins Wort aufgegangen: „Nun versteh' ich den Menschen erst recht, da ich fern von ihm in der Einsamkeit weile."

Wer aber im Lande, d. h. in Ragaz bleibt, um redlich warmes Wasser zu trinken, zu baden, sich nebenbei vortrefflich — vielleicht etwas vortrefflicher als kurgemäß — zu nähren, in den schönen Gärten des Quellenhofes und des Hofes Ragaz umherzuschlendern, im Waldparke droben zu träumen oder in der großen Säulenhalle vor dem Kurhause den Weisen der vortrefflichen Kurkapelle zu lauschen, der mag Vormittags zur Ruine Freudenberg spaziren, um von dort nach den sieben oder mehr Kuhfirsten (d. h. Kuhrücken, nicht Kurfürsten) am Walensee, nach den beiden Gonzen und dem Allvier auszuschauen,

und mag dann gegen Abend hin die sanft ansteigende
Waldzickzacksstraße hinaufwandern bis zur Ruine
Wartenstein, auf die von rechtsher der kolossale Fels=
block, welcher burgartig den Piz Alun krönt, herab=
schaut, während links unten das Rheinthal bis Zizers
sich aufthut und das Auge auf dem satten Grün der
Bergwände des Prätigau's ruht, von woher die Land=
quart durch die Klus hervorbricht, um sich unfern
der Tardisbrücke dem Rhein in die Arme zu werfen.
Sind Luft und Licht dir gewogen, so siehst du jenseits
des Stromes Maienfeld und Jenins aus dem grünen
Kranz ihrer Weingärten weiß hervorschimmern und
später, wann die Dämmerung schon ihren Duftschleier
auf das Thal zu breiten sich anschickt, die riesigen
Felszacken des Falknis im Abendstrale roth aufglühen.
Wer im Besitz eines leiblich gut erhaltenen Piede=
stals, sollte auch den Besuch des Dorfes Pfäfers,
des nahebei gelegenen Tabor, sowie des Bergdorfes
Valens nicht versäumen.

Der Gang von Ragaz die Tamina entlang zum
Bade Pfäfers und zur hart dahinter sich öffnenden
Quellschlucht, deren Großheit keine zweite Kluft oder
Klamm im ganzen Umfange der Alpen erreicht, ist
für jeden Kurgast und für jede Kurgästin selbstver=

ständlich. Wer hier einmal gewandelt, unter sich die tosend in ihrem Felsrinnsal daherschäumende Sardona-Tochter, über sich die gigantischen Wölbungen einer kyklopischen Naturarchitektur, der trägt einen Eindruck mit fort, welcher sich niemals verwischt.

In Dunkel und Schweigen liebt die Natur ihre heiligsten Mysterien zu bergen. Aber der Mensch, zugleich ihr Sklave und ihr Tyrann, dringt wißbegierig und nutzungssüchtig in ihre innersten Geheimnisse. So hat er auch hier, unter dem Bogen einer an urzeitliche Erdumwälzungen gemahnenden Riesenhalle, einen Schacht in den Fels gebohrt, um die dampfende Najade bei ihrem Hervorsprudeln aus der Tiefe zu fassen und zu fangen, damit sie ihm dienstbar sei. Umwirbelt von Dampfwolken, welche die Leuchte des Führers nur schwach durchhellt, stehst du, nachdem du etwa fünfzig Schritte in einem engen Stollen gethan, in einer wie von Berggeisterhänden geweiteten Höhlung und blickst über ein hölzernes Geländer hinweg in einen tiefen Kessel hinab, von wo ein leises Gemurmel und Geplätscher heraufkommt, kaum vernehmbar in dem von draußen hereinbringenden Rauschen der Tamina. Dort unten quillt die Heilquelle von Pfäfers-Ragaz, kristallhell, das

klarste, reinste Urwasser von 30 Gr. R. Wärme,
vergleichbar nur den schwesterlichen Wassern von
Gastein und Wildbad. Alswie ein von den geheim=
nißvoll im Erdinnern waltenden Mächten an die
Oberwelt geisterhaft heraufgesandter Gruß muthet
das leise Murmeln und Plätschern dich an.

Bist du dann wieder hervorgetreten aus Dampf
und Dunkel auf die schmale Plattform vor dem Quell=
schacht, von welchem aus die Röhrenleitung zum Bade
Pfäfers und, bald über, bald unter der Erde, immer
die Tamina entlang oder dieselbe überbrückend, die
Wegstundenlänge bis hinab nach Ragaz geht — da
mag dir wohl der Gedanke kommen, w i e wildschauer=
lich es an dieser Stelle vor 800 und etlichen
40 Jahren ausgesehen haben müsse, dazumal nämlich,
als — wie Urgroßmutter Sage zu plaudern weiß —
so um das Jahr 1038 herum eines Tages ein
kühner Jägersmann, der Karl vom hohen Balken
aus Valens, in den Taminaschlund kecklich sich hinein=
gewagt und den Heilquell gefunden hat. Die Sage
will ihr Recht, und so soll ihr nicht verübelt werden,
daß sie in ihrer naivpoetischen Weise diese Findung
auszuschmücken liebte. Der Jäger hatte sein Leben
gewagt, um eine von krächzenden Raben in den

Abgrund hineingejagte Taube vor ihren Verfolgern
zu schützen — wohl ein Anklang an die Klostersage
von Pfäfers-Pirminsberg, derzufolge ja eine „schnee-
weiße" Taube (die Tauben sind bei solchen Gelegenheiten bekanntlich immer weiß, schneeweiß) dem heiligen Pirmin und seinem Freunde Adalbert den
Weg zu der Stelle auf der Bergterrasse rechts am
Fuße des Piz Alun gewiesen hatte, allwo zwischen
721 und 730 das jetzt zum Staatsirrenhaus des
Kantons St. Gallen umgewandelte Kloster gegründet
und mit Benediktinermönchen aus der Reichenau
bevölkert wurde. Längs des tobenden Gletscherwassers
durch das Gestrüppe der bislang noch von keines
Menschen Fuß betretenen Urwaldwildniß sich Bahn
brechend, stand der Jäger plötzlich staunend, starrend
still, als er aus einem Felsspalt weiße Dampfwolken
hervorwirbeln sah, welche der heiße Quell aus der
verborgenen Tiefe heraufathmete. Der Finder des
„Wunders" machte als der Gotteshausmann, der
er war, seinem Herrn, dem Abte von Pfäfers,
schleunige Meldung. Aber 200 Jahre lang ließ
man den köstlichen Fund unbenutzt. Der Ort galt
für unheimlich; denn möglicher, wahrscheinlicher
Weise sogar waren ja die in so grauenvoller Oede

gespenstig aus der Tiefe dringenden Dampfwolken wohl nichts anderes als der Odem= oder Brodem= aushauch Sr. höllischen Majestät des Satans.

Die Kunde von dem ersten Quellfund war so völlig verschollen, daß, als um das Jahr 1212 zwei Jäger aus Vilters, Thuoli und Vils, im Taminaschlund zufällig den Quell wieder auffanden, ihre Entdeckung für etwas ganz Neues galt. Diese zweite Findung verscholl aber nicht wieder. Der Fürst=Abt von Pfäfers, Hugo der Zweite, machte um 1242 das heilsame Naß zuerst leidenden Menschen zugänglich. Aber dieser Zugang war geradezu mit Lebensgefahr verbunden und zwar noch lange Zeit, auch dann noch, als in der zweiten Hälfte des 14. Jahrhunderts hart beim zuwegegebrachten Aus= fluß der Quelle und auf quer über das tosende Rinnsal der Tamina gelegten Balken ein hölzern „Badhus" gebaut, sowie in die Felswand am linken Ufer des Bergstroms eine Kapelle gehöhlt worden war — Spuren dieser waldursprünglichen und troglo= dytischen Bauten sind noch jetzt bemerkbar — auch dann noch mußten die Badgäste an Stricken oder hängenden Leitern in die furchtbare Kluft hinabklettern und in derselben Halsbruch drohenden Weise wieder hinauf.

So ist auch der schwerkranke und todmüde
Flüchtling Ulrich von Hutten, von Zwingli an den
reformistisch gesinnten Abt Johann Jakob Russinger
— sein Name bleibe in Ehren! — warm empfohlen,
als Gast des Prälaten im Juni oder zu Anfang
Juli's von 1523 in den Quellschlund hinunter und
nach erfolgloser Kur wieder herauf gelangt. Der
gute Abt erwies dem verketzerten und verfemten,
namentlich von dem gelehrten Klügling Erasmus
von Rotterdam bis in den Tod hinein giftig ge=
hetzten Patrioten alle Freundlichkeit, wie solche heut=
zutage wahrlich kein katholischer Prälat und kein
lutherischer Propst mehr einem Ketzer erwiese. Bald
darauf — am letzten August oder am ersten Sep=
tember? — ist Hutten im Pfarrhaus auf der Insel
Ufnau im Zürichsee gestorben. Der gebildetste, hoch=
herzigste und tapferste der Reformatoren, Ulrich
Zwingli, hatte bis zuletzt seine „milde und feste"
Hand schützend über dem unglücklichen Mitstreiter
gehalten. Am 11. Oktober 1523 schrieb er aus
Zürich an Bonifaz Wolfhart: „Hutten hat nichts,
gar nichts von irgendeinem Werthe hinterlassen:
keine Bücher, keine Fahrhabe, nichts als seine Feder"
(nihil reliquit, quod ullius sit pretii: libros

nullos habuit, supellectilem nullam praeter ca-
lamum). „Nichts als seine Feder!“ Natürlich. Er
hatte ja sein Vaterland mehr geliebt als sich selbst.
Wäre er ein Opportunitätsschwabbeler, Zweiächsler
und Mantelbreher gewesen wie sein Denunciant
und Verfolger Erasmus und alle die zahlreichen
Erasmi unserer eigenen Tage, so würde er reich in
seinem eigenen Haus und Bette gestorben sein und
die Sippschaft Erasmorum hätte ihm nach seinem
Tode auch noch ein Standbild aufgerichtet. „Nichts
als seine Feder!“ Man meint das verachtungsvoll-
mitleidige Lächeln zu sehen, welches dieser Nachruf
unsern „liberalen“ Gründern und Gründergehilfen,
welche die patriotische Phrase so hübsch mit der ein-
träglichen Jobberei und Gimpeljagd zu verbinden
verstanden, auf die Lippen lockt. Sie wußten und
wissen besser für sich zu sorgen, diese Herren „Realpolitiker“ und Redenseilgaukler, welche es glücklich
dahingebracht haben, daß völlige Grundsatzlosigkeit
für das Hauptmerkmal eines normalmäßigen deutschen
„Reichsfreundes“ gilt. . . .

Etliche Jahre später als Hutten besuchte sein
berühmter Zeitgenoß Theophrastus Paracelsus den
Heilquell im Taminaschlund und entwarf eine Be-

fchreibung deffelben. Diefen erften Verfuch einer
fachkundigen Unterfuchung und Würdigung der wohlthätigen Naturgabe ließ der Abt von Pfäfers drucken
und veröffentlichen, wodurch der Ruf des Bades
immer weiter in die Welt ausging. Die junge An-
ftalt hatte übrigens Schweres durchzumachen. Wiederholt, 1611 und 1629, brannte das Badhaus ab.
Ein andermal war das nach der erften Einäfcherung
wiederhergeftellte durch den Herabfturz von Felsblöcken
zertrümmert worden. Nach dem zweiten Brande
verfchritt man zu der dazumal fehr fchwierigen Unterfuchung der Taminafchlucht ihrer ganzen Länge nach,
um einen paffenderen Platz zur Anlage der Bad-
gebäude ausfindig zu machen, und unter dem Regimente der beiden Aebte Jodokus und Johannes
wurde der Bau des Bades Pfäfers da in Angriff
genommen, wo das feitdem vielfach umgebaute und
vergrößerte noch jetzt fteht, und zugleich wurde mit
unfäglicher Mühwaltung die erfte Röhrenleitung von
der Quelle bis zum Badhaufe hergeftellt. Am Pfingft-
feft von 1630 ftrömte das Quellwaffer zum erftenmal
durch diefe an den Felswänden der Schlucht auf-
gehängte Röhrenleitung. Der Grundftock der jetzigen
Badbaulichkeiten, deren klöfterlicher Stil viele Befucher

zu der ganz irrthümlichen Ansicht verleitet, das
Haus wäre ursprünglich ein Kloster gewesen, rührt
von dem Abte Bonifaz dem Ersten her (1704).

Alles hat seine Zeit, das Bergesteigen wie das
Dasein von Klöstern. Das Kloster Pfäfers-Pirminsberg hatte im Jahre 1838 so abgewirthschaftet,
daß die Säkularisation räthlich, ja nothwendig geworden war. Einer der „aufgehobenen" Konven-
tualen hat mir seiner Zeit auf dem Wege zwischen
Mels und Flums erzählt, die Mehrzahl der letzten
Mönche von Pfäfers wäre entschieden für die Aufhebung gewesen. Der Abt hätte die Rede, welche
er im Kapitelsale inbetreff der Frage: Sein oder
Nichtsein? an den versammelten Konvent gerichtet,
in die Schlußworte zusammengefaßt: „Die Sachlage, meine Brüder, ist so, daß wir entweder zur
strengen Regel unseres heiligen Stifters Benediktus
zurückkehren oder aber die Regierung von St. Gallen
um Aufhebung angehen müssen" — und darauf
wäre zur Antwort ein lautes: „Aufheben! Aufheben!" erschollen. Man willfuhr dem Wunsche.
Der Staat versorgte die Mönche — es waren
ihrer, wenn mein Gedächtniß mir treu ist, noch
13 oder 15 — auskömmlich, richtete das Kloster

zu einer Irrenanstalt her, erweiterte das Bad Pfäfers und machte dasselbe eigentlich erst recht zugänglich. Denn bislang hatte man von Ragaz her nur auf dem Umwege entweder über Valens oder über Dorf Pfäfers und nur mühsälig zu dem Bade gelangen können. Die St. Galler Regierung baute, in den Besitz der Klostergüter gelangt, die kühne und schöne Straße längs der Tamina von Ragaz aufwärts bis Pfäfers, von wo sie mittels einer Röhrenleitung einen Theil des Quellwassers zum „Hof Ragaz" herabführte, welcher zeitweilig die Residenz der pfäferser Aebte gewesen war und jetzt ebenfalls zu einer Badanstalt eingerichtet, sowie in den nächsten Jahren mittels beträchtlicher Anbauten zu seiner jetzigen Gestalt gebracht wurde. Am 31. Mai von 1840 eröffnet, gedieh die Kuranstalt „Hof Ragaz" bald außerordentlich, besonders vom Jahre 1844 an, wo die Gebrüder Hauser als Pächter der ganzen Staats= domäne Ragaz die Bewirthschaftung übernahmen. Die beiden Eisenschienenwege, deren einer vom Bodensee, deren anderer vom Walensee heraufführt, haben selbstverständlich zum Aufschwunge des neuen Badortes viel beigetragen. Als ich die ersten Male nach Ragaz kam, existirte die Eisenbahn noch nicht,

und dazumal durfte man, ohne beleidigend sein zu
wollen, den Ort wohl ein Nest nennen. Heute ist
Ragaz mit seinen Hôtels und Pensionen, mit seiner
schönen „Dorfbadhalle", mit seinen hübschen Privat=
häusern und Gärten ein stattlicher Flecken, den eine
„Stadt" zu nennen Fremde nicht anstehen.

Für diesen Aufschwung ist ohne Frage der Ueber=
gang der Staatsdomäne Pfäfers-Ragaz in Privat=
besitz geradezu epochemachend gewesen. Der Staat
St. Gallen hatte die Verpachtung doch auch gar zu
wenig einkömmlich, die Verzinsung dem Kapitalwerth
der großen Domäne nicht entfernt entsprechend gefunden
und finden müssen. Er suchte einen vertrauens=
würdigen und tüchtigen Käufer und fand einen solchen
in der Person des Architekten Bernhard Simon aus
Niederurnen im Glarnerland, eines self-made man
im vollen Sinne des Wortes. Kaufweise erwarb
dieser ein= und umsichtige Mann die ganze Domäne
Ragaz erb= und eigenthümlich, dazu die pfäferser
Heilquelle, die Quellschlucht, das Bad Pfäfers und
die Straße von dort nach Ragaz auf 100 Jahre
(vom 1. Januar 1868 bis zum 31. December 1967).
Der neue Besitzer griff das Werk der Um= und Neu=
gestaltung energisch an und führte dasselbe in großem

Stile durch. Der mächtige „Quellenhof", der Kur-
sal mit seinem imposanten Säulenportikus, die schönen
neuen Bäder mit der höchst wohlthätigen Wandel=
halle wurden erbaut, Gärten= und Parkanlagen mit
Springbrunnen und Teichen geschaffen, zu den Ruinen
und Aussichtspunkten Wartenstein und Freudenberg,
wie hinunter an den mittels kolossaler Steindämme
gebändigten Rhein und hinauf in den Buchenwald
bequeme Wege geführt. Eine große Wohlthat für
die Insassen des Quellenhofes und des Hofes Ragaz
ist es auch, daß der Besitzer — wir Stammgäste
pflegen ihn scherzweise den „Tyrannen" zu nennen —
eine hoch droben am Piz Alun gewaltig hervor=
sprudelnde Quelle herrlichen Trinkwassers erworben
und sorgfältig in eisernen Röhren zu Thale geleitet
hat. Die neueste Schöpfung des rastlosen Mannes
ist die katholische Kapelle, welche er über der die
beiden Höfe verbindenden Galerie erfindungsreich ge=
wölbt hat, den Wünschen gutkatholischer Französinnen
und Franzosen zu Gefallen, welche ihre tägliche Messe
möglichst bequem hören wollen. Ein protestantischer
Betsal findet sich im Hof Ragaz. Das nächste
Jahrhundert sieht vielleicht in Ragaz auch eine Synagoge, eine Moschee und eine Pagode erstehen, voraus=

gesetzt, daß bis dahin die europäische Menschheit auf
ihrem dermaligen Krebsgange nach Kanossa und
wahlverwandten Orten nicht in dem riesigen Schafe-
stall angelangt sein werde, welcher die Aufschrift
trägt: „Ein Hirt und eine Heerde.“

Ragaz ist nachgerade ein Weltbad geworden,
aber — Dank den Göttern! — kein geräuschvolles
Vergnügungsbad. Hierher kommt man nicht mehr
oder minder läppischer Zeitvertrödelungen wegen,
sondern um seiner Gesundheit willen. Für Kurgäste
von jener Sorte, welche die Schweizer sehr treffend
„Lustigmacher“ zu nennen pflegen, ist der Boden
von Ragaz zu heiß oder vielmehr zu kühl. Von
Lärm und Tumult keine Rede! Die Kurgesellschaft
besteht aus ernsten und gesetzten Leuten, welche ihre
Leiden lindern, ausruhen, sich auffrischen wollen in
diesem wunderbar schönen Alpenthal. Am vollsten
wird der Ort im Juli und August in Folge des
Touristenzuges. Am angenehmsten ist der Aufenthalt
und Kurgebrauch im Juni oder im September. In
diesen beiden Monaten trifft man dort auch die
meisten deutschen, deutschschweizerischen und deutsch-
österreichischen Familien, während im Hochsommer
Engländer, Amerikaner, Russen und Franzosen vor-

herrſchen, durchſprenkelt mit Italienern und Spaniern,
Polen und Standinaviern. Seit 1870—71 hat
auch das jährliche Kontingent deutſcher Officiere
ſehr zugenommen, und es gereicht mir zur beſonderen
Freude, ſagen zu können, daß ein wiſſender und
merkender Mann im Umgange mit dieſen Männern
unſchwer herausfühlen kann, warum und wieſo
Deutſchland in ſeinem großen Jahre Frankreich be=
ſiegen konnte, mußte.

Wär' ich ein orthodoxer Heide oder ein ortho=
doxer Chriſt, ſo hätte ich, dankbaren Gemüthes,
längſt in der Quellſchlucht eine Votivtafel aufhängen
müſſen. Da ich aber nur ein leiblich frommer
Menſch im Sinne des Lukretius bin, ſo darf ich
mich begnügen, dir, o hilfreiche Najade von Pfäfers=
Ragaz, dieſes beſcheidene Weihgeſchenk geſtiftet zu
haben.

––––––

II.

Zum jüdischen Krieg.

1.

Mai 1880.

„In fünfzig Jahren wird der Stephansdom eine Synagoge sein."

Der das sprach, war ein am wiener Hofe beglaubigter Diplomat und zur Stunde, als er es sprach, mein Tischnachbar im „Quellenhof" in Ragaz.

Als das Wort gefallen, hoben links und rechts und hüben und drüben verschiedene Mayer und Meyer, item diverse Meierinnen und Maierinnen und weiterhin mehrere Majer und Mejerinnen die Köpfe, und thaten ihre mehr oder minder orien= inglänte Augen fragend auf.

„Sie glauben?" entgegnete ich halblaut; denn meine angeborene Schüchternheit hätte sich vor dem Kreuzfeuer besagter Augen, wenigstens der weiblichen, gern in ein Schneckenhaus zurückgezogen, so eins dagewesen.

„Zuversichtlich!" erwiberte er frei heraus, maßen seine Kurzsichtigkeit ihm gegen das Kreuzfeuer Deckung gewährte. „Zuversichtlich! Sie werden schon sehen."

„Hm, ich denke, wir Beide werden es jeben= falls nicht mehr sehen."

„Thut nichts. Geschehen wird es doch."

„Nun, wenn es geschieht, so wird es sich auch ertragen lassen."

„Sehr resignirt!"

„Warum nicht? Sind Sie ein rechter Prophet, so ist ja das von Ihnen Prophezeite Schicksalsschluß, und wer vermag dann etwas dagegen?"

„Das ist wahr. Es ist ja auch Schicksals= schluß, daß die Hechte den Karpfen das Dasein un= gemüthlich machen."

„Gewiß. Die Hechte, so sie groß und stark génug dazu sind, fressen sogar die Karpfen auf. Aber ich meine, es wäre zeitgemäß und diätetisch, draußen in der Veranda den Kaffee der Verdaulich=

keit zu schlürfen und den Glimmstengel der Beschau=
lichkeit zu rauchen."

Draußen ging dann das Zwiegespräch unbe=
aufsichtigter weiter.

„Ja, ja" — sagte er — „die jüdischen Hechte
im christlich=germanischen Karpfenteiche! Kein übles
Bild. Ich fürchte, die Karpfen sind dumm, träg
und feige genug, sich auffressen zu lassen."

„Dann geschieht ihnen recht."

„Wohl, wohl. Ich wollte nur, daß besagte
Hechte wenigstens stumm wären."

„Ein grausamer Wunsch! Bedenken Sie doch,
daß die erzwungene jüdische Nebenverhaltung jahr=
hundertelang gewährt hat. Als die schlechthin ge=
rechte, geschichtlich nothwendige, von uns allen ein
bißchen miterkämpfte Emancipation plötzlich den
Spund aus dem Fasse schlug, quoll das langver=
haltene Nebenwasser stromweise hervor. Das war
doch ganz natürlich und in der Ordnung."

„Ja, beim ober= und beim unterirdischen Zeus,
so stromweise, daß man alle Ursache hätte, das Wort
Parlamentarismus mit dem Worte Mauschelismus
zu ersetzen."

„Na, na, keine christlich=germanischen Superlative!

Wir Beide sind ja keine Redner=Konkurrenten, und
da es einmal zu den tiefgefühlten Bedürfnissen unserer
Zeit gehört, daß alljährlich so und so viele Millionen
Ellen Reden abgehaspelt werden, so ist's am Ende
aller Enden einerlei, ob Leute mit Knollen= oder
mit Stülp= oder mit Haken=Nasen selbige abhaspeln."

„Sie verbitten sich die Superlative und sind
doch heute selber ein Superlativ von Toleranz."

„Bitte, nicht bloß heute. Auch kein Super=
lativ, aber allerdings ein entschiedener Positiv. Daß
die Menschen einander dulden und ertragen sollen,
das ist ja doch der Weisheit letzter Schluß."

„Einander dulden und ertragen, was? Und
man schilt Sie einen Pessimisten, Sie Optimisticissi=
mus, Sie! Fressen oder sich fressen lassen — das
ist die Parole der Weltgeschichte."

„Leider! Aber wollen wir nicht, so lange wir
auf diesem friedlichen Fleck Erde zwischen dem Fuße
des Piz Alun und dem des Falknis weilen, die
ewige Kampflösung hintanstellen? Und da wir —
mit Ihrer Erlaubniß etwas weniger waldursprüng=
lich zu sprechen — vom Essen kommen und vom
Essen reden, so möcht' ich Sie fragen: Essen Sie
gern ungesäuertes Brot?"

„Nein, ich mag die Mazzen nicht."

„Ich auch nicht. Aber ist es nicht eigen, daß gerade das Volk, welchem ungesäuertes Brot von sakraler Bedeutung war, den Sauerteig der Welt= geschichte vorstellen mußte und muß?"

„Daran ist etwas Wahres."

„Ja wohl. Das Judenthum war schon im Alterthum der weltgeschichtliche Sauerteig, war es im Mittelalter und ist es in der modernen Zeit mehr als je."

„Ei, ja doch, ein zersetzendes Ferment! Es wirkt auf die Gesellschaft lockernd, lösend, nivellirend, pulverisirend."

„Es wirkt, wie es muß. Wann sein Müssen vorüber, seine Mission vollzogen ist, wird es ver= schwinden, wie schon so manches welthistorische Ferment, nachdem es seine Arbeit gethan, verschwunden ist. Nach den furchtbaren Krisen und Katastrophen, welchen die moderne Gesellschaft entgegentreibt — Sie sehen, Sie haben mich angesteckt mit Ihrer Weissagerei — ja, nach diesen Krisen und Kata= strophen, welche, allen Vorzeichen zufolge, wohl sicherer und früher eintreten dürften, als die Umwandelung Ihres Stephansdomes zur Synagoge, wird es kaum noch Juden geben, wenigstens keine geschlossene Judenraſſe mehr."

„Hm, das scheint mir doch eine ſehr kecke Ver= muthung angesichts der zäh und hochmüthig behaupteten Ausschließlichkeit dieser Raſſe."

„Was wollen Sie? Die feſte Maſſe, zu welcher das Judenthum in dem Mörſer vielhundertjähriger Unterdrückung zuſammengeſtampft worden iſt, kann unmöglich ſo raſch zerbröckeln, wie allerdings im Intereſſe eines Verſchmelzungsproceſſes lebhaft zu wünſchen wäre."

„Das iſt es ja eben: die unter allerhand ſehr durchſichtigen Masken ſich bergende hochmüthige, ge= radezu größenwahnſinnige Einbildung, von jeher das auserwählte Volk geweſen zu ſein und fortwährend zu ſein, ſie erklärt nicht nur, ſondern begründet auch das Volksvorurtheil, daß die Juden ſammt und ſonders Feinde ſeien."

„Das Vorhandenſein dieſer populären An= ſchauung will ich nicht beſtreiten. Aber, dieſelbe vorausgeſetzt, meine ich, daß anſtändige Menſchen auch am Feinde das achten, was achtungswerth. Sodann glaube ich, daß bedeutend viel weniger chriſtlich=germaniſcher Neid und bedeutend viel mehr

christlich-germanische. Findigkeit und Rührigkeit den
Juden gegenüber sehr am Platze wären. Endlich
sollten wir im letzten Viertel des neunzehnten Jahrhunderts in der Kultur und in der Gerechtigkeit nachgerade doch so weit sein, zu wissen und anzuerkennen,
daß es unter jedem Volke und in jeder Rasse, unter
Germanen wie unter Romanen, unter Slaven wie
unter Semiten, Gerechte und Schlechte, Bieder-
männer und Schufte, Helden und Lumpe, Heilige
und Bösewichte gebe."

„So ist es; aber Sie dürfen diesen Satz bei-
leibe nicht auf die Juden anwenden, wenigstens
nicht öffentlich. Sonst schreit es sogleich aus allen
Ecken und Enden: „Zu deinen Gezelten, Israel!",
und aus diesen Gezelten würde ein Schopharblasen
gegen Sie erhoben werden, daß Ihnen Hören und
Sehen verginge."

„Bah, so gefährlich ist es denn doch wohl
nicht. . ."

Vielleicht hätte ich nicht so zuversichtlich gesprochen, wenn ich zur Stunde, wo der vorstehende
Dialog sich ereignete, schon die etlichen Lebensjahre
mehr zählte, die ich jetzt zähle. Denn, traurig zu
sagen, heutzutage darf man das oben behandelte

Thema kaum mehr anschlagen, ohne Gefahr zu laufen, aus den erwähnten — journalpapierenen — Gezelten angeschrieen zu werden, man rieche sehr vernehmlich nach einer berliner Hofprebigerkutte, man sei ein Hep-Hep-Rufer, ein mittelalterlicher Fanatiker, ein zeitwidriger Finsterling, und wenn keine asina Bileami, so doch ein deutscher Esel. Ich gebe gerne zu, daß die Hochvernünftigen und Feingebildeten in der Judenheit nicht also mit in den Schophar blasen; allein die Feingebildeten und Hochvernünftigen bilden in der Judenheit gerade wie in der Heidenheit und wie in der Christenheit nur die kleine Minderzahl. Die Mehrzahl der Juden aber — und zu dieser Mehrzahl gehörten sicherlich auch jene direkten Abkömmlinge Abraham's, Isaak's und Jacob's, welche während der Gründerschwindel-Jubelzeit mittels ihres frechen und geräuschvollen Uebermuthes schweizerische Kurorte sommerlang unsicher machten — die Mehrzahl der Juden, sage ich, würde sehr gut thun, etwas weniger empfindlich zu sein und sich zu gebaren. Es steht ihr fürwahr schlecht an, das Judenthum sozusagen für eine Bundeslade auszugeben, welche kein „Goi" kritisch anblicken, geschweige tadelnd anrühren dürfe. Namentlich in Deutschland

steht ihr das schlecht an. Warum? Darum, weil
bekanntlich die Deutschen es auch sich gefallen lassen
mußten, daß zwei Juden, Börne und Heine, jahre=
lang und wieder jahrelang das Deutschthum der
bittersten, unerbittlichsten, giftigsten Kritik, dem
schneidendsten Spott und Tadel unterzogen. Und
doch zählen die Deutschen ihre Tadler und Verspotter
Heine und Börne zu den Zierden ihrer Literatur.
Hierin liegt gewiß mehr Wahrheitsgefühl und Gerech=
tigkeitssinn, als in jenem dermalen so häufig und so
widerwärtig sich breitmachenden jüdischen Chauvinis=
mus, welcher alles Ernstes den lächerlichen Anspruch
erhebt, man müßte von deutscher Seite alles und jedes
Jüdische als ein gefeites Rührmichnichtan, das ge=
sammte Judenthum als eine Mimosa pudica be=
trachten und behandeln, während er dagegen das
Recht, alles Nichtjüdische zu kritisiren, im weitesten
Umfange als selbstverständlich in Anspruch nimmt.
Ich bin wahrlich weit davon entfernt, dieses Recht
bestreiten zu wollen; aber ich sage: Gegenrecht muß
sein, und wie du mir, so ich dir. Der christliche
Wucher zum Beispiel ist gewiß abscheulich, aber ist
darum etwa der jüdische verzeihlich? Wenn Gründer
und Schwindler vom Stamme Teut als Bönhasen

in ihrem Gewerbe sich herausgestellt haben, sind
darum etwa Zunftmeister vom Stamme Sem wie
die Straußthaler und Kaminheimer als „große Män=
ner" zu verehren?

————

2.

November 1880.

Das Vorstehende ist im Frühjahr von 1880
geschrieben worden. Als ich es schrieb, konnte ich
nicht ahnen, daß im Spätjahr draußen im deutschen
Reiche oder wenigstens im „führenden" Staat und
ganz namentlich in der „Hauptstadt der deutschen
Intelligenz" eine förmliche Judenhetze im Gange sein
würde, betrieben nach den Vorschriften der bekannten
Maxima Charta, d. h. der menschlichen Dummheit.

Daß man sich im Auslande baß darüber ver=
wunderte oder wenigstens so that, als verwunderte man
sich, und in allen möglichen Tonarten über die In=
toleranz des Volkes der „Denker und Kritiker" spottete
oder schimpfte, war ganz in der Ordnung. Unsern
liebenswürdigen und freundlich gesinnten Nachbarn ist

ja jede Gelegenheit, uns etwas anhängen zu können,
ein gefundener und mit Begier verschlungener Fraß.
Das Geschimpfe brauchte uns also weiter nicht auf=
zuregen, und wenn insbesondere die englische Presse
sich auch jetzt wieder durch ihre Lümmelei hervorthat,
so lieferte sie uns dadurch nur einen weiteren Be=
weis, daß sie der richtige druckpapierene Ausdruck
des englischen Pharisäismus sei, welcher jeden Splitter
und jedes Splitterchen in fremden Augen sieht und
beschreit, niemals aber den riesigen Balken im eigenen.
Die Presse eines Landes, welches dem konfusesten
Faselhanns des Jahrhunderts, dem Phrasentrapez=
springer Gladstone als seinem „genialsten Staats=
mann" seine Geschicke anvertraut, sollte sich billig
enthalten, über ein fremdes Land Schimpfurtheile ab=
zugeben, welche von der Unwissenheit eingeblasen sind
und von der Heuchelei selbstgefällig hergebetet werden.

Wir sind vollkommen berechtigt, unsere mehr
oder minder lieben Nachbarn zu ersuchen, gefälligst
vor ihren eigenen Thüren zu kehren, wo es ja
Unrath genug wegzufegen gibt. Aber wir sind auch
verpflichtet, uns selber eine Sache klarzumachen,
welche, wie nicht zu leugnen ist, mehr und mehr
eine bedrohliche Bedeutung erlangt hat.

War die widerjüdische Bewegung in Deutschland, speciell in Preußen, speciellst in Berlin, eine natur=wüchsige und spontane oder eine künstliche und gemachte? Ja und nein.

Sie hatte in Form eines dumpfen Rasse=Gefühls, einer instinktiven Antipathie schon seit Jahren in der deutschen Volksseele geschwehlt und geglostet. Das untersteht für alle, welche die Dinge sehen, wie sie sind, gar keinem Zweifel. Insofern also war aller=dings Naturwüchsigkeit und Spontaneität vorhanden. Kirchliche Dunkler und politische Rückwärtser nahmen den schwehlenden und glostenden Funken mit Ver=gnügen wahr und verschritten eifrig dazu, selbigen zu einem Feuer an= und aufzublasen. Der Deutsche liebt es ja, zu systematisiren. Junker, Hofprediger, Hetzkapläne, chauvinistisch=teutonische Streber und der=gleichen schöne Seelen mehr brachten demnach Me=thode in den Unsinn, welcher ein solcher bleibt, auch wenn er als ein keineswegs unbegreiflicher bezeichnet werden muß, sondern im Gegentheil als ein sehr begreiflicher, ja sogar als ein vielfach verzeihlicher — schon aus den Gründen, welche in meinem oben mitgetheilten Tischgespräche mit Herrn von T. im Quellenhof zu Ragaz berührt worden sind.

Der widerjüdische Lärm ist eine widerliche Blase, welche von der gährenden Verstimmung emporgetrieben wurde, die sich der Nation unmittelbar nach ihrem „großen Jahr" und nach der Gründung des neuen deutschen Reiches bemächtigt hatte. Diese Verstimmung war ein Rückschlag, welcher einem Gesetze der Natur wie der Geschichte zufolge nach der im Jahre 1870—71 bis zum Aeußersten getriebenen Muskeln- und Nervenspannung nothwendig eintreten mußte. Unerhörte, niedagewesene kriegerische Erfolge und die auf dieselben begründete neue Großmachtstellung Deutschlands hatten in den Deutschen überschwängliche Hoffnungen wachgerufen. Im ersten Gefühle der Befriedigung war männiglich geneigt, die sehr bedenklichen Seiten der versailler Verträge und die klaffenden Fugen der Reichsverfassung zu übersehen. Von den Parteien hoffte jede, im neuen Reiche und durch dasselbe ihre Wünsche verwirklicht zu sehen. Der Bauer erwartete Minderung der Steuerlast, der Bürger einen gewaltigen Aufschwung der Industrie und des Handels. Die Partei, welche in ihren Versammlungen mit feuriger Begeisterung zuerst auf den römischen Papst und dann weit hintennach mit kühler Konvenienz auf den deutschen Kaiser zu

toasten pflegt, wollte und forderte vor allem einen
diplomatischen und, wenn nöthig, auch wohl einen krie=
gerischen „Römerzug" zur Wiederherstellung der welt=
lichen Macht des unfehlbaren Halb= oder Ganzgottes
im Batikan. Die Liberalen ihrerseits träumten vom
raschen Herankommen i h r e s alleinseligmachenden
Reiches, d. h. des konstitutionell = parlamentarischen
Regiments.

Alle diese Hoffnungen, Wünsche und Erwar=
tungen sind unerfüllt geblieben. Was kam, war
nur der bekannte wüste, ruchlose, rasende Tanz um
das bekannte Biest, welchen dann ein Donnerkrach
auseinanderstäubte, um auf dem ekelhaften Tanz=
platze nichts zurückzulassen als eine furchtbare Zu=
nahme der Verbrechen und der Selbstmorde.

In solchen Aschermittwochsstimmungen, wie jetzt
in Deutschland eine eintrat, suchen die Völker mit
Eifer einen Bock, welchen sie mit ihren Sünden
beladen und in die Wüste des Hasses und der Ver=
wünschung jagen könnten.

Und siehe, den Enkeln Teuts ging die Erkennt=
niß auf, die Nachkommenschaft Sems, so in deut=
schen Landen sehr fruchtbar gewesen und vielfältiglich

sich gemehret hatte, müßte einen vortrefflichen Sünden=
bock abgeben.

Zur Begründung dieser christlich = germanischen
Ansicht wurde allerlei vorgebracht, Wahres und
Falsches. Hundertmal durchgedroschenes Stroh hat
man abermalen auf die Tenne der Debatte geschüttet.
Zu alten Vorwürfen gesellten sich neue. Man
erinnerte an die schmähliche Geschichte der deutschen
Kriegsanleihe vom Juli 1870 und wie das jüdische
Großkapital in Deutschland dabei sich verhalten,
d. h. kühl ablehnend, während deutsche Judenfirmen
gleichzeitig sich beeilt hätten, Beiträge zur französischen
Kriegsanleihe zu zeichnen. Dabei vergaß man frei=
lich, daran zu erinnern, daß nicht minder unpatrio=
tisch=spröde als das jüdische auch das christlich=ger=
manische Großkapital sich erzeigt hatte, bis der Sieges=
schlag von Sedan, wie die Thore von Rom, so auch die
Kassendeckel der jüdischen und christlichen Geldbarone in
Deutschland aufgesprengt, obzwar letztere, die Kassen=
deckel, nicht sehr weit *). Weiterhin mußte es un=

---

*) Im Oktober 1870, also einen vollen Monat n a ch dem
Tage von Sedan, waren von den 100 Millionen der deutschen
Kriegsanleihe erst 68 gezeichnet. Es ist leicht verständlich,
daß und warum insbesondere die liberale Presse und Rednerei

liebsam auffallen, daß bei Schaffung der Reichs-
münze und der Reichsbank, wie bei Verwaltung
der letztgenannten Anstalt, jüdischen Geldleuten ein
ganz unverhältnißmäßig großer Wirkungsraum gelassen wurde. Freilich, die „Sachverständigkeit" dieser
Herren stellte sie in den Vordergrund. Allein die
fraglose Klugheit ihrer Rasse hätte sie daran erinnern
sollen, daß ihre vollständige Gleichberechtigung mit
den Deutschen doch von noch sehr jungem Datum und
demnach vorzeitiges Sichvordrängen sehr unrathsam
wäre. Das zu bedenken und zu beachten, hätten
gewiß auch die jüdischen Parlamentarier sattsamen
Grund gehabt. Hätten sie es bedacht und beachtet,

---

die Geschichte dieser Anleihe todtzuschweigen sich bemühte und
bemüht. Aber bei diesem Bemühen sollte sie sich wenigstens
vor so lächerlich-rabulistischen Beschönigungsversuchen hüten,
wie in der Sitzung der preußischen Abgeordnetenkammer vom
22. November 1880 von fortschrittlicher Seite einer gemacht
wurde, also lautend: „Wenn damals nicht mehr Millionen
gezeichnet worden sind, so erklärt sich das daraus, daß es ein
Moment war, wo jeder baares Geld haben mußte wegen der
besorgnißerregenden Unruhe der Geschäfte." Das ist denn
doch Manchesterei in Lebensgröße! Die französischen Geld-
leute, für welche das Kriegsjahr 1870—71 doch gewiß noch
mehr, noch weit mehr „besorgnißerregende Momente" gebracht
als für die deutschen, haben weniger manchesterlich und mehr
patriotisch gedacht und gehandelt.

so würde dem deutschen Reiche vielleicht dieses oder
jenes Gesetz erspart worden sein, das sich theoretisch
und als Thema oratorischer Uebungen recht hübsch
ausnehmen mochte, in der Praxis des Lebens jedoch
sehr bald als unbrauchbar oder geradezu schädlich
sich herausstellte. Schließlich dürfen auch die arg=
wöhnischen Blicke nicht vergessen werden, welche die
Deutschen seit einer Reihe von Jahren nach jenseits
der Vogesen werfen mußten. Sie konnten gar nicht
anders, als dorten den genuesischen Juden scharf im
Auge behalten, welcher sich i. J. 1870 zum Diktator
von Frankreich gemacht und als ihr, der Deutschen,
hartnäckigster und gefährlichster Feind sich erwiesen
hatte. Es konnte in Deutschland schlechterdings nicht
vergessen werden, daß der Jude Gambetta, umgeben
von einer zu einem nicht geringen Theile ebenfalls
aus Juden bestehenden Jüngerschaft, unser Todfeind
war und blieb und nur auf eine günstige Gelegen=
heit lauerte, um als Prophet der „Revanche" sich
aufzuspielen und aus den genasführten Franzosen
Kanonenfutter für seine Eitelkeit und Ehrsucht zu
machen.

Das Gewicht aller dieser mehr oder weniger
berechtigten Klagen über jüdische Anmaßung, Ueber=

hebung und Feindseligkeit mochte an und für sich ein
nur geringes sein. Allein es wurde nach und nach
wuchtvoll durch unleugbare Taktlosigkeiten der jüdischen
Presse, welche allzu selbstgefällig sehen ließ, daß sie in
deutschen Landen eine Macht geworden — und was
für eine Macht!*). Noch mehr aber durch die

---

*) Die unter anderem auch nicht vergessen sollte, daß
es vom Erhabenen zum Lächerlichen nicht weit ist. Wenn
z. B. unsere jüdischen Reichsmitbürger den Verfasser der
„Schwarzwälder Dorfgeschichten" mit Stolz den Ihrigen nennen,
so ist das nur recht und billig. Wenn sie ihn jedoch in dem
Vaterlande Lessings, Göthe's und Schillers als einen „Poeten
höchsten Ranges" ausposaunen, so ist das eine groteske Lächer-
lichkeit, die man von sonst so scharfverständigen Menschen nicht
erwarten sollte. Auerbach hat gewiß schon manchmal im
Stillen bei sich gesagt: „Gott behüte mich vor meinen
stammverwandten Beposaunern!" . . . . Ueberhaupt müssen
gerade wir alle, die wir wissen, daß Deutschland jetzt und
künftig das feste Zusammenstehen aller seiner Bürger, seien
es Germanen oder Semiten, Katholiken oder Protestanten,
Orthodoxe oder Ketzer, Pietisten oder Heiden, bringend nöthig
hat, von Herzen wünschen, daß die deutschen Juden selbst
den Schein rassenhaft-chauvinistischer Besonderheit und Ueberhebung vermeiden möchten. Nicht jeder Germane ist ja geneigt,
solche kleine Geschichten wie die nachstehende so spaßhaft zu
finden wie ich. Binnen 20 Jahren habe ich Dutzende von
jüdischen Studirenden aus allen Ecken und Enden der Erde
zu Hörern gehabt und ich schulde und gebe denselben das
Zeugniß großen Fleißes und bester Aufmerksamkeit und Aus-

Schwere der von Jahr zu Jahr sich steigernden
Unzufriedenheit mit der Gestaltung, d. h. Miß=
gestaltung der Dinge im deutschen Reiche, woselbst
loyalen Reichsbürgern sogar die ihnen anfänglich ge=
gönnte Kurzweil, welche die parlamentarischen Vor=
gänge und Debatten ihnen geboten hatten, vergällt
wurde, weil dieses Schattenspiel an der Wand alles
dramatische Interesse verlor, seitdem der Bismarck
nicht mehr mitspielte, und aus einer Haupt= und
Staatsaktion, welche doch wenigstens einen Schein
von politischer Bedeutung gehabt hatte, zu einer
ebenso langweiligen als gehässigen Zänkerei zwischen
Parteien und Personen herabsank.

Die Unzufriedenheit wollte und mußte sich Luft
machen, wollte und mußte einen Sündenbock haben
und da gab es dann Leute, welche so gefällig waren,
ihr einen zu zeigen.

———

dauer. Nun kommt da eines Tages — es ist noch nicht
lange her — ein junger Mann, eine meiner Vorlesungen zu
belegen, und es findet zwischen uns dieser kurze Dialog statt.
„Sie sind, wie ich sehe, aus Königsberg?“ — „Ja, ich bin
aus der Stadt Johann Jakoby's.“ — „So? Ich war bis
jetzt des Glaubens, Königsberg wäre die Stadt Immanuel
Kant's.“ Er ging mit einer Miene, welche deutlich sagte,
daß er mich für einen sehr „Zurückgebliebenen“ ansähe, was
mich nicht wenig ergötzte.

Verehrer und Deuter der Bibel könnten ja die bekannte Sündenbockstelle im „Levitikus" (16, 20—21) geradenwegs auf den Herrn Hofprediger Stöcker deuten und so wäre die „christlich=sociale" Mission desselben schon im Alten Testamente prophetisch vor= gezeichnet. „Und so er, Aaron (oder Stöcker), voll= zogen hat die Sühnung des Heiligthums und der Stiftshütte und des Altars, soll er herbringen einen lebenden Bock und soll legen seine beiden Hände auf dessen Haupt und bekennen auf ihn alle Missethat der Kinder Israel (oder Teut) und alle ihre Ver= fehlungen und soll solche legen dem Bock auf das Haupt und selbigen lassen jagen in die Wüste" ....

Wissende Menschen, denen bekannt, daß jede Zeit ihre, ja jedes Jahr seine Portion Narrheit haben und verbrauchen will, werden nicht verlegen sein, wohin sie Erscheinungen wie die „Antisemiten= liga" und die „Antisemitenpetition" thun müssen. Wenn nur die Sache neben ihrer komischen nicht auch eine sehr ernsthafte Seite hätte! Es gibt ja keinen noch so alten Wahn, der unter Umständen nicht wieder neu werden könnte. Ich habe in diesen Tagen wieder einmal beim Twinger, beim Wurstisen und in der Limburger Chronik von der christlich=

germanischen Judenhatz des 14. Jahrhunderts schau-
bernd gelesen. Freilich, ihr meint mit überlegenem
Achselzucken: „Wer wird so etwas heutzutage für
möglich halten?" Wer? Nun, ich und mit mir gewiß
alle, welche die Ausbrüche von Volksleidenschaften schon
in der Nähe zu sehen Gelegenheit hatten. „Alles
schon dagewesen", ist ein Wahrspruch; aber: Alles
schon Dagewesene kann wiederkommen, obzwar etwas
anders angestrichen, ist auch ein solcher. 1793 kam
1871 wieder. Habt ihr es schon vergessen?

In jedem Menschen schlummert die Bestie und
in jedem Volke liegt das Ungeheuer an der Kette.

Schmach über die, welche die Bestie wecken und
das Ungeheuer entfesseln!

III.

Excellenz Von der Zirbeldrüse.

Ein Gespräch.

————

Vielleicht erinnert sich dieser meiner Leser oder
jene meiner Leserinnen meines alten Feind=Freundes
oder Freund=Feindes, des Herrn Zachäus von der
Zirbeldrüse, mit welchem ich sie vordem bekannt ge=
macht habe*). Wir waren Jugendfreunde gewesen,
dann aber durch Schicksalsschluß und Eigenwillen auf
sehr verschiedene Lebenswege gewiesen oder geworfen
worden. Er auf den glatten Weg, ich auf den
rauhen. Mitunter führten uns diese Wege, wo sie

————

*) Vgl. „Blätter im Winde" (1875), S. 1 fg.

19*

sich etwa kreuzten, wieder zusammen. So im Jahre
1875 im Thale zwischen dem Falknis und dem Piz Alun,
und so wieder daselbst im Frühsommer von 1880. Da=
zumal, 1875, war er in der Blüthe seiner Geheimrath=
schaft gestanden, höchlich zufrieden mit sich und der
Welt, ein Bismärcker auf Gnade und Ungnade, eine In=
Sicht=Excellenz jeder Zoll. Seither waren alle Träume
seines Ehrgeizes verwirklicht worden. Das flimmernde
Wörtlein „wirklich" hatte sich vor seinen Geheim=
rathstitel hingestellt wie der Abendstern vor den
Mond. Sein Ordenregister hatte um verschiedene
Nummern zugenommen. Die „Excellenz" war für
ihn eine vollendete Thatsache geworden. Es war auch
davon die Rede gewesen, daß bei dem starken Verbrauch
von Ministern durch den Herrn Reichskanzler der
Excellenz Von der Zirbeldrüse bald ein Minister=
portefeuille unter den Arm geschoben werden würde.

Als ich nun bei unserem diesmaligen Zusammen=
treffen den Mann auf mich zukommen sah — es
war auf einem der Fußpfade, welche südlich von
Ragaz von der zur Landquart ziehenden Straße
linkshin an den Rhein hinabführen — war ich ge=
wiß, dem Optimismus in Person zu begegnen. Ich
sollte aber seltsam enttäuscht werden. Schon beim

Näherkommen fiel mir auf, daß die Excellenz schwarz gekleidet war, einen Trauerflor um den Hut und kein, absolut kein Band im Knopfloche trug. Bei unserer Begrüßung bemerkte ich, daß der Wirkliche bleich, zusammengefallen und sehr ergraut aussah.

„Ich freue mich sehr, Sie zu sehen; freute mich schon gestern darauf, als man mir im Quellenhof auf Befragen mittheilte, daß Sie heute kommen würden." Das sagte er, meine Hand festhaltend, mit einer Weichheit und Zutraulichkeit, als hätte sich zwischen den weiland Jugendfreunden niemals ein so breiter und tiefer Abgrund der Meinungs- und Schicksalsverschiedenheit aufgethan.

Warum hätte ich auf diesen Ton nicht eingehen sollen? Habe ich es doch allzeit für eine beklagens- werthe deutsche Unsitte gehalten, die Gegensätze, Reibungen und Konflikte politischer Anschauungen, Ueberzeugungen und Stellungen auch in den Privat- verkehr zu übertragen und jeden Andersdenkenden zu hassen oder zu verachten. Das heißt nur den pfäffischen Fanatismus vom Gebiet der Kirche auch noch auf das des Staates herüberpflanzen, während doch jeder denkende und wissende Mensch längst zu der Einsicht gekommen sein sollte, daß es überhaupt kein

alleinseligmachendes Dogma gibt, weder ein religiöses
noch ein politisches, und daß demnach alle und jede
Alleinseligmacherei, die religiöse wie die politische,
nichts ist als das Geschäft von Gaunern, um Gimpel
zu beschwindeln. Welche Partei dürfte, vollends nach
alledem, was wir in unseren Tagen gesehen, der
Behauptung sich erfrechen, sie besäße das Privilegium
der Ehrenhaftigkeit? Oder gar das der Weisheit?
Wer die Augen offen hat, wird unter Republikanern
nicht weniger Schwach= und Querköpfe erblicken als
unter Monarchisten und umgekehrt, unter Demokraten
nicht weniger Schelme und Schufte als unter Ari=
stokraten und umgekehrt. Peccatur intra ecclesiam
et extra, d. h. die Ungläubigen haben den Gläu=
bigen wahrlich auch nichts vorzurücken und umgekehrt.
Ihr sagt: Das sind Wahrheiten, so wohlfeil wie
Brombeeren! Ja wohl. Aber wenn man tagtäglich
mitansehen muß, wie unsere Zeitgenossen sich selbst
und andere so recht mit Fleiß belügen, so darf man
immerhin wünschen, daß sie sich solche Brombeeren=
Wahrheiten zu Gemüthe führen möchten, ob auch die=
selben trivial schmecken . . . .

Wir saßen mitsammen im Erlenschatten auf dem
kyklopisch aufgeblockten Rheindamm. Zu unsern

Füßen wälzte der Strom sein Gewässer, das die
aus den Klüften des Piz Beverin herabstürzende
wilde Nolla schieferschwärzlich gefärbt hatte. Drüben
am andern Ufer glänzten die Thürme von Maienfeld im Sonnenschein.

„Da bin ich vor fünf Jahren mit meiner lieben
guten Zigonia auch gesessen," sagte er wehmüthig.

Ich hütete mich, ihn daran zu erinnern, daß
seine dreißigjährige Ehe mit der, wie er mir vorhin
mitgetheilt hatte, unlängst gestorbenen „lieben guten"
Zigonia eigentlich ein dreißigjähriger Krieg gewesen
war. Er schien jedoch meine Gedanken zu errathen,
denn er fuhr nach kurzem Schweigen fort: „Sie
wissen, alter Freund, meine Frau hatte ihre Eigen-
heiten — wer hat nicht solche, und vollends wenn
man zum genus femininum gehört? Das mecklen-
burgisch-blaue Blut Zigonia's — hierbei machte der
Sprecher einen schwachen Versuch, zu lächeln —
rollte ihr mitunter gar zu blitzblau-obotritisch durch die
Adern. Der animus opponendi, welcher sie beseelte,
ihr Widerspruchsgeist erhob sich nicht selten zur dritten
Potenz oder, wie die Zöllner und Sünder des Spi-
ritismus sagen, in die vierte Dimension. Allein bei
alledem und trotz alledem habe ich das beseligende Gefühl,

als wäre mit meiner Frau das Salz und der Pfeffer
von meinem Tisch und überhaupt aus meinem Leben
verschwunden, und hat ihr Tod in mein Dasein eine
Lücke gerissen, welche nicht wieder ausgefüllt werden
kann."

„Nun, ich denke, Ihre Stellung im Staat sollte
Ihnen ausreichendes Füllungs= und Stopfungs=
material darbieten."

Mit dieser Aeußerung hatte ich aber, wie ich
sofort erfahren sollte, einen sehr empfindlichen Nerv
schmerzlich berührt. Es kam eine Verstimmung und
Unzufriedenheit zum Ausbruch, welche ich aus d i e s e m
Lebenskreise zu vernehmen fürwahr nicht erwartet
hatte.

„Meine Stellung im Staat?" sagte er mit
Bitterkeit. „Du lieber Gott, wer hat denn bei uns
noch eine Stellung? Wer kann mit Fug und Recht
sagen, daß er eine Stellung im Staate habe?"

„Hm, doch gewiß E i n e r , sollt' ich meinen."

„Auch d e r nicht. Wäre seine Stellung eine sichere,
würde er sie nicht so oft wechseln. Er macht ja
Rösselsprünge wie der Springer im Schachspiel. Jetzt
vom Feudalismus hinüber zum Parlamentarismus
und umgekehrt. Dann vom Gerlach zum Lassalle

und umgekehrt. Heute vom Bureaukratismus zum Liberalismus und morgen umgekehrt. Vor Jahresfrist vom Schutzoll zum Freihandel und nach Jahresfrist umgekehrt."

„Wenn aber der Springer mittels seines Hin und Her, mittels seines Vor und Zurück die Partie gewinnt?"

„Gewinnt? Die Partie steht schlecht, sag' ich Ihnen."

„Sie überraschen mich mehr, als ich sagen kann. Ich glaubte, im Kreise deutscher Excellenzen müßte man alles, was geschieht oder nicht geschieht, excellent finden."

„Sie täuschten sich. Wer kann dieses fahrige Wesen, dieses ewige Experimentiren und Probiren, dieses unersprießliche Hasten und Tasten, vom staatsdienerlich = geschäftlichen Standpunkt aus betrachtet, billigen? Zudem ist man ja doch auch Patriot in seiner Art."

„Ach ja, in seiner Art. Bei uns ist leider alles so in seiner Art. Wir haben so eine Art von Reich, so eine Art von Reichstag, so eine Art von Konstitutionalismus und Parlamentarismus" —

„Ei, Sie wissen ja wohl, was daran ist. Nichts als Arabeske und Dekoration."

„Das ist für Menschen mit sehenden Augen und hörenden Ohren der Konstitutionalismus und Parlamentarismus überall. Ob da etwas mehr, ob dort etwas minder, darauf kommt es nicht an."

„Wohl; aber Sie selbst haben ja einmal sehr nachdrücklich gesagt, daß man die konstitutionell-parlamentarische Komödie, wenn man sie einmal spielen wollte, doch mit einigem Anstand spielen sollte. Bei uns sind die Aufführungen nachgerade so jammersälig geworden, daß jeder Mensch von gebildetem Geschmacke sich daran verekelt hat. Was ist das für eine Spottgeburt von einer so zu sagen National-repräsentation, welche über die allerwichtigsten An-gelegenheiten, über Frieden oder Krieg, ganz im Dunkeln gelassen wird, so lange im Dunkeln gelassen wird, bis man dem Volke befiehlt: Gib Geld her und zieh' ins Feld!"

„Aber, lieber Freund, gerade die Herren National-liberalen, zu welchen Sie sich mit so großer Genug-thuung zählten, sind ja nicht müde geworden, zu predigen und zu preisen, daß Deutschlands Ehre,

Sicherheit und Macht in den Händen Bismarcks gut aufgehoben sei."

„Irren ist menschlich, einen Irrthum erkennen und eingestehen ist rühmlich. Frankreich hätte uns ein sattsam abschreckendes Beispiel liefern können und sollen, wohin ein Land komme, welches seine Ge= schicke einem Menschen anvertraut. Wohin sind wir jetzt schon gekommen? Zur Isolirung. Zum „in drangvoll fürchterlicher Enge" Eingequetschtsein zwischen Russland und Frankreich, ohne Freunde und Bundesgenossen."

„Wie denn? Das Bündniß mit Oesterreich= Ungarn" —

„Bah, Sie werden doch diese Schemen= und Schein=Allianz, von der kein Mensch etwas Greif= bares weiß, nicht ernsthaft nehmen wollen?"

„Die Deutschöstreicher" —

„Die Deutschöstreicher, entschuldigen Sie, sind sehr gute Leute, aber trotz ihrer oder vielmehr gerade wegen ihrer großen musikalischen Begabung und Musikliebhaberei sehr schlechte politische Musikanten. Wären sie bessere, so hätten sie, um nur eins zu sagen, dem magyarischen Chauvinismus, welcher die nationalen Gefühle und Rechte der Deutschen in

Siebenbürgen, in der Zips und überall innerhalb
seiner Machtsphäre mit brutaler Rohheit verletzt und
vernichtet, ja auf eine barbarische Austilgung des
Deutschthums ganz offen losgeht, schon ganz andere
Lieder vorgesungen. Ein deutscher Minister, an
welchem freilich nichts deutsch als der Name — und
dieser soll ja eigentlich ein wendischer sein — ist es
auch gewesen, welcher jenen unseligen „Ausgleich"
zuwegebrachte, demzufolge die Kultur der Unkultur
unterthan sein muß."

„Mir will aber scheinen, die Deutschen in Oestreich
und insbesondere die im Bereiche der Stephanskrone
lebenden Deutschen hätten ihre kümmerliche Lage zu
einem nicht geringen Theile selbst verschuldet. Warum
stellten sie der über sie gekommenen Vergewaltigung
nicht von Anfang an eine entschlossenere und that=
kräftigere Abwehr entgegen?"

„Ja, warum?"

„Weil sie daran gehindert wurden und werden
durch ein auch unter ihnen grassirendes deutsches
Nationallaster, d. h. durch jene „duldsam träge
Eselei", welche schon Herder zornvoll gerügt hat,
durch die deutschphilisterhafte Friedfertigkeit und An=
bequemerei, durch die dreimal vermaledeite weltbürger=

liche Kulturdüngerbewußtseinsresignation, ein Ding,
welches ebenso dumm, wie das Wort lang ist. Es
fehlt eben den Deutschen in Oestreich, wie den
Deutschen überhaupt, die Ursprünglichkeit und Energie
des Rassegefühls, der elementare Nationalwille und
der unbeugsame Nationalstolz" *).

----

*) Inbetreff dieses Mangels hat ein Deutscher Gelegenheit,
vonseiten seiner Landsleute im allgemeinen und vonseiten eines
charakterlosen Literatenthums im besonderen nicht selten Un-
glaubliches zu erleben, was eben nur bei uns zum Möglichen
und Wirklichen werden kann. Ich will, obzwar nicht gewohnt,
meine Leser mit Betreffnissen persönlicher Natur zu behelligen,
hier einmal einen kennzeichnenden Fall anführen. In der
Zeitschrift „Westermann'sche Monatshefte" (Januar 1881)
wurde inmitten anderen literarischen Notizenkrams auch von
der 7. Auflage meiner „Deutschen Kultur- und Sittengeschichte"
und von meinem Buch „1870—71" flüchtige Notiz genommen.
Es geschah in „warm empfehlender" Weise, aber so, daß leicht
zu ersehen, der Notizenmacher habe zur Beurtheilung dieser
Bücher wenig oder gar keinen Beruf. Mit lobhudelnden
Phrasen ist es da nicht gethan, auch nicht mit Anflickung von
etlichen stereotypen Ausstellungen, wie sie nun schon seit vielen
Jahren ein frère ignorantin papageilich dem andern über
mich nachplappert. Darüber auch nur ein Wort zu verlieren
hielt und halt' ich nicht der Mühe werth. Was ich hier gelegentlich rügen will, ist, daß der fragliche Notizenschreiber
um meiner Geschichte des deutsch-französischen Krieges willen
mich einen „Franzosenfresser" gescholten hat. Man sollte
meinen, daß ein Buch wie mein „1870—71", welches in
allen Kreisen der Nation — das vaterlandslose Geschmeiß,

„Wahr, bittertraurig wahr! Aber da es nun einmal so ist und da die Deutschen in Oestreich nicht das herrschende Volk sind, sondern das be= herrschte, so ist der Werth der östreichisch=ungarischen Allianz, wenn das Scheinding überhaupt diesen

---

die schwarze, die rothe und die gelbe Internationale, natürlich ausgenommen — mit Theilnahme, Beifall und Dank aufge= nommen wurde und darum innerhalb Jahresfrist zwei starke Auflagen erlebte, seinen Verfasser wenigstens vor Insulten von landsmännischer Seite sicherstellen würde. Franzosen haben anerkannt, daß ich die Geschichte jenes Jahres mit menschenmöglicher Unparteilichkeit erforscht und geschrieben, daß ich auch ihnen, den Franzosen, alle Gerechtigkeit und den französischen Quellen jede gebührende Berücksichtigung hätte widerfahren lassen. Ein deutscher Anonymus dagegen durfte, augenscheinlich ohne das Buch gelesen zu haben, obenhin sich erdreisten, mich einen „Franzosenfresser“ zu schelten. Aehn= liches wäre denn doch in einem ähnlichen Falle in Frankreich, in England, in Italien, in Rußland sogar, rein unmöglich, weil das nationale Gefühl russische, italische, englische und französische Notizenskribenten vor solchen Dummheiten bewahrt. Es wäre auch, will mir scheinen, dem Herausgeber der ge= nannten Zeitschrift wohlangestanden, einen deutschen Schrift= steller, welcher nun schon 30 Jahre lang in der Fremde, und zwar unter nicht selten schwierigen Verhältnissen, für das Recht und die Ehre seines Landes einzutreten und einzustehen nie gezaudert hat, vor einer ebenso albernen als böswilligen Ver= unglimpfung durch einen seiner schlechtunterrichteten Mitarbeiter zu schützen. Ein französischer, englischer, italischer, russischer Editor hätte das nicht versäumt.

Namen verdient, im Grunde gleich Null. Lassen Sie nur einmal eine ernste Gefahr an Deutschland herantreten und dann werden Sie sehen, welchen Beistand wir vonseiten des von Magyaren und Slaven beherrschten Oestreichs zu erwarten haben."

„Keinen, ich geb' es zu. Wir werden allein sein. Aber bei unserem Evangelisten Schiller steht geschrieben:

„Der Starke ist am mächtigsten allein."

„Dichtung!"

„Im Jahre 1870—71 war es glorreiche Wirklichkeit."

„Ausnahmsweise, sehr ausnahmsweise."

„Das Große und Hohe ist immer eine Ausnahme, das Kleine und Gemeine die Regel."

„Zugegeben. Aber von Ausnahmen können Völker und Staaten nicht leben."

„Wenn eine Nation von 45 Millionen, eine Nation, welche, man sage, was man wolle, die durchschnittlich gebildetste des Erdbodens ist, sich auf sich selbst stellt, der eigenen Kraft vertraut und ihr gutes Recht bis zum Aeußersten zu wahren entschlossen ist, so braucht sie nicht um Freundschaften zu sorgen und um Allianzen zu werben. Es ist für sie viel gesunder, ehrliche Feinde zu haben, als falsche Freunde.

Ich meine, uns Deutschen sollte aus der Zeit von 1813—15 noch in lebhafter Erinnerung stehen das Wort: Gott behüte uns vor unsern Freunden!"

„Nun ja, der Leiter unserer Politik hat ja dafür gesorgt, daß wir gar keine Gelegenheit haben werden, von Freunden zu sprechen, weder im guten noch im schlimmen Sinne. Sie, der Sie in der Fremde leben, müssen ja wohl wissen, daß die ganze neue Reichsherrlichkeit den im Auslande weilenden Deutschen bislang nichts eingetragen hat als Mißtrauen, Haß, Schimpfworte, Steinwürfe und Prügel."

„Daran ist etwas Wahres und es wäre sehr zu wünschen, daß das „Civis romanus sum!" thatsäch= lich in „Ich bin ein deutscher Reichsbürger!" über= setzt werden möchte. Der Reichskanzler dürfte auch mehr, als bis dahin geschehen zu sein scheint, seinen Agenten im Auslande begreiflich machen, daß sie die Vertreter einer Großmacht, daß man mit der Be= scheidenheit gar nicht weit komme und daß nur ein festes Auftreten imponire. Aber, lieber Freund, das „Civis romanus sum!" hat seine Vollbedeutung gewiß auch nicht binnen 10 Jahren erlangt."

„Allerdings nicht, aber wenn die Reichswirthschaft noch 10 Jahre so weitergeht wie bisher, so könnte der „Deutsche Reichsbürger", statt auszuwachsen, wieder zum Embryo werden. Haben Sie nicht bemerkt, mit welcher Frechheit der Partikularismus bei jeder Gelegenheit neuerdings wieder seine Hörner hervorstreckt? Das ist die Folge der schweren Versäumnisse von 1866 und 1871, und wer hat in erster Linie diese Versäumnisse verschuldet?"

„In erster Linie der beklagenswerthe Mangel unseres Volkes an politischem Verstand, Schick und Takt, sowie an thatkräftiger Initiative. In zweiter Linie der dynastische Zopf und der legitimistische Aberglaube. Erst in dritter Linie Bismarck, der dazumal allerdings im Sinne eines fester gefugten und strenger geschlossenen Nationalstaates mehr hätte durchsetzen sollen und können, wenn er nämlich aus seiner eigenen Haut herauszuspringen, von seiner eigenen Vergangenheit vollständig sich loszuschälen vermocht hätte. Das vermag aber kein Mensch, keiner! Napoleon war auch auf dem Kaiserthron noch der Jakobiner, welcher er als Souslieutenant gewesen. Le jacobinisme à cheval hat die Staël das Empire genialisch-treffend genannt."

„Unser Empire könnte man etwa den Wirrwarr auf dem Gendarmengaul nennen."

„Welche Sprache aus dem Munde eines Wirk=
lichen Geheimrathes! Ich bin nicht neugierig und
will also nicht fragen, auf welchen Wegen Sie dazu
gekommen sein mögen, die Dinge im deutschen Reiche
so trübe anzusehen."

„Ja, trübe, grauschwarz wie das wüste Wasser,
welches sich da zu unsern Füßen dahinwälzt."

„Oh, machen Sie sich keine Sorge um den Rhein!
Er geht im Bodensee baden und kommt bei Konstanz
rein und lauter heraus, die Bläue des Himmels
und das Grün seiner Ufer widerspiegelnd."

„Vorausgesetzt, daß der Himmel blau und die
Ufer grün seien, was bekanntlich den weitaus größeren
Theil des Jahres hindurch nicht der Fall zu sein pflegt.
Und am Ende aller Enden verkommt Ihr glorioser
Rhein doch elendiglich im holländischen Sande."

„Alles muß, wie seinen Anfang, so auch sein
Ende haben. Der Erdball selbst und alles, was
darauf, wird dereinst untergehn und spurlos ver=
schwinden, hat der Seher von Stratford geweissagt,
wissen Sie? Ewigkeiten kann es nicht geben, weil
sie undenkbar . . . . Aber sagen Sie, ist es nicht
wunderlich, daß ich, der alte Republikaner, welchen
der jetzo im deutschen Reiche mordische Servilismus

mit Trauer und Abscheu erfüllt, mit um so größerem
Abscheu, wenn er sich heuchlerisch als Nationalservi-
lismus aufspielt, — ja, daß ich alter Republikaner
gegen Sie, eine der jüngsten Excellenzen, die Politik
des Reichskanzlers vertheidigen muß?"

„Nun, sie bedarf wahrhaftig der Vertheidigung,
diese Politik."

„Sie ist nicht vollkommen — wo gäbe es denn
überhaupt Vollkommenes auf unserem sehr unvoll-
kommenen Planeten? Sie hat ihre Mängel und
Schwächen, abstoßende sogar. Aber kein Deutscher
von Herz und Kopf sollte sich weigern, anzuerkennen,
daß nach langem, langem Harren in der Person des
märkischen Junkers endlich ein Staatsmann erschien,
der Staatsmann, welcher mit genialischer Begabung
den eisernen Willen verband, endlich einmal wieder
auf deutschem Boden eine deutsche, eine nationale
Politik zu machen, und welcher dieses Wollen in
großartige That zu wandeln wußte."

„Und es schließlich glücklich zuwegebrachte, daß wir
jetzt nicht allein mehr vom Westen, sondern auch vom
Osten her gefährlich und fortwährend bedroht sind."

„Ah, pfeift der geheimräthliche Oppositionswind
aus dem berlinisch-nationalliberalen Loche der Russo-

philie? Ja, ja, ich erinnere mich, daß die Zeitungs-
auguren des Nationalliberalismus vor etlichen Jahren
den auf Konstantinopel zu unternommenen Flug-
versuch des moskowitischen Adlers als einen glück-
verheißenden gepriesen und mit allem ihnen zu
Gebote stehenden Worteaufwand ermuntert und
gefördert haben. Echt nationalservil das! Die
lieben Auguren wähnten eben, der Bestand der bekannten „russischen Freundschaft" wäre noch immer
„thurmhoch" über jede Anzweifelung erhaben. Die
Nase des Nationalliberalismus hatte wieder einmal,
wie ihr ja das gewöhnlich begegnet, die richtige
Witterung verloren. Die russische Freundschaft war
seit 1875 von ihrer Thurmhöhe zur ebenen Erde,
ja unter die Erde herabgekommen. Wer aber kein
nationalliberaler Tiftler und Dünkler, sondern ein
Deutscher von Herz und Kopf, der wird gern und
freudig bekennen, unter den großen Verdiensten Bismarcks sei keins der kleinsten, sondern vielmehr eins
der größten dieses, daß er das schmachvolle Gängel-
band, woran der Zarismus Deutschland leitete, ent-
zweigerissen hat. Jedes der wüthenden Zorn-,
Schimpf- und Drohworte, welches das größenwahn-
sinnige Moskowiterthum über dieses Vorgehen des

deutschen Reichskanzlers ausgestoßen hat und ausstößt, erhöhte und erhöht das Fußgestell von Bismarcks Ruhm. Gewiß hat es ihn auch keine kleine, sondern eine große und mühsälige Arbeit gekostet — man kennt ja die Traditionen des berliner Hofes — die Zerreißung jenes Gängelbandes durchzusetzen.".

„Oh, er hatte ja eine recht tüchtige Mitarbeiterin, die greisenhafte Thorheit und Eitelkeit Gortschakoffs, welchen die Erfolge seines weiland „Freundes" von Frankfurt her nicht mehr schlafen ließen."

„Nun ja, die tückischen Zettelungen und Machen=schaften des russischen Kanzlers, Frankreich und Italien für eine Allianz mit Rußland, d. h. für ein An=griffsbündniß gegen Deutschland und Oestreich zu stimmen und zu gewinnen, boten unserem Reichs=kanzler eine gute Gelegenheit, dem weiland „Freunde" den Meister zu zeigen. Aber das eben macht ja den Staatsmann, daß er gute Gelegenheiten rasch, geschickt und entschlossen zu benützen oder im Noth=fall auch welche zu schaffen vermag."

„Und was ist mit alledem thatsächlich gewonnen? Die „drangvoll fürchterliche Enge" bleibt doch be=stehen und die fortwährende Kriegsbereitschaft, welche dieser Drang uns aufnöthigt, ist eine Rüstung von

so kolossaler Schwere, daß sie den armen Michel —
selbst angenommen, der Name bedeute der Starke,
der Gewaltige, der Riese — mit der Zeit unfehlbar
erdrücken müßte."

„Mit der Zeit, ja. Vorerst trägt er sie noch
in stattlich aufrechter Haltung und muß sie tragen.
Denn allerdings weisen viele Zeichen darauf hin,
daß dem Michel binnen kurzem wieder eine große,
eine größte Probe und Prüfung seiner Stärke und
Gewaltigkeit bevorstehen werde. Vielleicht holt der
Schicksalshammer schon wieder aus zum Schlagen
der Stunde, —

„„Wann die Trompete, schrecklichen Klangs, Taratantara!
schmettert"" *).

„Ja, und zwar von zwei Seiten her. Wir werden
gegen Osten und gegen Westen Front machen müssen.
Werden wir das vermögen?"

„Die Noth, lieber Freund, die unerbittliche Nothwendigkeit vermag viel. Sie hat ein Herz von Granit
und Hände von Stahl. Zudem kommt mir das nach
zwei Richtungen hin Frontmachenmüssen doch sehr
problematisch vor."

---

*) „Cum tuba terribili sonitu taratantara dixit."
　　　　　　　　　　　　　　　　　　　　Ennius.

„Wie?"

„Problematisch, sagte ich. Mit der russischen Offensivkraft ist es bekanntlich nicht weit her, sogar Türken gegenüber, welche ja, wie jeder weiß, dazumal bei Plewna die großmächtigen Russen geradezu in die Pfanne gehauen hätten, wenn diese nicht von den Rumänen, sage von den Rumänen, herausgehauen worden wären. Auch hat ja der euch berliner Russen so theure Zarismus dermalen und wohl noch für lange alle Hände voll zu thun, im eigenen Lande sich aufrecht zu halten. Gesetzt aber, er wollte und könnte zum Kriege gegen das deutsche Reich ver= schreiten, so wäre es doch sehr fraglich, ob die Fran= zosen mitthun würden."

„Was? Wir Beide haben ja, scheint es, seit unserem letzten Beisammensein in diesem Thal eine Verwandelung erlebt, welche in Ovids Metamor= phosen stehen könnte. Sie sind zum Optimisten, ich bin zum Pessimisten geworden."

„Sachte, sachte! Aus der Vogelperspektive meiner Zurückgezogenheit sehe ich diese Dinge weder pessi= mistisch noch optimistisch an, sondern so, wie sie sind."

„Sie scheinen in Ihrer Zurückgezogenheit, in Ihrer Klause am Zürichberg das Revanchegeschrei,

welches von Jahr zu Jahr, statt leiser zu werden,
nur brüllender geworden ist, gar nicht gehört zu
haben."

„Doch. Allein das Gebrüll von pariser Gamins
und Gaminsgenossen macht mir nicht bange. Paris
ist auch nicht mehr so ganz Frankreich wie ehedem
und die ungeheure Mehrzahl der überhaupt spar=
sinnigen Franzosen besteht aus zu guten Rechnern,
als daß die riesige Kostenrechnung von 1870—71
für sie nicht eine Warnungstafel wäre. Sodann
wissen wir, daß das französische Revanchegeschrei von=
wegen Waterloo's auch 15 oder 20 oder noch mehr
Jahre gewährt hat, ohne daß die Revanche wirklich
versucht wurde. Endlich sehen zur Stunde die
Sachen, ich will nicht sagen in Frankreich, aber doch
in Paris ganz so aus, als stände eine Neuinscenir=
rung und Wiederaufführung der abscheulichen Tragi=
komödie von 1792—94 bevor."

„Ja, die jammersäligen Affen der mörderischen
Phantasten jener Schreckenszeit sind rüstig am Werke.
Sie werden gewiß nicht ruhen, bis sie die schwache, wolken=
wandlerische Girondistenregierung, welche die fran=
zösische Republik dermalen hat, gestürzt und auf den
Trümmern aller Freiheit, Ordnung und Sicherheit

die Blutfahne des Terrorismus, heutzutage Commune
genannt, aufgepflanzt haben. Aber gerade darin
liegt die Gefahr für uns. Die Franzosen, und
zwar nicht etwa nur ein Bruchtheil, nein, die große
Mehrheit der Nation, sie werden sich aus Verzweifelung,
es wieder einmal vergeblich mit der Freiheit versucht
zu haben, abermals im Gloirefusel berauschen und
es wird dann nur eines halbwegs kräftigen Stoßes
vonseiten der Revancheschreier bedürfen, um die
ganze Kraft Frankreichs kriegerisch nach außen, d. h.
gegen das deutsche Reich zu lenken."

„Das ist möglich, ich geb' es zu; es ist sogar
wahrscheinlich, falls sich die Dinge jenseits der Vogesen
wirklich so gestalten, wie Sie vorherzusehen glauben.
Sie hinwiederum werden aber nicht bestreiten wollen,
daß das neue deutsche Reich einem etwaigen französischen Anfall und Anprall gegenüber denn doch ganz
anders dasteht, als im Jahre 1793 das alte armsälige Reichsgespenst dastand."

„Gewiß. Aber es wäre denn doch zu wünschen,
daß unserem Volke, welches ja sattsam gezeigt hat,
was es in kriegerischer Machtentfaltung zu leisten
vermöge, jetzt für lange wieder Raum und Zeit zu
friedlicher Kulturentwickelung gegönnt würde."

„Natürlich ist das zu wünschen. Aber die Deut=
schen werden ja nicht die Friedensbrecher sein. Sie
werden nur dafür sorgen, daß ein an ihnen ver=
übter Friedensbruch nicht ungestraft bleibe."

„Und wäre es denn absolut unmöglich, zu einem
dauerhaften Frieden, zu einem wirklichen Ein=
verständniß mit Frankreich zu kommen? Ich erinnere
mich, in Ihrer Geschichte von „1870—71" gelesen
zu haben, die zwischen Deutschen und Franzosen
obwaltende Feindschaft sei ein großes Unglück für
Europa, für die Menschheit. Die beiden Völker
seien zu beklagen, daß sie sich hassen und befehden,
statt sich mit einander zu verständigen. Und ferner,
wenn sie sich aufrichtig verstehen, mitsammen ver=
ständigen und, wozu sie ganz das Zeug hätten,
einander ergänzen wollten, so könnten sie gemeinsam
die Welt beherrschen und der Civilisation unermeß=
liche Dienste leisten."

„Ja, so glaubte ich allzeit und so glaube ich
noch. Die Frage ist nur, ob sich ein Mittel aus=
sinnig machen ließe, die gewünschte Verständigung
anzubahnen und herbeizuführen. Sie sitzen ja in
Berlin an oder wenigstens nicht weit von der Quelle.
Wissen Sie vielleicht eins?"

„Gewiß. Man braucht ja nur unser rechtmäßig und mit so großen Blutkosten zurückerworbenes Eigenthum, Elsaß-Lothringen, den Franzosen wieder auszuliefern und sie schön um Verzeihung zu bitten, daß wir überhaupt so unbescheiden gewesen, dasselbe zurückzuerwerben."

„Entschuldigen Sie, dieser Scherz ist nicht vom besten Geschmack."

„Scherz? Und wenn ich ernsthaft spräche? Die französelnden Experimente, welche man dermalen in den Reichslanden macht und machen lässt, müssen ja die dortigen Apostaten der Nationalität nur in der Meinung bestärken, es würde bald die Zeit kommen, wo die Elsässer und Lothringer wieder so glücklich wären, den geliebten Franzosen zum Kanonenfutter und zum Spottmaterial dienen zu dürfen, wie das vor 1870 so gewesen."

„Die erwähnten Experimente scheinen mir denn doch weit mehr im deutschen als im französischen Sinne gemacht zu werden. Sollten sie fehlschlagen, so wird man eben wiederum ganz andere Saiten aufziehen müssen. Zur Stunde, wo das deutsche Reich die Reichslande nicht mehr zu behaupten vermöchte, wäre es mit dem deutschen Reich überhaupt vorbei."

„Ganz meine Meinung."

„Wohl, also geben Sie ein anderes Mittel an zur Erreichung des in Rede stehenden Zweckes."

„Ich? Ich kenne keins. Es ist dies auch gar nicht meine, sondern Bismarcks Sache. Wozu ist man ein großer Staatsmann, ein ministre tout-puissant, ein ferreous chancellor?"

„Hm, ironisiren und spotten ist leicht, aber den Kriegspfad zwischen Deutschland und Frankreich in einen Friedens= und Freundschaftspfad umzuschaffen, das ist so schwer, daß es, wenn es überhaupt mög= lich, allerdings nur ein Bismarck zuwegebringen könnte."

„Glauben Sie an die Möglichkeit?"

„Kaum. Ja, wenn es sich um etwas Dummes, Aberwitziges, Niederträchtiges handelte! Da wäre natürlich an der Verwirklichung, an der raschen und leichten Verwirklichung nicht zu zweifeln. Aber wo etwas Gescheides, Gutes, Gedeihliches in Frage, da stemmen alle Mächte des Unsinns, alle Dämonen des Unheils sich dagegen. Indessen, die Prämisse des nur noch schlecht verkleisterten Bruches mit Rußland ist gegeben" —

„Glauben Sie denn an diese Prämisse?"

„Alle Merkmale sprechen für das Vorhandensein derselben.“

„Und Sie meinen, die logische Schlußfolgerung daraus würde sein, daß der Reichskanzler sein ganzes Genie, alle seine diplomatische Kunst und Erfahrung aufbieten müßte, um zu einem dauerhaften Einvernehmen mit Frankreich zu gelangen?“

„So mein' ich, obzwar ich recht wohl weiß, daß in der Politik aus Prämissen gar häufig Schlüsse gezogen werden, welche mit der Logik wenig oder nichts zu thun haben.“

„Ja, so einen Schluß könnten Sie auch im Verlaufe d i e s e s Syllogismus erleben.“

„Oh, ich weiß gar wohl, die berliner Russophilie ist mit ihrem Russisch noch lange nicht zu Ende.“

„Darüber ließe sich mancherlei mittheilen, aber Sie würden es ja doch nicht glauben, da es für Sie feststeht, daß Bismarck ein genialer und nationaler Staatsmann — nach außen. Mag sein, wir wollen darüber nicht streiten. Aber möchten Sie mir über dies oder das seines inneren Reichsregiments, z. B. über seinen Rücksprung vom Freihandel zum Schutzzoll nicht auch „„ein kräftig Wörtchen sagen““?

„Da lassen Sie mich aus, mein Bester, öst=
reichisch zu sprechen. Ich habe mich zwar redlich
bemüht, dem Gange der bezüglichen Reichstags=
debatten zu folgen, habe auch eine Masse von Leit=
artikeln und Flugschriften für und wider seufzend
gelesen, muß aber gestehen, daß mich dieser Ratten=
könig von Widersprüchen, welche noch dazu alle mit
statistischen „„Grundlegungen"" und „„Beweisen" "
großthaten, schließlich ganz dumpf und stumpf, um
nicht zu sagen ganz dumm gemacht hat. Ich kann
daher nur erklären, daß die neue Handelspolitik des
Reichskanzlers schon darum mir nicht so ganz ver=
werflich vorkommt, weil der bekannte „Giftbaum"
mit allen seinen Blättern wüthend dagegen auf=
rauschte. Ferner, daß ich gegen die Mancesterei
einen instinktmäßigen Aberwillen hege, schon darum,
weil sie aus England gekommen, also aus dem Lande
der balsamirten Absurdibäten, der mumiesirten Miß=
bräuche und der brutalsten Selbstsucht, aus einem
vom ausgeschämten Pharisäerthum regierten und dem
unserigen bitterfeindseligen Lande. Sodann auch
darum, weil ich sehe, daß die einzige gesunde und
dauerbare Grundlage eines Staatswesens, eine selbst=
ständige Bauerschaft, unter ausschlaggebender Ein=

wirkung der Manchesterei in England bis auf die letzten Spuren vernichtet worden ist und sie das, so man sie gewähren ließe, auch in Deutschland unfehlbar zuwegebringen würde."

„Ei, Sie sind ja ein Agrarier comme il faut."

„Meinetwegen; wenn Sie nämlich unter einem Agrarier einen Mann verstehen, welcher überzeugt ist, daß mit der Einbuße einer kräftigen, selbst= ständig auf eigenem Grund und Boden sitzenden Bauersame jedes Land unrettbar dem Elend ver= fallen muß, nur noch etliche Tausende von Protzen oben und Millionen von Proletariern unten zu Be= wohnern zu haben."

„Es gibt Leute, welche der Ansicht sind, sämmt= liche Länder Europa's trieben einem solchen Zustande mehr oder weniger rasch entgegen und damit dem Strudel einer Revolution, mit welcher verglichen alle bisherigen nur geßnerische Idyllien gewesen."

„Ich gehöre leider zu diesen Leuten, warum sollte ich es leugnen? Alles, was ich um mich her vorgehen sehe, muß mich in meiner düsteren Ansicht bestärken, welche freilich den Gedankenlosen, den Unwissenden und Leichtfertigen sehr unbequem ist."

„Ja, wir leben in einer Zeit; über welcher

Ahriman sein Duzathskepter schwingt. Die Dews
sind fleißig an der Arbeit. Unter dem Anhauch
dieser Inspiratoren predigen die Sekten der Zer=
störung überall in Europa insgeheim und leise,
drüben in Paris schon ganz offen und laut Brand
und Mord, den Weltbrand, den Gesellschaftsmord.
Die Götterdämmerung kommt heran."

„Da stimmen wir zusammen. Wer Ohren hat,
zu hören, und dieselben nicht absichtlich verstopft,
muß die Wasser der neuen Sintflut heranrauschen
hören. Die zerstörungslustigen Sekten allein würden
die große Katastrophe wohl nicht herbeizuführen ver=
mögen. Sie sind ja selber nur ein einzelnes Symptom
der allgemeinen socialen Krankheit. Aber alles — der
Kapitalismus wie der Proletarismus, eine zügellose,
auf ihr logisches Ziel, den Kommunismus, ent=
schlossen losgehende Demagogie, die jeden höheren,
idealen, religiösen und sittlichen Ideengehaltes bare
Kraftstoffelei, die Verödung des Gemüthlebens und
die Verpöbelung der öffentlichen Meinung, die Voll=
stopfung der Jugend mit Wissenskram und Wissens=
dünkel, die Verflachung und Verschlaffung der Cha=
raktere, die rohe Selbstsucht und der nagende Neid,
die Hochmuthsdelirien der Wissenschaft und die Kon=

kurrenzrasereien der Industrie, der bohrende, zer-
bröckelnde und zersetzende Journalismus, die mit der
ganzen Meute des Schwindels und der Reklame
betriebene wilde Jagd nach dem Gelde und die noch
wildere nach dem Vergnügen, die Großthuerei und
das Scheinwesen, die stumpfe Gleichgiltigkeit inbetreff
von Recht und Unrecht, die infame Liebhaberei, das
Niederträchtige zu vertuschen und das Ruchlose zu
beschönigen, die systematische Einschläferung des Gewissens und die „wissenschaftliche“ Abschwächung des
Gefühls der Verantwortlichkeit, die laxe Theorie
und die feige Praxis in Gesetzgebung, Verwaltung
und Rechtspflege — alles, alles arbeitet wetteifernd
daran, die Schleusen zu zertrümmern und die
Dämme zu durchstechen, um der hereinbrechenden
Zerstörungsflut freien Raum zu gewähren. Wehe
unsern Kindern und Kindeskindern, welche das Chaos
erleben und durchleiden müssen.“

„Und wann sie es durchgelitten?“

„Dann wird der Verzweifelungsschrei der Kreatur
einen großartigen Despoten aufrufen, irgendeinen
Cromwell, Friedrich, Napoleon oder Bismarck, welcher
die aus den Fugen gegangene Welt eisenfäustig
wieder einrenkt und Ordnung schafft.“

„Und dann?"

„Dann wird der arme Sisyphus, der Mensch,
den Felsblock der Kulturarbeit aus tiefster Niederung
abermalen bergan wälzen."

„Eine schöne Aussicht!"

„Können Sie eine schönere aufthun?"

„Nein."

————

Ein klein fein Nießwurzgärtlein.

I.

Die Windel des Konfucius.

————

1.

In China war's, ja, ja, im veritabeln
Chinesischen China, nicht im deutschen, nein!
Glaub' nicht, süß Publikum, ich wolle fabeln
Und führ' zum Gelben Fluß dich nur zum Schein.
Also in China wußt' ich aufzugabeln
Mein Thema, wissenschaftlich, zart und fein,
Von des Konfucii Windel die Historie,
Chinesischer Gelehrsamkeit Glanzglorie.

Kopfüber stürz' ich medias in res,
Wie das Horaz vorschreibt den Heldensängern,
Schwör' auch bei Mosis Bart und Mahoms Feß,
Mein Lied nicht mehr als billig zu verlängern;
Item selbst dort, allwo man lispelt „yes"
Englisch=scheinheiligst, können alle bängern
Fließpapierseelen fest versichert sein,
Daß sie nicht brauchen „shocking!" aufzuschrei'n.

O Heuchelei, hienieden du zweitmächtigste
Großmacht — erstmächtigste bleibst, Dummheit, du! —
Im Fistelton das pharisäisch = prächtigste
Loblied würd' ich anstimmen dir im Nu,
Falls Konkurrenz mir nicht, die überschlächtigste,
Britisch = brutal die Kehle hielte zu:
Derweil Old Gladstone Heuchelsüßholz raspelt,
Muß bleiben mein Psalmgarn unabgehaspelt.

Also in China war's.   Der große Tschi,
Stupend gelehrt, gelehrt fast bis zur Krudität,
Im Forschen und im Finden ein Genie,
Auf Du und Du mit jeder klassischen Nudität,
Präses der höchsten Reichsakademie,
Geheimster Hofrath, — frei von aller Rudität,
Trug zierlich er den achtzehnzölligen Zopf,
Ein Mandarin von dem gescheckten Knopf.

Er kannte fremde Sprachen, auch die deutsche,
Und lag in Kontroversen immerdar
Mit seinem Nebenbuhler, Doktor Leu=tsche,
Der jüngst verübt zum Faust 'nen Kommentar,
Worin er trieb mit seines Wissens Peitsche
Den Hypothesenkreisel wunderbar.
Nun war auch Tschi Faustkommentator, darum
Des Leutsche = Tschi = Zanks gellend Lirumlarum.

Zum hellsten Lodern war der Streit gebracht
Durch die tiefsinnigen Gedankenstriche
Im Hexentanze der Walpurgisnacht.
Tschi schalt die Scene laut 'ne ärgerliche
Und wurde drob von Leutsche ausgelacht.
Tschi, der Konfucianer, tobt, es striche
Sotadischer Wind sehr scharf durch diesen Tanz.
Und Leutsche schnaubt: „Sie mißversteh'n ihn ganz!"

„Als Laotseaner sag' ich kategorisch:
Der Hexentanz ist Tugend und Moral,
Sofern man faßt ihn mystisch = allegorisch,
Statt katechismuskindisch und banal."
„Sie Mystikus!" — „Philister!" — Metaphorisch
Und hoch, ja höchst gelehrsam allzumal
Prügeln sie sich mit den Gedankenstrichen,
Als ob dieselben Bambusrohren glichen.

Seitdem erfüllte gallegrüner Groll
Die beiden wunderschönen Forscherseelen,
Und jede war des grimmen Grames voll,
Die and're möcht ihr die Gedanken stehlen,
Und jede frug stirnreibend sich: Was soll
Niedagewesenes ich auskrakehlen,
Um meinen Feind zu bringen auf den Hund
Durch einen ungeheuerlichsten Fund?

Mandarin Leutsche war diesmal der Glückliche,
Der aufstach einen kolossalen Fund.
Nachdem er das Archiv, das sak=sok=fükliche,
Erforschet bis zum tiefsten Grund und Schund,
War er im Fall, zu machen die entzückliche
Botschaft dem ganzen Reich der Mitte kund,
Daß er — o Ruhm! — entdeckt — es sei kein Schwindel —
Vom göttlichen Konfuz die erste Windel.

Ganz kampfgerüstet trat er auf den Plan;
Er kannte ja die lieben Herr'n Kollegen
Und wußte, daß des Neides gelber Zahn
Alsbald sich kritisch = nagend werde regen.
Darum war rüstig er gegangen dran,
Ein Schanzwerk um den Windelfund zu legen
In Form von einem dicken Buch in Quart,
Das durchzubeißen war entsetzlich hart.

Und mehr noch; denn er hatte seinen köstlichen
Schatzfund zur Approbation entsandt
Klug aus dem Reich der Mitte, aus dem östlichen,
Zum westlichen, ins urgelehrte Land,
Wo man den Druck, das Pulver und den tröstlichen
Satz vom beschränkten Unterthanverstand
Erfand, item den bierischen Biberalismus,
Nicht minder den maulthierischen Liberalismus.

Dort blühte der Professor Schwiemel Kneist
— (Nicht zu verwechseln mit Professor Gneist etwa,
Der „alles, was er will, sofort beweist")
Weltruhmsbesitzer, kann man sagen dreist etwa,
Unter dem Namen Doktor Spruhzius Feist,
Viel mit dem Sitzfleisch, weniger mit dem Geist etwa
Arbeitend in Archäo- und Philologie,
Meister vom Stuhl der Loge „Zur Mikrologie".

Gutachtend schrieb er: „An die hundert Wochen
Hab' das Objekt ich gründlich observirt,
Beseh'n, beschmeckt, begriffen und berochen,
Beschabt, filtrirt und mikroskopisirt.
Jetzt darf ich auf das Schlußergebniß pochen,
Unwidersprechlich hab' ich stabilirt:
Bewiesen ist die Winkel des Konfucius!
Dixi! Der infallible Doktor Spruhzius."

In China ging darob der Jubel los;
Ein Hunderttausend Gonge und Tam = Tame
Erhoben ihr Geklingel und Getos
(Im westlichen Reich der Mitte heißt's Reklame) —
Begeisterung erfüllte Klein und Groß,
Der Kaiserhof bezeigte Antheilnahme:
Verlängern durfte Leutsche seinen Zopf
Und ward geschmückt mit dem grasgrünen Knopf.

Darauf im klassischen Pagodenstyle
Hat für Konfucii Windel man sogar
Errichtet einen Tempel in Fu = Fü = Le
Und ihr zu Hütern eine Bonzenschar
Gestiftet, auch mit feinem Taktgefühle
Bezahlt die ganze Kostenrechnung bar;
Denn der Chinese ist kein solcher Lump,
Daß er Denkmäler bauen thät' auf Pump.

Dann ward ein Jahrbuch unverweilt begründet,
Das „Windel = Jahrbuch", allworein gelehrt
Manch Forscherfäßlein, mit Bedacht entspündet,
Grundlegenden Inhalt gründlich hat entleert.
Hier wurde, beispielsweis', der Welt verkündet,
Was für Chinesen äußerst wissenswerth,
Wie, wann und wo dereinst gesurrt die Spindel,
Welche das Garn gesponnen zu der Windel.

Ein junger Forscher machte sich berühmt
Dadurch, daß er ausmittelte den Acker,
So mit dem Windelflachs war angeblümt
Im Jahr X X durch einen armen Racker,
Des Namens Hia = Hu, der — unverblümt
Muß singen ich's und sagen — schlicht und wacker
Nach frommer Väter Sitte sein Stück Feld
Wohl mit dem eignen Dünger hat bestellt.

Ein andrer Streber kam zu Ruf und Stellen,
Weil nach unsäglichem Forschen ihm gelang,
Des Drechslermeisters Namen festzustellen
— Er lautet abgekürzt Pu = Po = Pi = Pang —
Der, um die Windelspindel herzustellen,
Die Drehbankscheibe weiland bracht' in Schwang.
Das Windel = Jahrbuch setzte alles dieses
Mit mehrerem ins Klare und bewies es.

.

2.

Jetzt erst, mit teufelischer Bosheit, rollte
Der grimme Tschi den Anstoßstein herbei.
Vom kritischen Olymp herab er grollte:
„Der frechste Humbug ist die Windelei!
Ein Zopf= und Knopfgeschmückter wahrlich sollte
Sich schämen einer solchen Schwindelei.
Ein Schnupftuch der Konfucia ist das Ding!
Hier steht's erwiesen, hier in diesem Ring —"

„Wo ich in tausenden von Paragraphen
Erörtert das Problem bis auf den Kern
Und mir gelang ein völlig Lügenstrafen
Des Mystikers von scheingelehrtem Herrn.
Ich hoffe, daß ihn meine Hiebe trafen,
So daß er künftig hält die Hände fern
Von dem Gebiet der Findeldenteleien
Und aufgibt seine Windelbenteleien."

Auch hatte Tschi vorsorglich nicht verschmäht,
Nach Leutsche's Vorgang auszuschau'n beizeiten
Um eine westliche Autorität,
Des großen Spruhz Gutachten zu bestreiten.
Er hatte einen Kampfhahn ausgespäht
Und ließ ihn die Arena stracks beschreiten:
Den Doktor Spongaspuz, im Land Italia
Meister vom Stuhl der Großloge „Lappalia".

„Ich habe das Faksimile", schrieb der,
„Des Streitobjekts sehr peinlich inquiriret,
Zerhauen und zerstochen kreuz und quer,
Retortisirt, spektralanalysiret:
Facit: Wer wagt noch zu behaupten, wer,
Der Windelwahn sei jetzt nicht exstirpiret?
Bewiesen ist das Schnupftuch der Konfucia!
Dixit il gran dottore Spongaspuzia."

Hei, was nunmehr anhub ein Waffenklirren
Den Gelben und den Blauen Fluß entlang!
Man hörte nur die Losungen noch schwirren:
„Hie Schnupftuch!" und „Hie Windel!" Wüthend rang,
Bewerfend mit unsaubersten Geschirren
Einander heldenmüthig, Wong mit Wang.
Denn also die Parteien sich betitelten,
Die sich nach Noten schüttelten und knittelten.

Der Himmel weiß, was Unheil noch entstanden
Aus dieser Riva= und Rixalität,
So dazumalen fern in deutschen Landen
Erfreute sich nicht der Vitalität
Ein Mann, der längst schon jeglichen zu Schanden
Gemacht in seiner Specialität.
Das war die Kompromißmusik. Ihr Meister
Verfilzte selbst die wiederhaarigsten Geister.

Er hatte ja schon fertig es gebracht,
Das Schwarz=Weiß und das Gelb=Weiß zu vermantschen,
Und war gerade jetzt darauf bedacht,
Modernen Knoblauch und feudal=romant'schen
Kohl, item Feu'r und Wasser, Tag und Nacht
Zum flauliberalen Bettelbrei zu pantschen,
Als den chinesischen Konflikt er witterte,
Worauf es ihn gleich heftig kompromitterte.

Er gab dem Kitzel nach, obzwar ihm sauer
Die Weitfahrt. Als er hinter sich das Meer,
Setzt er sich rittlings auf die Große Mauer
Und leiert die Vermittlungsseufzer her.
Verblüfft zuerst, die Hörer und die Schauer
Begeistern sich allmälig mehr und mehr
Und spenden Beifall unser'm edlen Ritter=
Virtuosen auf der Kompromisse=Zither.

Denn angeheimelt fühlten die Chinesen
Als klassisch Volk der rechten Mitte sich
Von dem kautschuklichen Juste=Milieu=Wesen
Des schmiegsamlichen Kompromifferich,
Von dem alsbalde rühmlichst war zu lesen,
Wie er den Leutsche=Tschi=Konflikt beglich,
So daß die beiden Gegner —'s ist kein Mythus —
Versöhnten sich nach akademischem Ritus.

Sie küßten ihre Zöpfe gegenseitig
Und schnäbelten sich mit bebrillten Nasen,
Nachdem ein Kompromiß, ein unzweideutig,
Gebracht zur Ruhe das gelehrte Rasen.
So wurde denn, gerade noch rechtzeitig,
Der Zwietracht Fackel endlich ausgeblasen.
Ganz China ließ die Freudebrachen steigen
Und drehte sich im feierlichen Reigen.

Im „Reichsanzeiger" stand gedruckt sehr breit:
„Kund und zu wissen sämmtlichen Chinesen
Thut Kaiserliche Majestät: — Der Streit,
Ob Windel o d e r Schnupftuch? ist gewesen.
Schnupftuch u n d Windel! wird fortan allzeit
Gedacht, gesagt, geschrieben und gelesen.
So ist verkleistert schön der böse Riß
Und diese Kleisterung heißt Kompromiß."

„Weil aber so ein Bürgerkrieg, ein trister,
Beendigt ward in Unserm weiten Reich,
Ernennen Wir den deutschen Kompromister
Zum Ur= und Erz-Chinesen allsogleich,
Item zu Unserm Kleistereiminister
Und schlagen ihn mit diesem Pinselstreich
Zum Mandarin vom zwanzigzölligen Zopf
Und schmücken ihn mit dem graublauen Knopf.“

So sah sich endlich denn im fernen Osten
Ein westliches Talent belohnt, bekrönt,
Das die Extreme häufig, die erbos'ten,
Als Zitter= ja als Zwitterling verhöhnt.
Am Gelben Fluß scholl Stadt und Dorf von Toasten,
Am Blauen jedes Haus vom Jubel dröhnt;
Ganz China trank Zweckthee in vollen Zügen
Und sang: „Zufriedenheit ist mein Vergnügen!“

II.

Noten zur Zukunftsmuſik.

1.

Zukunftſchule.

Der Standpunkt „ideal" iſt glücklich überwunden,
  Die „Götter" alle ſind in's Nichts dahingeſchwunden.
Wir denken poſitivſt, wir fühlen animaliſch
  Und laſſen's wohl uns ſein nach Kräften „kanibaliſch".
Was war, iſt uns egal; was ſein wird, noch egaler:
  Wir zechen — pereant die künftigen Zechezahler!
Drum heißt die Loſung, ſo allein noch fleckt und kleckt:
  „Fort mit der Pietät! Nieder mit dem Reſpekt!"
Und wie's zu gehen pflegt, ganz wie die Alten jungen,
  So zwitſchern, nicht doch, nein! ſo brüllen ſchon die Jungen.
Schulmeiſter Bombax hat, wie jüngſtens ich vernommen,
  In ſeiner Zukunftſchul' zu fühlen das bekommen.
Schnurrbärtig und bebrillt, ein ſtrammer Darwiniſt,
  Bekennt er ſich zum Spruch: „Der Menſch iſt, was er ißt."

Scherr, Vom Zürichberg.   22

Schulhalten mag er nicht, das ist ihm zu geringe;
  Er hat fürwahr zu thun viel wichtigere Dinge.
Als spräch' er hoch herab vom höchsten der Kameele,
  Docirt er: „Dummer Schnack, der Schwatz von einer
                                        Seele!
Was man so Seele nennt, das ist ja nur sans phrase
  Der Ruchsinn, koncentrirt dahier in meiner Nase.
Dies ist der neueste Triumph der Wissenschaft,
  Der Forschung allerköstlichste Errungenschaft."
Dann spricht von Zellen er, von Zuchtwahl, Descendenz,
  Und zieht aus alledem die logische Konsequenz:
„Ihr Buben, die ihr seid für unsern Zukunftstaat
  Die hoffnungsvolle, reiche, kernige Zukunftsaat,
Ihr Theile der urheiligen Volkssouvränität,
  Mitbürger, seid gedenk des Wortes früh und spät,
Des Worts: Was ihr nicht seht, nicht höret und nicht spürt,
  Nicht riecht, nicht schmeckt, nicht greift, das auch nicht
                                        existirt.
Die beste Religion die ist das Einmaleins,
  Und hab' ich selbst kein Geld, je nun, so nehm' ich deins.
Der Mensch ist halt ein Thier wie jedes andre Thier,
  Und wollt ihr beten, betet: Zweimal zwei macht vier." —
„Nein!" — aus der Zukunftsaat ein derber Bengel schreit —
  „Mitbuben, glaubt ihm nicht so aus Gefälligkeit!
Daß zweimal zwei macht vier, das ist noch nicht bewiesen,
  Obzwar es steht gedruckt beim alten Adam Riesen.
Laßt euch einschenken nicht des Wassers statt des Weins,
  Ein richtiger Demokrat der pfeift auf's Einmaleins.

Und sind wir Thiere, dann Herr Bombax ist ein Esel,
　　Der größte Esel wohl von Ratibor bis Wesel.
Er kohlt nur alten Kohl, nichts weiß er und nichts kann er,
　　Drum werd' ihm zuerkannt ein flotter Hosenspanner!
Er ist der Einzelne, wir aber sind die Vielen;
　　Die Volkssouvränität die soll ihm mal was spielen!
Wir woll'n ihm zeigen, wie aufgeht die Zukunftsaat
　　Und wie man Schule hält im freien Zukunftstaat."
Die Rede zündete.　Mit Hurrah und Halloh
　　Schulmeisterte die Bubenschar Bombacem so,
Daß er von diesem Tag, dem wehevollen, wann er
　　Erinnerte sich an den „flotten" Hosenspanner,
Mit wehmuthschwerem Blick und sprechender Gebärde
　　Im tiefsten Bockbierbaß der Wissenschaft erklärte:
„Das Nasenseelesitzsystem ist leeres Stroh,
　　Der Sitz der Seele, ach, der ist ganz anderswo!"

2.

Zukunftsjustiz.

Verbrecher gibt's nicht mehr, nein, nur verirrte Brüder!
　　So leiern früh und spät der Pöbelschranzen Lieder.
Der Mensch ist willenlos, nichts weiter als ein Kreisel,
　　Den in Bewegung setzt der Leidenschaften Geißel;
Die Leidenschaften selbst sie sind Naturgesetze,
　　Ganz unabhängig vom „moralischen Geschwätze;"

Und folglich ist allzeit, so man es recht erwägt,
  Unhaftbar für sein Thun, „was Menschenantliß trägt."
Recht und Gerechtigkeit? Ach was! Verjährter Plunder!
  Zukunftsjustiz sie wirkt die blauesten der Wunder.
Steht da vor dem Gericht ein Mann, der überführt,
  Wie seines Nachbars Frau „so unsanft er berührt,
Daß sie daran verstarb."   Der Anwalt spricht begeistert:
  „Es war mein Herr Klient von Liebe ganz bemeistert!
Liegt Schuld vor, ist die Frau allein damit beschwert;
  Denn sträubte sie sich nicht, so blieb sie unversehrt.
Ihr Herrn Geschworene, kein dolus weit und breit,
  Von culpa nur etwas zu große Zärtlichkeit."
Der Angeklagte dann: „Mitbürger, dies nur sag' ich,
  Verirrter Bruder bin und Menschenantliß trag' ich."
Darauf der Präsident gibt solche Rechtsbelehrung:
  „Die Procedur ergab, wo Schuld liegt und Beschwerung.
Zu hastig war der Mann, verbrecherisch mit nichten;
  Die Todte hat verletzt die Bürgerinnenpflichten,
Und weil sie nicht geglaubt an's Evangelium
  Der freien Lieb', kam sie von Liebewegen um."
Die Herrn Geschworenen sie geben ein „Nichtschuldig!"
  Das liebe Publikum es drängt sich ungeduldig
Glückwünschend um den „Bruder" her und jauchzt hellauf:
  „Die freie Liebe hoch! Kommt, trinken wir eins drauf!"

3.

Zukunftshistorik.

Herr Oto Rosenzweig, ein fast allwissender Mann,
    Herr Bodo Lilienteig, der mehr noch weiß und kann,
Sie waren stamm= und blut= und geistverwandte Vetter
    Und in der Wissenschaft da waren Beide „Retter".
Sie gründeten vereint die chemische Waschanstalt,
    In deren Kesseln rasch mit kritischer Dampfgewalt
Das allerschmutzigste Zeug gesammter Weltgeschichte
    Entschmutzt ward und verklärt zu lieblichem Gedichte.
Drum haben beifallsstolz ihr Banner sie geschwenkt
    Und diesen Wäschereiprospekt herausgehängt:
„Geschichtewissenschaft steht jetzt auf neuer Base,
    Seitdem wir ausgelaugt ihr die moralische Phrase
Und bis zur Evidenz bewiesen, daß Historik
    Betrieben werden muß nicht ethisch, sondern chlorig.
Erwaschen haben wir mit Eifer früh und spät
    Dies Resultat filtrirter Objektivität: —
Zum Ersten sah es aus in der Historik duster,
    Weil thöricht sie sich hielt an die antiken Muster.
Thukydides jedoch war ein beschränkter Kopf,
    Salluft ein Rabulist und Tacitus ein Tropf.
Sie hatten kein Talent für diplomatischen Zickzack,
    Dieweil verstopft ihr Hirn vom patriotischen Schnick=
                           schnack.

Zum Zweiten lag bei uns Geschichtschreibung im Argen,
  Weil sie sich lang gesträubt, für immer einzusargen
Das Wort, das Schiller sprach, der philiströse Wicht,
  Die Weltgeschichte, ha! die sei das Weltgericht.
Das ist denn doch fürwahr ganz obsoleter Plunder!
  Es spricht der richtige Historiker jetzunder:
Was Frevel? Was Verdienst? Was Schuld? Was Un=
                                schuld? Bah,
Gescheh'n mußt', was gescheh'n, und also, wie's geschah.
Vornehme Indolenz lehrt alles uns begreifen,
  Begreifen aber heißt verwischen und verschleifen
Den Unterschied von Recht und Unrecht, gut und bös,
  Womit man sonst gemacht viel albernes Getös.
Darum vermögen wir zu zünden neue Lichter
  Im Weltgeschichtebuch und andere Gesichter
Zu malen fix und flink geschichtlichen Erscheinungen,
  Die bisher ganz entstellt durch lächerliche Meinungen.
Wir „retten“ Butz und Benz, vom edeln Katilina
  Herab bis zu der größten Zarin Katharina,
Der hochgelehrten Frau; denn aus dem Grund ver=
                                stand sie
Und kommentirte sie Ovids Artem amandi.
Der Katilina gar, ja, der war nicht von Stroh,
  Socialhalunkokrat und Volksfreund comme il faut,
Antiker Ferdinand Lassalle, wie steht im Buch er,
  Nur ohn' Helenchen roth und ohne Lothar Bucher.
Tiberius sodann, der vielverkannte Mann,
  War nicht, wie der Moralphilister wähnt, Thrann.

Genau beſeh'n, war er ein konſtitutioneller

   Muſterregent, und wenn es noththat, auch ein ſchneller

Realpolitiker, der dachte recht und ſchlecht:

   Wer im Beſitz der Macht, iſt im Beſitz vom Recht.

Was Nero anbelangt, ſo war er halt ein Künſtler,

   D. h. etwas verrückt, Phantaſtikus und Dünſtler,

Jedoch ein Virtuos auf manchem Inſtrument

   Und auch als Pyrotechniker ganz excellent." —

Nach dieſem Schema wenn Geſchichte wird geſchrieben,

   Muß Wahn und Vorurtheil ſo ſpurlos bald zerſtieben,

Daß zielbewußt wir gehn die Rückentwicklungsbahn

   Und glücklich wiederum beim Affen langen an.

III.

De botulo sive sanguiculo insaniente tractatus

d. i.

Die Abhandlung von der wahnsinnigen Blutwurst.

Von

Minutius Quisquilius von Pimperling,

Doktor, Profeſſor, Akademiker, Geheimrath, Ritter des hohen Ordens vom
gülbenen Maulkorb 3. Klaſſe mit Humboldtfedern am Ringe, u. ſ. w.

Ein unentbehrlicher Beitrag zur Göthe-Literatur.

Nach Vergleichung ſämmtlicher Handſchriften*) ebirt

von

Jeremia Sauerampfer.

Vorrede des Verfaſſers.

Das Bönhaſenthum macht anitzo in ber beutſchen
Literarhiſtorik unerhört weite und freche Sprünge.

---

*) Es ſinb beren ſechs, alle von bes hochberühmten Ver-
faſſers eigener Hanb herrührenb. Denn er hat ſeine herrliche

Darum erheischt es die Würde der Wissenschaft
und das Wohl des Staates gleichermaßen, daß

.

Abhandlung nicht weniger als sechsmal umgearbeitet, um derselben den Stempel klassischer Vollendung aufzudrücken. Die
drei älteren Handschriften bezeichnet der Herausgeber hiermit der
absteigenden Linie ihrer Entstehungszeit nach mit den Buchstaben A, B, C, die drei jüngeren ebenso mit den Buchstaben
X, Y, Z. Die Handschriften B, X und Z sind leider mehr
oder weniger defekt. B ist in Folge zeitweiliger Aufbewahrung
in der Bibliothek zu Wolfenbüttel so vom Moder zerfressen
worden, daß sie fast unleserlich. X ist nur ein Torso, maßen
von derselben, wie dem Herausgeber auf dem Wege mühsäliger
Specialforschung zu eruiren gelungen, durch die blasphemischen
Hände einer sicheren Illiterata, deren Namen wir aus Huma-
nität verschweigen, zu einem, wie zu befürchten steht, sehr
profanen Gebrauche drei Blätter abgerissen worden sind. Am
meisten gab Z dem Editor zu rathen und zu thun. Blatt 1
dieser Handschrift stellt sich nämlich so dar, daß der Text
unter einer ursprünglich vermuthlich hellroth gewesenen, später
aber ins Dunkelbräunliche nachgedunkelten Kruste verschwindet.
Der erste Eindruck, welchen Herausgeber davon erhielt, war:
Hier muß Blut geflossen sein! Aber cujus? cur? quomodo?
quando? Sollte auch der große Pimperling das bekannte
„Skelett" im Hause gehabt, sollte unter seinem friedlichen
Dache eine geheime Tragödie gespielt haben? Hier konnte
nur genaueste Lokalforschung zu abschlußgebenden oder wenigstens zu grundlegenden Resultaten führen. Editor begab sich
demgemäß mit dem nächsten Kurierzug nach der weltbekannten
Universitätsstadt Mikrologingen, allwo, wie jedermann weiß,
der Herr Geheimrath, Ritter u. s. w. von Pimperling seine
gefeierte Lehrthätigkeit vor 1 bis $1\frac{1}{2}$ Studenten pro Semester

solcher Springerei gewehrt und dem Dilettantismus
tüchtig auf die Vorderpfoten geklopft werde. Dem=

entfaltet hatte. Nachdem Herausgeber allda zu forschen an=
gehoben hatte, gelang es seinem — mit aller Bescheidenheit
sei es gesagt — feinen Spürsinn, nach etlichen Wochen die
rechte Fährte, d. h. in einem nahegelegenen Dorfe eine alte
Magd aufzufinden, welche vordem bei von Pimperlings ge=
dient hatte. Aber — eleleu! otototototoi! — was für eine
Strapaze nun, diesem weiblichen Zweihänder einen Begriff
beizubringen von der wissenschaftlich=literargeschichtlichen Be=
deutung meiner Fragen und seiner, des Zweihänders, Ant=
worten! Mit unendlicher Geduld und mittels Anwendung
einer aus Sokrates und Pestalozzi gemischten Methode gelang
es mir aber schließlich doch, klarzustellen und zur Evidenz
zu erheben, daß die fragwürdige dunkelbräunliche Kruste auf
Blatt 1 der Handschrift Z herrühre von einem Teller voll
Himbeerenmus oder Heidelbeerenmus, welchen des großen
Pimperlings Erstgeborener eines Tages in kindlicher Un=
befangenheit über das Manuskript seines Erzeugers hingegossen.
Man bemerke: Himbeerenmus oder Heidelbeerenmus? das war
nun die Frage, vor welcher Editor als ein Hamlet der For=
schung zweifelnd stand. Natürlich ging er die Chemie um
Hilfe an. Aber von drei Chemikern, welche er zu Rathe zog,
erklärte der erste: „Himbeerenmus!" der zweite: „Heidel=
beerenmus!" der dritte: „Weder Himbeeren= noch Heidel=
beerenmus!" Was nun? Schon wollte Herausgeber rathlos
die Forscherhände sinken lassen, als er beim Rekapituliren
seiner mit der alten Magd gehaltenen Dialoge auf einen
Punkt stieß, von welchem ausgehend er auf dem Wege in=
duktiver Folgerung zu einem unanfechtbaren Ergebnisse kam.
Nämlich, der mehrfach citirten zweihändigen Quelle zufolge

zufolge ist es eine sittliche Nothwendigkeit und eine
christlich=germanische Unterthanenpflicht, daß von Zeit
zu Zeit ein Mann vom Fach aufstehe und seinen
strammen Zunftzopf in majestätische Pendelschwingung
versetze, sich selber zur Ehre, der Wissenschaft zur
Förderung und den Bönhasen zum erspiegelnd
strafenden Exempel.

Solcher sittlichen Nothwendigkeit mich beugend
und solcher christlich=germanischen Unterthanenpflicht
mich unterziehend, habe ich meiner bis zum § 999
im dritten Kapitel der zweiten Hälfte des ersten
Halbbandes vorgeschrittenen Arbeit über die Berech=
tigung, beziehungsweise Nichtberechtigung des Tüpfel=
chens auf dem i in der deutschen Recht=, beziehungs=
weise Unrechtschreibung — (der ganze erste Band
dieses, wie ich ja wohl sagen darf, eminent gelehrten

war des großen Pimperlings verehrungswürdige Gattin eine
„Rassel" gewesen, d. h. eine in Fragen der Sparsamkeit bis
zur äußersten Linie der Möglichkeit vorgehende Hausfrau.
Als solche vor die Mus=Frage: Himbeeren oder Heidelbeeren?
gestellt, hat sie sich, das untersteht keinem Zweifel, für den
Einkauf der letzteren entschieden, weil selbige um etliche Pfennige
billiger zu stehen kamen als erstere. Also: Heidelbeerenmus=
kruste — aere perennius! Mögen Mitstrebende des Heraus-
gebers über diesen Triumph exalter Forschung nicht allzu
sehr vor Neid ergrünen. Editor.

Werkes ist selbstverständlich der Begriffsbestimmung
des Tüpfelchens, sowie einer Untersuchung der Quellen
zur Geschichte desselbigen Tüpfelchens gewidmet) —
also dieser zweifelsohne epochemachenden, weil die
gesammte Germanistik auf neue Grundlagen stellenden
Arbeit habe ich so viele Zeit abgemüßigt, als erforderlich ist, um der Bönhasenheit wieder einmal zu zeigen,
wie ein Mann vom Fach schwierige, schwierigste
literarhistorische Probleme anfasse und zur Lösung
führe.

Es handelt sich um ein Problem der Göthe-
Biographik.

Schnell fertig ist der rohe Laienverstand mit
dem Worte, des Altmeisters Leben wäre sattsamlich
durch= und erforscht. Es seien ja zu diesem Zwecke
alle Plunderkammern, Kasten, Kisten und Schubfächer,
alle Mappen und alle Papierkörbe im deutschen Reiche
durchstöbert und sei ihr Papierschnitzelinhalt bereits
armvollweise auf den Büchermarkt ausgeleert worden.
Wahr. Allein wo dem Laien, dem Bönhasen und
Dilettanten jede Möglichkeit weiteren Forschens und
Findens ausgegangen scheint, weiß der Mann vom
Fach neue Möglichkeiten zu schaffen, indem er Thüren
aufmacht, an welchen das profanum volgus nur

in Fällen bringlicher oder besser dränglicher Nothwendigkeit nicht gedankenlos oder gar naserümpfend
vorübergeht. Wenn allerdings, von Archiven und
Bibliotheken gar nicht zu reden, alle Plunderkammern,
alle Kasten, Kisten und Schubfächer, alle Mappen
und Papierkörbe im deutschen Reiche nach Göthe-
Reliquien von meinen Vor- und Mitforschern gründ-
lichst schon durchsucht und bis zum letzten Papierfetzen
ausgebeutet worden sind, so blieben meinem Forscher-
eifer und meinem Finderglück doch gewisse loci
vorbehalten, welche man zwar „vor keuschen Ohren
nicht nennen darf, welche aber keusche Herzen nicht
entbehren können", wenigstens soweit solche im Bereiche der Civilisation schlagen.

Die archivalischen Schätze dieser Oertlichkeiten
— deren Einrichtung und Beschaffenheit, nebenbei
bemerkt, einen untrüglichen Maßstab für den Kulturgrad der Familien und der Völker abgeben*) —
erscheinen natürlich blöden Laienaugen nur als
„Makulatur". Aber welchen Gewinn der scharf-
sichtige, tiefsinnige und methodisch geschulte Forscher

---

*) Vgl. meinen Traktat „De locorum institutione,
quibus Romani alvum exoneratum ire solebant", pag. 13
et passim. Autor.

daraus ziehen kann, wird die nachstehende Abhandlung
unwidersprechlich darthun.

Dieselbe ist durchweg aus neueröffneten Quellen
geschöpft, d. h. auf in den bezeichneten Archiven
aufgefundene Akten und Urkunden gestützt, welche
selbstverständlich einer langwierigen Sichtung und
einer besonnen abwägenden, in Objektivität förmlich
schwelgenden Kritik unterzogen wurden. Da ich, mein
Vorhaben zu einem gedeihlichen Ende zu führen,
zahllose locos, „soweit die deutsche Zunge klingt",
durchforscht habe, so kann ich meine Quellen nicht
einzeln citiren, sondern nur summarisch nach Staaten
und Städten. Wo es mir jedoch nöthig scheint, werde
ich auch Gasthäuser namhaft machen. Meinen Quellen
gebe ich die Gesammtbezeichnung „Acta locorum".

Ich glaube sagen zu dürfen, daß meine hiermit
opferwillig auf den Altar des Vaterlandes nieder=
gelegte Leistung den Männern vom Fach als ein
schwer=, ja schwerstwiegender Beitrag zur Göthe=
Literatur willkommen sein werde. Daß ich, um auch
dieser meiner Arbeit den Charakter der exakten Wissen=
schaftlichkeit zu sichern, möglichst wässerig, langweilig
und unlesbar geschrieben habe, dafür bürgt der Name
Minutius Quisquilius von Pimperling.

Das Problem.

1) Hat die Frau Baronin Elisabeth von Arnim, geborene Brentano, genannt Bettina*), zubenannt „Das Kind"**), im September des Jahres 1811 zu Weimar die Frau Geheimräthin Christiane von Göthe, Exellenz, genannt „Die Vulpia"***), wirklich und thatsächlich eine „Blutwurst", und zwar, mit Anwendung der poetischen Redefigur des Klimax, eine „wahnsinnige" Blutwurst geheißen?

2) Wenn ja, war diese Beibenamsung als ein epitheton ornans oder aber als ein epitheton defigurans zu verstehen und zu nehmen?

3) Welche Beziehung ist nachweisbar zwischen der Poesie Göthe's und der Blutwurstigkeit†) seiner Frau Gemahlin?

---

*) „Bettine." Variante der Handschrift Y. Editor.

**) Ob ursprünglich wohl im Sinne von „enfant terrible" gemeint? Zusatz der Handschrift C. Editor.

***) „Die" fehlt in dem Torso der Handschrift B. Editor.

†) Variante der Handschrift Z: „Blutwursthaftigkeit".

Die Lösung.

Ad I.

a) Sogar Bönhasen und Dilettanten wissen so
obenhin, daß „das Kind", so man des Kindes eigenen
Aussagen glauben darf, schon im Jahre 1807 in
Weimar den dazumal nicht mehr ganz jungen, d. h.
achtundfünfzigjährigen Göthe mittels allerhand Kindlich=
keiten, als da waren Umbenhalsfälle und Aufdielknie=
sitzungen, bettinisch=lyrisch behelligt habe. Item, daß die
„Vulpia", so anno citato noch nicht ganz seit Jahres=
frist die bürgerlich und kirchlich rechtmäßige Frau
„Geheimbderäthin" von Göthe war, zu sothanen
Bettinismen*) scheel gesehen habe, sehr scheel, wozu
sie, wie nicht zu bestreiten, nach dem Civilgesetzbuch
wie nach Knigge's „Umgang mit Menschen" gleich
sehr berechtigt war. Es erhellt demnach aus den
Gesetzen der menschlichen Natur im allgemeinen und
aus denen der weiblichen im besonderen, braucht
folglich weiter nicht aktenmäßig dargethan zu werden,
daß die zweite Epiphanie des „Kindes" in Weimar,

---

*) Handschrift X: „Brentanologismen".

so im September von 1811 statthatte, für die Frau Geheimräthin nicht gerade ein freudiges Ereigniß gewesen. Zwar kam das Kind diesmal nicht allein, sondern in Gesellschaft seines Eheherrn. Aber bei des Kindes bekannten kindlichen Ansichten über Kinder= rechte mochte ja wohl die Frau Geheimräthin die Wiederholung der Kindeleien und Kindereien von 1807 erwarten und fürchten.

b) Soweit wäre alles klar, wasserklar. Aber ist, so muß die exakte Forschung fragen, ist das bisher Gemeldete für unbezweifelbar thatsächlich an= zusehen? War wirklich das „Kind" im September von 1811 in Weimar? Das ist erst noch zu be= weisen und ich bin es, welcher den fachmännisch= wissenschaftlichen Beweis erbringt —

> „Favete linguis! carmina non prius
> Audita Musarum sacerdos
> Virginibus puerisque canto."

c) Vom 2. auf den 3. September nächtigte*) der Herr Baron Joachim (gewöhnlich abgekürzt Achim) von Arnim mit Frau Gemahlin im Weißen Roß zu Treuenbrietzen, allwo der Herr Baron vor seiner

---

*) Handschrift B: „Uebernachtete". E.

Abreise nicht allzu angenehm überrascht wurde durch einen beträchtlichen Zusatz in seiner Rechnung. Nämlich das „Kind" hatte sich des Morgens, statt, wie es einer Frau Baronin ziemlich, die Treppe herabzugehen, im gewohnten kindlichen Muthwillen auf das Treppengeländer gesetzt, war auf diesem pfeilschnell hinabgefahren und hatte bei Gelegenheit dieser neuesten Offenbarung seines Genius mit seinen balancirenden Beinen ein mit Frühstücksgeräthschaften die Treppe heraufkommendes Stubenmädchen heftig angerempelt und umgerannt, so daß Töpfe, Teller und Tassen in Trümmer gegangen*). Die nächsten Stationen des reisenden Ehepaares unanfechtbar zu bestätigen, ist mir leider nicht gelungen, obzwar eine verläßliche Andeutung vorliegt, daß selbiges in Wittenberg Nachtquartier genommen habe**). Vom 6. bis zum 8. September verweilten unsere Reisenden in Halle***). Die Weiterreise ging über Merseburg, Weißenfels, Naumburg, Apolda und am 11. Sep-

---

*) Acta locorum, Reichsland Elsaß, Straßburg, Rebstöckle.

**) A. l. Wirtemberg, Ludwigsburg, Waldhorn; Regensburg, Rothes Roß.

***) A. l. Bern, Zum Falken; Bregenz, Schwarzer Adler; Augsburg, Drei Mohren.

tember, Abends 3 Uhr 47 Minuten, stieg das Reise-
paar im ober, genauer zu sprechen, vor dem Ele-
phanten zu Weimar ab*). Dieser Abstieg war
aber von einem Ereigniß begleitet. Nämlich von
diesem: — Das „Kind" verlor eins seiner Strumpf-
bänder und setzte, um dasselbe wieder am gebührenden
Orte zu befestigen, mit kindlichster Unbefangenheit den
rechten Fuß — man bemerke wohl, den re ch ten,
nicht wie ein gewisser Nichtfachmann in seiner Un-
gründlichkeit behauptet hat, den linken — also den
rechten Fuß auf den Wagentritt u. s. w., worüber
etliche vorübergehende Philister und Philisterinnen
daß sich wunderten, beziehungsweise ärgerten**).

---

*) A. l. München, Vier Jahreszeiten; Frankfurt a. M.,
Schwan; St. Gallen, Hecht; Nürnberg, Rother Hahn.

**) A. l. Basel, Drei Könige; Heidelberg, Prinz Karl;
Chur, Steinbock; Mainz, Holländer Hof. — Nachdem ich
mittels der bisherigen Citate aus den „Acta locorum" die
Exaktität meiner Forschung für jeden Mann vom Fach genügend dargethan habe, glaube ich von fernerweiter Berufung
auf meine Alten mich dispensiren zu dürfen. Zugleich be-
nachrichtige ich die werthen Zunftgenossen, daß ich die kostbare
Aktensammlung testamentarisch der Universitätsbibliothek zu
Mikrologingen vermacht habe, unter der bereits höheren Ortes
genehmigten Bedingung, daß diese Sammlung in einem eigenen
Zimmer untergebracht werde und für ewige Zeiten — ein

d) In Folge der bezüglichen Bemühungen des Altmeisters war zur im Texte angegebenen Zeit in Weimar eine Kunstausstellung zuwegegebracht und aufgethan worden. Heinrich Meyer, der bekannte Schützling Sr. geheimräthlichen Excellenz, hatte für dieses dazumal noch nicht alltägliche Unternehmen das Meiste gethan und demnach ist es nur billig gewesen, daß den Malereien und Zeichnungen des besagten Künstlers ein vortretender Platz im Sale gegönnt war. Gerade nun aber diese Kunstwerke gaben die Veranlassung zu einer — man gestatte mir den etwas leichtfertigen Ausdruck — ja, zu einer Wiederauf= wärmung des alten Zankkohls, welchen vor Zeiten Brunhild und Kriemhild vor der Pforte des Münsters zu Worms gekocht haben sollen.

(Randglosse des Verfassers. Aus der soeben im Texte verwendeten nibelungischen Reminiscenz ist zu ersehen, daß auch ein Mann vom Fach geistreich und witzig sein kann. Er braucht nur zu wollen, will aber selten oder nie, weil er derartige, der

Denkmal eifriger und erfolgreicher Fachmännischkeit — die Bezeichnung „Acta locorum Pimperlingensia“ trage, eine gewiß immer wieder auszuschöpfende, aber nie ausgeschöpfte Fundgrube für künftige Forschergenerationen.

Würde der Wissenschaft widersprechende Allotria wie Geist und Witz billig den Bönhasen und Dilettanten überläßt.)

e) Die Sache ist: in der Kunstausstellung trafen sich Brunhild und Kriemhild, will sagen die Frau Geheimräthin und das Kind. Es war am 15. September, Nachmittags 2 Uhr und 37 Minuten *). Nachdem die beiden Damen verschiedene Blicke, so nicht gerade Blicke der Achtung und Zuneigung waren, einander zugeworfen hatten, sagt die Frau Geheim= räthin, vor einem Gemälde des genannten Künstlers und Hausfreundes stillstehend: „Der Meyer ist halt doch ein Männle; der versteht sein' Sach'!" Worauf das Kind mit genialischem Lockenschütteln und kind= lichem Lachen: „Der? Er versteht von seiner Sach' nicht viel mehr als Sie davon verstehen." Das Blut schießt der kleinen runden Excellenz in das ohne= hin stark geröthete Gesicht. „Was? Sie unterstehen

---

*) Handschr. Y: „2 Uhr 39 Minuten". Hiermit stellt der Herausgeber, die Entsagung und Selbstverleugnung des hoch= berühmten Herrn Verfassers nachahmend, die Mittheilung der Varianten ein, behält sich aber vor, dieselben gesammelt und kritisch kommentirt in einer gelehrten Fachzeitschrift zu ver= öffentlichen.

sich?" — „Warum denn nicht? Liebste, Beste, Sie
verstehen ja von der Kunst gerade soviel wie ein Nil-
pferd vom Harfenspiel." — „Sie unverschämte
Person!" — „Still, oder ich gebrauche Sie als
Kegelkugel!" — „Sie hochnäsige Kletterstange!" —
„Sie Blutwurst! Sie wahnsinnige Blutwurst!"

Wursthafter Excurs.

Bevor ich die Untersuchung weiterführe, muß
ich eine kurze Orientirung auf dem Wurstgebiete für
angezeigt erachten.

In seiner luciden, Kennern wohlbekannten und
hochwerthen Dissertation: „De farciminum faciun-
dorum usu et arte" hat der ehrwürdige Servaz
Quinquakler den Beweis geliefert, daß der Brauch
und die Kunst des Wurstmachens als ein specifischer
Ausfluß der indogermanischen Rassenseele erkannt und
anerkannt werden müsse. Im weiteren, daß im deutschen Volksgemüthe mit der Zeit die roh-realistische
Thatsache des Wurstmachens und Wurstessens zum
transcendent-idealistischen Begriffe der „Wurstigkeit"
filtrirt worden sei.

Dieser Filtrirungsproceß, diese Erhebung eines körperlichen Bedürfnisses zu einer geistigen Funktion hat Jahrtausende gewährt. Es kann aber gar keinem Zweifel unterstellt werden, daß der Uebergang von der Wildheit zur Kultur, vom Gorillasein zum Menschsein in dem Augenblicke geschah, als ein erleuchteter Affenmensch auf die geniale Idee verfiel, einen Thiermagen oder einen Thierdarm mit Blut und Fett oder mit Fleischbrocken und Fett zu füllen, beziehungsweise zu stopfen. Das wurde für die anhebende Menschheit von ungeheurer, von unermeßlicher Bedeutung. Von noch ganz anderer als jener Augenblick, allwo ein Darm zur ersten Lyrasaite gedreht wurde. Ja meine Herren, schreiben Sie sich's auf, prägen Sie sich's tief ein: — Der erste Wurstmacher war der erste Mensch und umgekehrt! Das steht unerschütterlich fest. Die Schöpfung der Wurst ist die Ouverture zum Drama der Civilisation.

Von nicht gemeinem Interesse müßte es nun sein, sprach- und religionswissenschaftlich, literarhistorisch und volkswirthschaftlich nachzuweisen, allwie die Völker von indogermanischer Abstammung den wurstschöpferischen Ahnherrn der Menschheit allzeit hoch in Ehren gehalten, und zwar thatsächlich. Dadurch näm-

lich, daß sie seine große Erfindung nicht nur unaus=
gesetzt sich zu Gaumen und Magen führten, sondern
auch dieselbe fortwährend vervollkommten. Ich be=
scheide mich, den geneigten Leser nur an etzliches
wenige zu erinnern. Schon im homerischen Zeitalter
war die Blutwurst eine Zierde der Speisetische vor=
nehmer Häuser. In der Odyssee (XVIII, 44—45)
sagt Antinoos zu seinen Mitfreiern:

„Geißenmagen sind da gethan auf glostende Kohlen,
Die, mit Blut und Fett gefüllt, wir uns rösten zum Nachtmahl" —

wobei selbstverständlich, daß es statt Geißenmagen
ebenso gut heißen könnte Schweinemagen. Wir treffen
also bereits beim Homer jene Wurstsorte, welche,
allerdings unendlich verfeinert, unter dem volltönen=
den Namen Plunz oder Plunzen jetzt der Stolz
süddeutscher Metzelsuppen ist *). Welchem christlichen
Germanen sollte nicht das Herz aufgehen, wenn ihm

---

*) Wie liebenswürdig von dem großen Pimperling, daß
er uns Süddeutschen den Plunzen läßt, gleichsam zum Ersatz
für den Göthe, den uns unlängst ein berliner Professor weg-
kaperte mittels seiner sublimen Entdeckung, der Dichter des
Faust sei ein Norddeutscher, ein anticipirter Preuße so zu
sagen, maßen derselbe nicht am linken Mainufer in Sachsen-
hausen, sondern am rechten in Frankfurt geboren worden.

N. d. H.

der Name Plunz ins Ohr plumpst! Man wünscht
sich ordentlich eine Hottentotenzunge, um recht onomato-
poetisch herausschnalzen zu können: Plunz!!! Und
dann denke man sich vollends das hehre Bild durch
Arabesken von Sauerkraut eingerahmt! Kein Wunder,
wenn sich da auf der Netzhaut eines richtigen Enkels
vom Teut das Universum in Gestalt eines Wurst-
kolosses spiegelt. Angesichts eines solchen Welt-
plunzes versteht man erst recht, warum und wieso
der — wie ich mit dem ganzen Freimuth eines
deutschen Gelehrten sage — größte Staatsmann der
Vergangenheit, der Gegenwart und der Zukunft nicht
selten vom Gefühl „absoluter Wurschtigkeit" ange-
wandelt wurde und wird.

Die Athener wußten bekanntlich auch, was gut
wäre. Die Wurstkunst erfreute sich daher im peri-
kleischen Zeitalter in der schönen Veilchenstadt keiner
geringeren Entwickelung als die Bau- und Bildner-
kunst. Sie schuf Magenwürste (ἀλλᾶντες) und
Darmwürste (χορδαί) von allerhand Art. In den
„Acharnae" läßt Aristophanes in der Scene, wo
zwischen Lamachos und Dikäopolis von mancherlei
Leckerbissen die Rede ist, den letztgenannten aus-
rufen (V. 1104):

„Geh', Bursch', und bringe mir den Pluntzen her!"

und noch deutlicher wird vom Pluntzen ($\alpha\lambda\lambda\tilde{\alpha}\varsigma$) ge=
handelt in den „Equites", wo der dem „Paphlagonier"
(Kleon) zur Seite oder gegenüber gestellte „Wurst=
krämer" eine Hauptrolle hat, gleichsam als ein in die
höchste Potenz erhobener Kleon, als ein alle Schatti=
rungen der Lumpagogie und Halunkokratie in sich
vereinigender Hauptlump und Erzhalunk, welcher
den Kleon überkleonisiren soll.   In der großen Scene
zwischen dem Demosthenes und dem Wurstkrämer ver=
gleicht jener (V. 206—7) die Blutwurst mit dem
vornehmsten aller Fabelthiere:

„Groß ist der Drache, groß auch ist der Pluntz;
    Blut säuft der Drache, Blut auch säuft der Pluntz"*) —

womit das hohe Ansehen, dessen die Blutwurstheit
in der attischen Küche sich zu erfreuen hatte, klärlich
dargethan ist.

-----

*) Ich bitte die Zunftgenossen um Verzeihung, daß ich
die Citate aus dem Aristophanes, wie das frühere homerische,
statt griechisch deutsch gegeben.   Vielleicht entschuldigt diese
Sünde gegen den heiligen Zopf wenigstens einigermaßen meine
Absicht, gelegentlich einmal zu zeigen, wie man es anstellen
müsse, um den Homer und den Aristophanes sowohl strikt
sinngetreu als auch geist= und geschmackvoll zu verdeutschen.

Item verstanden die Römer die Wursterei im allgemeinen und die Pluntzerei im besonderen sehr zu schätzen. Sie unterschieden bekanntlich zwischen den „tomacula“, welche die verschiedenen Sorten von Bratwürsten umfassten, und den „botuli“, d. h. den Magen- oder Blutwürsten. Wichtigste Würste-stellen finden sich, wie jedermann wissen könnte, beim Petron, wo wir (Satir. reliq. 31) vom Schmoren der Bratwürste auf dem Roste Zeugen sind („fuerunt et tomacula super craticulam argenteam ferventia posita“). Bratwürste gehörten derselben Stelle zu-folge zum „Voressen“ (gustatio) der römischen Haupt-mahlzeit, der coena. Im Verlaufe derselben ent-quellen dem aufgeschnittenen Bauche des gebraten auf die Tafel gesetzten Schweines eine Menge von Brat- und Blutwürsten (l. c. 49: „ex plagis pon-deris inclinatione crescentibus tomacula cum botulis effusa sunt“). Es ist also erwiesen, daß bei römischen Fest- und Zweckessen, wie ja das Bankett des Trimalchio eins war, die Würste in mehreren Akten des Speisebramas effektvoll auftraten. Die vom Horaz (Sat. II, 4, 60) erwähnten „hillae“ hat man ebenfalls als eine Wurstsorte gedeutet. Die Stelle wird aber dadurch ziemlich räthselhaft.

Denn es ist ja darin offenbar vom Kuriren des Katzenjammers die Rede, und aber welchem Studenten — war es ein römischer, sei es ein deutscher — ist es jemals eingefallen, das besagte Leid mittels Würsten stillen zu wollen? Das wäre ja die richtige Roßkur. Da weiß fürwahr ein deutscher Poet doch besseren Rath: —

> „Ein mildes Reformiren
> Acht' für die beste Kur
> Und still' mit sauren Nieren
> Den Schmerz der Kreatur
> Ein marinirter Harung
> Ist auch keine üble Nahrung;
> Milcher und Roger sei gleich ästimirt,
> Wenn er den Magen nur restaurirt."

Wenn ich nun zum würdigen Abschlusse dieses gelehrten und lehrreichen Excursus noch in Erinnerung bringe, daß beim Seneca (Epist. 56) dem „botularius", dem Wurst=, specifisch Blutwursthändler, der Ehrenplatz zwischen dem Buchhändler („librarius") und dem Zuckerbäcker („crustularius") angewiesen ist, so ziehe ich aus allen den mitgetheilten kulinarischen Thatsachen den unanfechtbaren Schluß, daß in der antik=klassischen Welt die Wurst im allgemeinen und die Blutwurst im besonderen — quod erat demon-

strandum — hoher Achtung und allseitiger Wür=
digung sich zu erfreuen hatte und daß sie demzufolge
auch in der modernen Zeit auf Klassicität wohlbe=
gründeten Anspruch hat.

Die Lösung (Fortsetzung und Schluß).

Ad II.

a) Invocatio. Jetzt aber, o all' ihr treu=
fleißigen Papierförberverwalter, ihr gelehrten Haar=
und philosophischen Kümmelspalter, ihr hochverdienten
Göthe=Literatoren und blechbeschienten Faust=Kommen=
tatoren, ihr emsigen Bebrüter ungelegter Eier,
Kameeleverschlucker und Mückenseiher, ihr Varianten=
wetzer, Buchstabenhetzer und Kommataversetzer, ihr
scharfen Druckfehlerverbesserer und stumpfen Texte=
verwässerer, ihr tief=, tiefer= und tiefstsinnigen
Wortschaumschläger, Aus=, Ueber= und Unterleger —

„Hup, hup, wuwu! Juhu, juhu!
O kommt heran, o kommt heran zu mir, zu mir!
Heran, ihr alle meine Mitbeseelten!
Tiotio, tiotio, tiotio, tiotio —
O kommt eilends heran, folgend meinem Ruf —
Trioto, trioto, triotobrinx!

Kommt, zu rathen mir, all' ihr vom Fach und Zopf!
Eilet hierher, hierher, hierher —
Torotoro, torotoro, torotinx!
Killakau! Killakau!" *)

b) Unter dem Anhauch solcher Inspiratoren stürzen wir begeistert der Lösung des Knotens zu und fassen uns dabei spartiatisch = lakonisch. Zumal alles Vorstehende umsonst (frustra) geschrieben sein müßte, so der fachmännische Leser nicht merken sollte, wohinaus wir wollen.

c) Dahinaus. „Lachend" und „lockenschüttelnd" hat, wie von uns bewiesen worden, das „Kind" die Frau Geheimeräthin eine „Blutwurst" genannt. Schlimmsten Falles wäre demnach hier Blutwurst ein kindliches Neck=, Scherz= und Kosewort, wenn nicht die angeborene Gravität der Blutwurst, die spanische Grandezza des Plunzen („botuli cruore distenti") die Verweisung des Wortes in die Kate= gorie jener leichtfüßigen und zephyrflügeligen Wörter verwehrte. Besten Falls — und das ist unser Fall — wollte das „Kind", welches seiner Kindischkeit

---

*) Dies soll eine maßgebende Probe sein, daß und wie ein Mann vom Fach die hochgehenden Wogen seiner Be= geisterung allzeit in den regelrechten Kanal eines klassischen Citats zu leiten versteht.

ungeachtet von der blutwürstigen Klassicität zweifels=
ohne unterrichtet war, der Frau Geheimeräthin eine
Ehre anthun und ein von geistvollen Bezügen plunzen=
haft strotzendes Kompliment machen, indem sie die=
selbe eine Blutwurst hieß. Es war nicht die Schuld
des Kindes, daß die also Geehrte bei weitem nicht
klassisch genug gebildet war, die ihr angethane Ehre
zu verstehen und das schmeichelhafte Kompliment
dankbar an= und aufzunehmen.

d) So wären wir denn glücklich zur Lösung
des Problems gelangt oder könnten wenigstens sofort
dazu gelangen, so nicht noch ein Stein des Anstoßes
uns im Wege läge. Wir entfernen jedoch denselben
spielend. Natürlich ist die Rede von dem der
„Blutwurst" vonseiten des „Kindes" vorangestellten
Eigenschaftswort „wahnsinnig" oder vielmehr von
der vulgär irrthümlichen Interpretation desselben.
Denn eine wissenschaftlich=fachmännische Interpretation
ergibt ein so unumstößlich sicheres Resultat, wie
solche nur jemals in deutschen Gauen aus Ver=
fassungen heraus und in Verfassungen hinein inter=
pretirt worden sind.

e) „Was ist Wahrheit?" fragte der weiland
Oberpräsident von Judäa. Was ist Wahn? frage

ich. Und meine Antwort lautet: Wahn ist ein
zweiseitiger, um nicht zu sagen zweischneidiger Be=
griff. Sieht man ihn von der einen Seite an, so
gleicht er allerdings auf und eben einem Kandidaten
fürs Irrenhaus. Aber warum ihn gerade von dieser
und nicht von jener Seite ansehen? Nämlich von
jener, wo er keinem Verrückten, sondern vielmehr
einem Genius oder Dämon gleicht. Weiter: Der
Grundquell von allem schöpferischen Wollen ist die
Phantasie, der Grundtrieb alles künstlerischen Ge=
staltens ist die Begeisterung. Nun sind aber, mit
der Lupe zugesehen und exaktwissenschaftlich gesprochen,
Phantasiethätigkeit und Begeisterung auch nur Wahn=
dinge und folgerichtig mag jeder Dichter für einen
Wahnsinnigen und jeder Künstler für einen Narren
gehalten werden. Ich verwahre mich feierlich gegen
die allfällige Unterstellung von bönhäsiger oder dilet=
tantischer Seite, als ob ich das im Sinne der Ge=
ringschätzung gesagt hätte. Im Gegentheil, im Sinne
der Hochschätzung. So wurde ja die Sache schon
von den Alten aufgefaßt und dargestellt. Zeuge
dessen Cicero (De divinat. I, 37): „Negat Demo-
critus, sine furore quemquam poëtam magnum esse posse, quod idem dicit Plato.“ Zeuge

deſſen auch Seneca (De tranquill. animi, XV, 16):
„Nullum magnum ingenium sine mixtura
dementiae fuit" — welchen Kernſpruch ein mo=
derner Poet mittels ſeines Doppelverſes:

> „Dem Narren iſt der Genius verwandt
> Und beide trennt nur eine dünne Wand" —

nicht übel paraphraſirt hat. . . . Brauche ich nun noch
viele Worte zu machen? Brauche ich den werthen Herren
Mitzünftlern und Fachgenoſſen mit dem Holzſchlägel
zu winken? Es iſt ja klar, nachgewieſen und be=
wieſen, daß das „Kind" mit genialiſcher Beziehung
auf die civilrechtliche und kirchliche Stellung der
Frau Geheimeräthin als Ehefrau Wolfgangs des
Einzigen das derſelben gemachte Kompliment mittels
Beifügung des ornans „wahnſinnig" zum epitheton
„Blutwurſt" beträchtlich verſtärken, ja auf eine
geradezu phänomenale Höhe ſtellen wollte.

—— — —

Ad III.

Unsere Untersuchung mußte mit logischer Noth=
wendigkeit zu diesem Schlusse gelangen: —

Als eine Hervorbringung der gemeinsamen Arbeit
von Natur und Kunst, als ein klassisches Gebilde
steht die „wahnsinnige Blutwurst" vor uns, Idealis=
mus und Realismus in vollendeter Mischung und
Durchdringung in sich vereinigend, umfassend und
beschließend. Es ist eine Wiederholung, nein, in
Berücksichtigung der Chronologie, vielmehr eine Vor=
wegnahme der berühmten Heirat des Faust und der
Helena im 2. Theile unseres Universalgedichtes, die
Vermählung des Deutschthums mit der Griechheit,
die Hochzeit des Romanticismus und der Klassik.
Versteht man jetzt endlich, was das „moderne Hellenen=
thum" zu bedeuten hat? Begreift man endlich, was
die Poesie Göthe's ist und vorstellt? Nichts anderes
als eine Wurst! Die hellenisch=einfach=edle Form,
profan Darm genannt, mit germanischem Geist,
Gemüth und Gefühl als mit Blut, Fleisch und Speck
gefüllt — die Wurstidee vollkommen schön zur sinn=
lichen Erscheinung gebracht! Evoe Bacche! Jo
triumphe „und so fortan!"

———

Nachrede des Herausgebers.

Man lernt nie aus und erfährt mitunter, daß doch nicht alles schon dagewesen. Wie konnte ich mir träumen lassen, daß mein seliger Freund Minutius Quisquilius, ein Pimperling jeder Zoll, vonseiten der unsterblichen Sippschaft der Pimperlinge so verkannt und so hart angelassen werden würde, daß er sich, fürchte ich, etlichemale verblüfft und ärgerlich in seinem Grabe herumdrehen mußte.

Als ich, einer letztwilligen Verfügung des Freundes zufolge, im Mai von 1880 als gewissenhafter Editor die vorstehende Abhandlung veröffentlicht hatte, mußte ich alsogleich mit Schrecken und Grauen sehen und hören, daß in der Metropole der deutschen Intelligenz ein Halbdutzend von Zunftzöpfen, so an pimperlingischen Nacken befestigt waren, berserkerwüthig himmelan starrte und die gesammte Pimperlingschaft wie aus einer Kehle den Zornschrei hervorstieß: „Götheschändung!"

Unter uns, es war, mutatis mutandis, ungefähr so, als hätte das in der Mähne eines Löwen

schmarotzend hausende Insekt, sowie man ihm auch
nur von fernher seine Insektheit zu Gemüthe führte,
strampelnd und zappelnd aufgeschrieen: „Löwen=
schändung!“

Dazumal, als die Abhandlung zuerst erschien,
war man in besagter Metropole mit den Vorberei=
tungen zur Enthüllung von Schapers edlem Göthe=
Standbilde beschäftigt. Das hatte ich in meinem
Editor=Eifer übersehen. Hätte ich daran gedacht, so
würde ich die Veröffentlichung noch eine Weile
hintangehalten haben. Freilich, wie ich gestehen muß,
nicht gerade aus Rücksicht auf die Pimperlinge, wohl
aber aus Achtung vor einer Festfeier, welche dem
Patriarchen von Weimar galt. Mein Ver= oder
Uebersehen hatte dann der Herausgeber der Zeit=
schrift zu büßen, worin die Abhandlung gedruckt war.
Er wurde zur Feier der Standbildsenthüllung demon=
strativ nicht eingeladen. Die Herren Pimperlinge
wollten ihre Rache haben und stilisirten dieselbe so,
wie es von ihnen zu erwarten war.

Beim Anblick solcher Pimperlingstilübung könnte
man fast zu der Ansicht kommen, der alte Görres
hätte wohl nicht so ganz nebenaus geschossen mit
seinem Grobianismus: „Kein engeres, kleingeistigeres

Volk gibt es doch als das deutsche Gelehrtenvolk."
(Briefwechsel, II, 285.)

Es wäre übrigens zu wünschen, daß die vielen
guten Leute und mehreren schlechten Skribenten,
welche dem in Rede stehenden Handel ihre Aufmerk=
samkeit zu widmen sich bemüssigt fanden, doch etwas
gelehrter oder wenigstens etwas wissender sein möchten.
Wären sie das, so würden sie die berühmte Blut=
wurstgeschichte, die ja buchstäblich wahr ist, nicht
als eine Erfindung meines seligen Freundes be=
handelt haben. Ich verweise die Herren auf die
nächstliegende und bequemste Bezeugung der an=
gezogenen Thatsache, auf „Göthe's Leben" von
H. Düntzer, 1880, S. 565.

Mein guter seliger Minutius Quisquilius aber
wird sich hoffentlich bald wieder beruhigt in seinem
Grabe zurechtgelegt haben. Vorausgesetzt, er habe
sich selbst gekannt, mußte er ja erkennen, wie die
Pimperlinge nur ihrer Art und Natur gemäß han=
delten, als sie sich darüber erbos'ten, daß er sich
hatte beikommen lassen, das ganze Geheimniß ihres
Wesens und Waltens an die Glocke der Oeffentlichkeit
zu hängen, d. h. jene elende Kleinkrämerei zu photo=
graphiren, welche sich in unseren Tagen immer

breiter und mausiger macht und mit Handwerks=
mäßig mechanischer Beflissenheit sich bemüht, unserem
Volke die großen Gestalten seiner Kulturhelden hinter
unendlichen Wolken von Papierkörbestaub und Keh=
richtfässerdunst zu verbergen.